KB203590

반야의 배 띄워 보세

소휘당집

반야의 술 띄워보게

옥당 일휴玉堂一休 著

온주사

서문

어느 제 올랐는가? 고성古城으로 가는 길.

그 길을 찾아 헤매던 숲에서 옛 이정표를 보고 살피다가 문득 한로閒路에 들어서니, 흰구름은 한가하고 솔바람 쏴아하니 불어 땀 씻겨 쇄락하다. 바위에 걸터앉아 쉬며 새겨 보노라니 한 구절이 새삼스러웠다.

> "숱한 삶을 전전하며/ 집 짓는 자를 찾았으나
> 찾아내지 못했나니/ 거듭되는 생존은 괴로움이었네
>
> 저 집 짓는 자여 너를 찾았노라/ 다시금 집을 짓지 못하리
> 너의 기둥은 다 쓰러지고/ 서까래도 지붕도 무너졌도다
> 마음은 유위有爲에서 벗어났으며/ 갈애渴愛는 스러졌노라"
> 〈법구경 제11장 노모품老耄品 153, 154〉

유위有爲에서 벗어나 갈애渴愛가 소멸되는 길을 되새겨 통찰해 본다. 도대체 붓다의 깨달음이란 무엇인가? 붓다의 가르침에서 무엇을 깨달을 것인가? 예부터 이어 온 궁극적인 물음이다.

붓다께서 정각正覺을 성취하고 처음으로 법륜法輪을 굴렸으니, 바로

그 법륜의 추요樞要가 되는 길을 열으신 것이다.

사람의 삶에서 발생하는 괴로움(苦)과 그 원인(集)을 밝히셨다. 그리고 괴로움에서 벗어나는 해탈(滅)과 그를 성취하는 경쾌한 길(八正道)에 대한 이정표를 놓으셨다. 길을 찾는 이라면 누구든지 와서 보라는 것이니, 여기에 차별差別은 없다.

『중론中論』「제1 관인연품觀因緣品」에서는 생멸生滅 변화하는 목전 현상(事相)의 '결과(果)와 원인(因緣)의 관계성'에 대하여 통찰하고 깨달아야 할 요소가 무엇인지를 명철하게 밝혀 놓고 있다.

"결과가 원인과 관계없이 새로 생기는 것도 아니고(不生),
결과에서 원인이 완전하게 소멸되는 것도 아니다(不滅).

결과에 원인이 상주하지도 않고(不常),
결과가 원인과 단절된 것도 아니다(不斷).

결과가 원인과 같지도 않고(不一),
결과가 원인과 다르지도 않다(不異).

결과가 원인과 관계없는 데서 오는 것도 아니고(不來),
결과가 원인에서 떨어져 나가는 것도 아니다(不出).

이러한 인연법因緣法을 매우 잘 설하시어

6

갖은 희론戱論들을 좋이 소멸시키심에,

나는 머리를 조아려 붓다께 예경하나니
온갖 설법 중에서 으뜸이시다."

평한다

이 일, 눈앞에서 활발발하다.
순전한 깨달음의 요소여!

천태만상(無常)의 다양한 모습으로, 얼굴로
내 앞에 들고 나며 번뇌를 유출하는 미묘한 인연사여!
명료한 〈중관中觀〉의 통찰력에
연기의 사실을 사실대로 노출시키고 말겠거니,

관념의 경계에서 들멍날멍하며
〈정견正見〉의 푸른 눈길에
그리던 님의 자태가 명역력하게 나투어 보일 때
월인천강月印千江의 곡조에 노닐면서
심안心眼을 번쩍 뜰 벗이여!

연기緣起의 도량, 중관中觀의 도리에서
'팔불八不'의 '중도문中道門'을 활짝 열어 젖혀
그대로 〈무아無我〉의 청명함에 들어갈 이여!

〈무자성無自性〉이라
〈공성空性〉의 정원에서 해탈가를 부르리니.
이 시절의 그지없는 흥취에는
양변兩邊의 견해로 투덕대던 갖은 마음의 작란도
외려 해탈가의 곡조를 도울 경계의 손님이리.

법륜·무상·연기·무아·무자성·공성
정견·중관·팔부중도·양변·통찰·해탈이여!

한 줄에 꿰어 있는 명실名實이 상부相符한 이정표라.
살면서 어느 한 말에서든 경험하고 통찰할 제,
붓다의 가르침, 그 본의 다 깨치겠거니.

이 일, 새기고 새겨 두면 끝내
고성古城의 길에 오르는 자량이 되지 않겠나?
자증自證의 노래 가사를 내지 않겠나?
법려法侶여!

*　*　*

풍진객風塵客이 한로閑路에 올라서 어느 날 간송澗松의 천변에서
문뜩 일 없이 부른 옥당음玉堂吟 「봉군逢君」을 새기며 조화 묘용造化
妙用하는 연기緣起의 님을 살펴본다.

逢君

逢君隨處得커니 遇世去來云하리

設是其然矣라도 今非也彼君일세

님 만나거니

님을 만난다/ 가는 데마다 만나거니

세간에서 만난다/ 가나오나 만난다고 이르리

설령/ 그렇다고 해도

지금은/ 그 님이 아니다

평한다

어딜 가나 님을 만난다

산길 들길 강변 해변 저자 거리에서도 만난다

그렇더라도 오늘 만나는 님은 그때 그 님이 아니다

아니면서 아닌 님도 아니다

역력한 연기緣起의 조화 묘용이 드러날 뿐

나로 하여 님 있고, 님으로 하여 나 있거니

자연법이自然法爾라

봄날의 십일홍十日紅도

녹의 홍상의 시절 인연도

저 논밭의 농작물도

풍우風雨도 한설寒雪도
월영月影도 삼경의 별빛 은한銀漢도
해조음海潮音도
공어空魚의 풍경 소리도

저 님의 지취旨趣를 와서 보라고
활발발하게 내보이지 않는가?

그렇게 이 세계世界도 적나라하게
날이날마다 내어 놓고 있지 않는가?
반야바라밀이여!

* * *

송정松庭
샛노란 감국 위로 풍경風磬 소리 떨어진다.
바람은 종적 없고, 공중空中에는 구름 밖 우주가 아득하다.
풍경은 추녀 끝에서 적적한데 소리는 어디에 있는가?
온 데 없이 왔다가는 간 데 없이 가는구나.
저 솔바람도 그러하거니, 감국은 또한 어떠하뇨?
물물사사物物事事가 하나같이 인연 따라 정나라淨裸裸하여 명역력하
다. 연분緣分이 그러하다고들 건듯 인 바람결에 수런거린다.
활발발한 현실의 존재여!

예전에 태고 보우太古普愚 스님도 중국의 원元에서 『경훈警訓』을 들여왔을 적에 판각하고 인쇄 간행한 제자와 단월들에 대하여 기껍게 여기시었다. 소휘당집의 일도 마찬가지이다. 이 간행을 적극적으로 도운 김명심 지현知玄·심정임 혜심慧尋·서경화 월송月松 법려의 깊은 원력과 이 한문 원고를 총정리한 선하宣河와 출판에 총력을 기울여준 도서출판 운주사의 대표 제산霽山 거사와 편집진 등은 세계일화世界 一華의 반야행처를 이룩한 님들이시다.

깊은 고풍, 수묵의 농담으로 묘출하여 표지화와 삽화를 내준 벽암碧巖 거사와 제자의 일필一筆로써 백천 마디로 출렁인 본문의 묘의를 일로一路에 드러낸 담형澹馨 거사가 법향을 더하였다. 님들의 정성어린 마음을 그린다.

2023년 늦가을에 성북동 약사암 소휘당에서 자취를 남긴다.

서문 • 5

게송시/ 솔바람 일자 풍경 울고 19

유법해선우혜/이순규 21　제만행/차운호 24　기청원다연/청원 28

조춘음 30　제입춘 32　수투망한 34

송군/각현 36　견석창포혜/청원 38　월영천산 40

심전고불 43　일지매형시 46　과임인입춘시 48

임인입춘시 50　상화/이자옥 52　신축견상강~ 54

추림 57　경조/최병렬 59　석문/이벽춘 62

취산/박주호 65　제월정명/박소영 69　맹춘우성음 72

입춘 74　과세 76　능인/박종록 79

송강/문성호 82　과하동~ 85　제설우/백승렬 86

기추석망월 89　제입춘 90　추로/김기일 93

견다솔사~ 96　능허/제창모 98　송진가묘용시 101

화창 104　견황산설경 105　제기해입춘 108

월전/박승화 110　소휘당~ 112　환향곡 114

기백연화/김두선 116　유월한 119　거담연거사/이재환 120

제우월/서장욱 122　염불 124　봉군 126

거혜원법우/금숙향 128　설송/박성안 130

영입춘기종묵거사/정남철 132　북한강변~ 134

증의천상인 136　우후출시정 138

거시무애거사/김종범 140　기입춘 142

음사월초파일 143 　제영무구광 144 　거소하법우/나경민 146

거담연거사/윤규용 148 　강설/이광재 150 　입춘소식/무구광 152

제법오화 153 　시법운거사/이동국 154 　사후폐일 156

희호지록위마세 157 　기동곡서경화실 158 　기담형거사 159

보리우/김귀향 160 　소운/이미화 161 　월인/김수진 162

청혜 163 　기신춘 164 　해인/이은애 165

기월암지현/김명심 166 　기교연/손해경 168 　시운선/조소현 169

무진/곽경인 170 　초파일음 171 　송명/김경주 172

입춘휘필 173 　창천창천 174 　화리한 175

기추송/황순미 176 　위송도거사령수어 177 　제운암혜심/심정임 178

강월/오선희 180 　지단 181 　시무착행/오정영 182

송연/문희승 184 　입춘서 185 　백운 186

일월/김명란 187 　설월평전/안정란 188 　일야음 189

월인천강곡 190 　송경일명/정익진 191 　증벽산거사/정부교 192

입춘연구 193 　해송/이호기 194 　거래 195

한천적몰 196 　선혜/권현숙 197 　일선 198

토곡학필정자 199 　음불탄게송 200 　송도/강기수 201

이설 202 　송담/김근형 203 　벽산우전/박찬호 204

운월 205 　월현/서청 206 　송산송운 207

동산지월/이화섭 208 　제월명/우화주 209 　소정/최은성 210

니우출해 211 　송헌/박부자 212

제송암호월원명/배춘식 213 　　　　　　　입춘휘필 214

기혜월/계미원 215 　송강월영/황선도 216 　함월/설호정 217

월송/서경화 219 　지한/채수진 220 　월운/이구숙 221

송운/변성이 222 　　운문/김명숙 223 　　문설/이영애 224

제영/임정해 225 　　송설/김영옥 226 　　음심로통장안시절 227

벽암송월 229 　　기벽송거사/이성현 230 　사시가 231

방하착인 232 　　송구연신 233 　　아롱게 234

유월산수계 235

번역시/ 빈 배에 달빛만 가득 싣고 237

한객/나한 239 　　남유우음/태고 240 　　이우입해/경허 242

촉목보리/동산 244 　　동파게송/소동파 245 　천하한객/나한 246

선불장/방온 247 　　일파만파/야보 248 　　방가상인/이규보 249

선자화상혜/이규보 250 　완월/만해 251 　　송당/함허 252

차송당운/함허 253 　　임하사/청허 254 　　영안/만해 256

청한/만해 257 　　화엄사산보/만해 258 　다천/무의자 260

재정혜사음두견/경허 261 　　　　　　　　연지/무의자 262

즉사/만해 264 　　심청징/한산 266 　　사향/만해 267

노탄모박/초의 268 　　병감후원/만해 270 　창암/초의 271

번뇌팔풍/영가 272 　　야좌시중/무의자 273 　열수범주/초의 274

답일선화/소요 276 　　운산음/태고 277 　　서쌍죽담사/소동파 278

영첨매/연담 280 　　영한/만해 282 　　차한장로운/소요 284

독음/만해 285 　　월욕락/만해 286 　　한산시/한산 287

독야2수/만해 288 　　지상우음/무의자 290 　정부원/만해 291

독창풍우/만해 294 　　여산연우/소동파 295

차곽암십우송운/만해 296 　　　　　　　　기송운/부휴 306

문용정서지통곡이작/사명 307　　일일여~/만해 308

음게/진묵 309　　쟁득매화향/황벽 310　　우고인매제~/만해 312

파릉어부도가/만해 314　　송헌/청허 316　　갱불의/영운 317

과수게/동산 318　　추야무/향엄 320　　별기/향엄 321

무제1/만해 322　　무제2/만해 323　　동파8수기 5/소동파 324

모세한우유감/만해 326　　의정돈석시절/만해 328　　자탄/김시습 329

한강/만해 330　　무제 1/만해 331　　무제 5/만해 332

영등영/만해 333　　견앵화유감/만해 334　　춘몽/만해 335

무정설법/동산 336　　무정설법/소동파 338　　귀전원거 3/도연명 340

자락/만해 342　　자민/만해 343　　병수/만해 344

청음/만해 345　　추산/신숭겸 346　　즉사/만해 347

운수/만해 348　　약사암도중/만해 349　　무제/만해 350

주갑일즉흥/만해 351　　무제/만해 354　　시오사/월봉 355

추효/만해 356　　동지/만해 358　　추야청우유감/만해 360

즉사/만해 361　　계추우작/나옹 362　　여회/만해 364

농산정/최치원 365　　삼부도송/야보 366　　견월/만해 367

초추유감/기암 368　　귀고적대/정관 369　　시준청사/함월 370

방백화암/만해 371　　월야유적선지/나옹 372　　책자/도연명 374

어적/만해 376　　신청/만해 378　　효경/만해 379

즉사/만해 380　　등고/만해 382　　조파보등사/최치원 384

대사저인/백운 385　　선암사병후~/만해 386　　향로암야음/만해 388

여관추우/최치원 390　　거산 3/백운 391　　거산 5/백운 392

성래강상/함허 393　　신통묘용/방온 394　　회고/조지훈 396

등선방후원/만해 397　　팔우도가/법운 398　　송군/정지상 400

고주/나옹 401　　　음주 5/도연명 402　　　일성와/장구성 404

정야사/이백 407　　　산조일성/진국태부인 408

현애살수/야보 412　　　분사성법/강희자전 415　　일견도화후/향엄 416

추우/혜정 418　　　강북성지강남귤/야보 420

속리산/최치원 422　　　추월춘화/야보 423　　　십이시가/조주 426

심우가음/경허 450　　　끽다거 462　　　간시궐 464

시비 465

한시 작법 격율론 일부 467

춘망/두보 469　　　화석정/이율곡 471　　　진헐대/나옹 474

십현담 심인/동안 477　　　고평의 회피 480　　　오언절구/평기식 484

평측의 염대 488　　　강설/유종원 494

자유시/ 그래도 세상에는 꽃 피고지고 495

수월水月도량 497　　　초파일 단상斷想 498　　　간화看話 499

칠월설악七月雪嶽 500　　　가늠 501　　　길 502

오늘 새로운데 503　　　한 오십 년 504　　　소 리 505

허위허위 506　　　일념만춘一念萬春 507　　　친절한 노래 508

영주 부석사에 오르노라니 509

여래향실如來香室(Gandhakuti) 510　　　싯달타 511

모란은… 512　　　사모곡思母曲 1 514　　　사모곡思母曲 2 516

매월梅月을 읊다 518   사월 초파일에 즈음하여 520

사월 초파일 꽃 521   눈소〔雪牛〕 이야기 522   야인野人 523

녹야원의 노래 지금도 메아리치고 524

붓다가 되고 부른 해탈가려니 527

대열반, 내 이제 누워야겠다 529

룸비니의 환희여 531   시절인연이라 533

따비밭 일구려 534   유식唯識 535

남해南海의 찬가 536   님 그리자와 우니노라니 538

아으, 저 옛길이여 541

파환향곡破還鄉曲, 한매寒梅의 기운이여 542

주석/ **징검다리 또는 뗏목이려니 547**

I. 화두선의 본원 대혜종고의 『서장』 새겨보기 • 549

II. 금릉보지 화상의 대승찬 10수 선해 • 624

게송시 一 솔바람 일자 풍경 울고

법해法海에 유력하는 선우여

한 걸음 금당金堂에 나아가니
붓다께서 웃으시고

세 번 설명 네 번 해설커니
반야해般若海에 드는구나

여래의 행법行法은
어떤 길에 있는가

심기心機를 한 번 돌려
매사에 주인 되려는가

-2023년 7월 24일

游法海禪友兮
유 법 해 선 우 혜

一步金堂笑佛嗟하고   三詮四解入般若로세
일 보 금 당 소 불 차   삼 전 사 해 입 반 야

如來行法何塗在뇨   一轉心機觸主耶아
여 래 행 법 하 도 재   일 전 심 기 촉 주 야

• 측기식 칠언절구로써 차嗟·야若·야耶는 평성 마운麻韻에 속한다.

솔바람 일자 풍경 울고 21

『임제록』 시중示衆 제4단과 제8단에 "가는 데마다 주인 되시라. 머무는
곳이 다 참된 경계리니〔隨處作主 立處皆眞〕"라는 옛길이 보인다.

주인이 된다는 것은 변화하며 닥치는 바깥 경계에 매이지 않고 주체적으
로 임한다는 것이다. 바깥 경계란 무엇인가? 현실적으로는 대체로 내게
번뇌를 일으키는 여덟 가지 바람〔煩惱八風〕을 들 수 있다.

공부에서는 이 대법對法의 변견邊見에 대하여 '기뻐하지 않고〔不喜〕, 화내
지 않아야 함〔不瞋〕'을 지켜야 한다는 것이니 부동심이라고도 하며, 우리
수행의 기조인 것이다.

　①이익이 남〔利〕에, 손실이 생김〔衰〕에

　②뒤에서 칭찬함〔譽〕, 뒤에서 험담함〔毁〕에

　③면전에서 칭찬함〔稱〕에, 면전에서 비방함〔譏〕에

　④즐거움〔樂〕에, 괴로움〔苦〕에

대하여 이 팔풍이 때 없이 닥치는 현실에서 '좋아한다'거나 '화를 낸다'거나
하는 마음 자리라. 거기서 그때 양변의 심부름꾼이 되지 않고 의연함을
견지하는 일이란 쉽지 않은 일임을 법려 대중들도 익히 알고 있을 것이다.
붓다께서 하신 최초 설법〔初轉法輪〕에서도 현실 생활의 괴로움에서 해탈
하는 길을 열어 보이셨으니, 불법의 궁극인 것이다. 저 팔풍八風, 번뇌의
바람도 '조건의 값'이 역력한 연기緣起의 현상으로 대두되는 것이다.
우리 눈앞에 갖은 모습으로 나투는 사상事相의 연기적 사실을 사실대로
정견正見하고서, 생각하고 말하고 행한다면 '여래의 행법行法이요, 반야
행'일 것이다. '연기緣起함'과 거기서 '관념화된 마음 작용'에 대해 명료하
게 통찰한다면, 바로 수행 길에서 '심기心機가 일전一轉하는 향상일로向上

一路의 길이다'고 하겠다.

이 게송시는 2023년 6월 6일에 행한 대불련총동창회 전남지부에서 '남도 답사 강진권 사찰순례' 보고서를 보고 느낌이 있어 새겨 보았다. 팔순에 외려 쉼 없는 공부로써, 청량한 해설로써 선우들의 법해를 출렁이는 이순규 명지 거사께 소불笑佛이 비치신다.

천만다행이여

천강千江에는
월인月印이 활발발하고

만법萬法은
조건[緣]을 따라 이루도다

전체와 하나
상즉相卽하는 조화려니

좋을세라
순리의 노정에서 유력하누나
-2023년 5월 29일

題卍幸
제 만 행

千江活月印하고　　卍法隨緣成이라
천 강 활 월 인　　　만 법 수 연 성

多一和相卽하거니　幸遊順理程토다
다 일 화 상 즉　　　행 유 순 리 정

• 전경 후정前境後情의 오언절구로써 성成·정程은 평성 경운庚韻에 속한다.

기·승구 셋째자에서, 전·결구에서는 첫자에서 변운되어 자연스레 평측의
염대粘對도 이루어지고 있다.

"만리 하늘에 구름 없으니 구만리 장천長天임에
천 줄기 강물마다 강월江月이 더불으네"

『금강경·여리실견분』에서 한 종경宗鏡 스님의 노래다.
'조건 따라 생멸生滅하는 현실적 존재임에, 어떠한 실체가 있느냐?'는
말이다. 조건 따라 형성되고 드러나는 물리나 심리의 연기적 속성이
있을 뿐이다. 이 역력한 사실을 사실대로 알자는 것이니, 이 일은 우리네
삶에서 전부를 아우르는 일이어서다.

자연은 물론이거니와 인간의 사회적 삶도
상즉 상입相卽相入하는 이 일에서 조금도 어긋나고
벗어나고 할 수 없는 것이 아닌가?

지금의 이 일을 벗어나 과거의 그 무엇이었다거나,
미래에 그 무엇이 된다는 신비적 절대성을 특정한다면
그러함은 불교가 아니다.

'무상無常'이나 '무아無我'라 하는 말은 불교의 본질이다. 그렇더라도 '연기

의 법'으로 드러나는 사실을 사실대로 통철하게 자증自證하지 않으면, 자칫 마음 작용이 허무虛無한 경향으로 붙들려 들 수도 있는 말이 되기도 한다. 하여, 여기서 관념적 생각의 중류衆流를 한 번은 절단하는 경험을 맛보아야 한다. 그때서야 변화무상한 데서 자신의 현실적 존재를 그대로 볼 수 있고, 직하에 '물 긷고 땔나무 한다'는 방 거사의 말도 자신의 말이 될 것이다. 이쯤이면 임제 선사의 '수처작주隨處作主'인들 무슨 대수겠는가.

• 사물事物이 연생緣生하고 연멸緣滅하는 인연법을 통찰하고, 자연순리의 자증로를 행하는 대구의 차운호 만행卍幸 법우를 찬하여 짓다. 제시하고 있는 천만다행千卍多幸을 두운頭韻으로 하여 법法에 계합하고 있음을 기렸다.

茶香　碧岩

청원 거사의 다실

빙긋이 웃는다
맑은 모습이여

차운 향내
백설의 매화로세

운수납자는
어디 있는가

고성古城으로 가는 길에
오랜 안내자는 없고…

-2023년 3월

寄靑苑茶筵
기 청 원 다 연

莞爾淸顔笑여   寒香似雪梅일세
완 이 청 안 소   한 향 사 설 매

何居雲水處오   古路上無槐하고
하 거 운 수 처   고 로 상 무 괴

• 전경 후정의 측기식 오언절구로써 압운인 매梅와 괴槐는 평성 회운灰韻에

속한다.

봄이 완연하면 봄철임을 알겠지만
오기 전에는 누구든 겨울의 말미라고 느낀다.
제주의 금잔옥대金盞玉臺 수선화는
남국에서 봄소식을 전하지만
저 백매白梅는 북녘의 눈발 속에서도 전한다.
그 한향寒香은 잠자는 정신을 일깨워
천지의 생명을 느끼란다.

중중무진重重無盡하게 시공時空의 영역에서 전개된다 하여도
저 일지매一枝梅의 순간 소식은 역력하지 않은가?
우리의 삶에서는 보이고 들리고 느끼고 하는 그 사이에
쉼 없이 세계의 소식은 전해지고 있다.

그렇건만 어디서건 주인 되는 법을 찾는 행자는
어드메에 유력하고 있는가.
길을 가리킨다는 사승師僧은
그야말로 무슨 길을 어느 길을 가리키고 있는가.

이른 봄에

초봄의 차가운 비 내리자
강산이 적적한데

들판의 풀싹들은
긴 잠에서 깨어난다

장차 내가 산천山川에서
꽃을 바라보겠는가

사철의 꽃들이
나를 쳐다보겠는가

-2023년 2월

早春吟
조 춘 음

春孟寒零寂道峰한데   門田萌子覺長夢토다
춘 맹 한 령 적 도 봉   문 전 맹 자 교 장 몽

將余苑處看花與아   節候中花覩我容가
장 여 원 처 간 화 여   절 후 중 화 도 아 용

• 측기식 칠언절구로써 봉峰은 평성 동운冬韻에 속하며 몽夢은 평성 동운東韻

에 속하고 용舂은 평성 동운冬韻에 속한다. 동冬과 동東은 통운이다.

여적

입춘을 앞두고 가랑비가 내리니 도량이 적적해진다.
교외로 나서니 산기슭도 젖고 들녘도 축축하여
마른 풀잎 밑으로 초록의 생기가 비친다.
생명이 트는 것도 저마다 시절 인연의 때가 있다.
가을 서리 앞에서 오만한 절개를 나투는 국화도 있거니와
납월의 설매화도 있다.

시냇가의 갯버들은 누구보다도 일찍 봄눈을 뜨는 경계
진즉에 얼음장 밑을 울리는 시냇물 소리에 깨어나서
이렇듯이 가고 오며 생生하고 멸滅하는 세계여!
서로 간에 조건이 되면서도 너는 너며 나는 나려니
나는 네게 있고 너는 내게 있고녀.

그러면서 이 일을 기억한다.
목마른 나귀가 우물을 들여다보는 그림이 있다.
여저정驢底井이요, 정저려井底驢라.
나귀의 우물이요, 우물의 나귀로세.

상즉相卽하는 이 관계
참으로 유쾌하지 아니한가.

입춘立春에 걸다

홍매紅梅는
눈 속에서 웃고

봄〔東君〕은
얼음장 밑으로 오거니

진흙밭 연꽃 같은
선객禪客의 일이여

어언語言에
어둡지 마시라

-2023년 1월

題立春
제 입 춘

雪裏紅梅莞하고　　東君氷下來커니
설 리 홍 매 완　　　　동 군 빙 하 래

泥蓮禪客事여　　　勿昧語言哉하라
니 련 선 객 사　　　물 매 어 언 재

• 측기식 오언절구로써 압운인 래來와 재哉는 평성 회운灰韻에 속한다.

여적

저 백설이 덮인 속에서 홍매紅梅는 붉어 더욱 의연하다.

동쪽에서 오는 생명 창발創發의 님이라서

동군東君이라고 부르는데, 한창 봄날에 아니 오고

겨울 가기 전에 시냇가 얼음장 밑으로 흐르는 물과 더불어 온다.

두 일이 다 추운 시절을 이겨 내며 연분을 성취하누나.

그래서 건강하지 아니한가?

수행에서도 청정한 연꽃은 진흙밭을 조건으로 하여 생장한다.

그렇다고 거기 뻘에 젖어 들지도 않고 본분사를 다함에

지자知者는 그를 보고 연꽃의 일을 배운다.

옴 마니 파드메 훔!

더 나아가 '불구덩이 화염 속의 연꽃'까지도 말하고 있지 않은가.

진흙이나 불구덩이는 갈애渴愛요 삼독심三毒心을 일컬음이니,

이는 삶의 길에서 신어의身語意의 삼업三業으로 나툰다.

이 일은 현실적으로 말로부터 비롯되니,

사실에 어긋나는 오해와 치우침으로 관계할 때 번뇌가 양산된다.

바로 이 연기하여 형성되는 관념적인 말의 경계를 통찰하여

해탈로로 행하는 이정표를 제대로 읽을 줄 알아야 하겠다.

내게 몰아치는 번뇌 팔풍煩惱八風이 영향을 미치지 못할 때,

할 말에나 아니 할 말에나 또는 할 일에나 아니 할 일에나

이리저리 매이지 않고 자재自在할 수 있지 않겠나?

그물을 뚫는 자 누구인가

허기져서
배고픈 사람에게

전병 부치는 냄새가
코 찌르는 시절에

반본 환원하여
밀가루를 보라고 한다면

과연 뉘라서
관념의 그물을 뚫겠는가

-2022년 12월

誰透網漢
수 투 망 한

肌腸空腹漢에게   餠臭鼻衝時에
기 장 공 복 한   병 취 비 충 시

觀麵還源著하라면   是誰透網爲리오
도 면 환 원 착   시 수 투 망 위

• ① 〈대승찬10수 중 제6수의 6〉에 대한 촌평.

  ② 압운인 시時와 위爲는 평성 지운支韻에 속한다.

여적

사람은

안이비설신의에서 색성향미측법의 대상을 인식하며,

그 인식한 내용을 정보화하여

다양한 상황에 대응하며 살아간다.

배고프면 밥 먹고 목마르면 물 마신다.

노래도 부르고 피곤하면 쉬어가며

졸리면 잠잔다.

공부도 하고 농사도 짓고 물건도 만들며 장사도 한다.

어느 것 하나인들 부족하지 않으면 좋은데

무엇이든 결여되면 치우쳐져 좋지 않다.

서로 조건이 되어 변화하며,

필요한 만큼 조율하고 창출하여 삶을 돕는다.

관계할 뿐 지배하지 않는다.

좋고 나쁨을 가리겠는가?

일에 따라 응하면 적절함이다.

주릴 때 전병을 지지면

눈으로 먼저 취하고

냄새로 먼저 취한다.

외려 입은 나중이지만

입을 통하지 않으면 달랠 수 없다.

조화여!

님을 보내자니

기러기 울음은
밝은 달빛에 젖어 들고

단풍잎은
서풍이 스며들어 붉다

남포에서 하는 이별은
눈물 흘려 대동강 물결에 더했다는데

추강에서 송별연하노라니
부르는 한 곡조에 뜨건 마음 일렁인다

-강릉의 각현 거사가 자부와 영별하였다는 소식에 즈음하여 짓다.
2022년 10월 23일 상강霜降에 소휘당에서

送君
송 군

雁聲沈白月하고   紅葉隱金風이로다
안 성 침 백 월   홍 엽 은 금 풍

別離南浦添波淚렀는데 一曲秋江送宴衷하누나
별 리 남 포 첨 파 루   일 곡 추 강 송 연 충

• 전경 후정前境後情의 작법으로써 평기식 변형 칠언절구다. 압운인 풍風과
  충衷은 평성 동운東韻에 속한다.

여적

왕래往來여!
온 곳은 어디길래 여기에 왔다고 하며
간 곳은 어디길래 여기서 갔다고 하는가

생生하고 멸滅함은 하나의 두 사실인데
여기는 두 사실의 본처本處가 분명하네

어버이는 연기緣起의 강물에 녹아들고
나는 여전히 현실 존재로 강물 따라 흐른다

천차만별의 통철洞徹한 일가一家여!
역력한 소식이라고 하여도

슬프다. 별리의 소식이여!

석창포를 보고서

복날의 더위를 피해
시냇가로 나가니

석창포 푸르러
풀빛도 시원하다

산골에 재촉하는 물결
찻물 끓는 소리 같은데

숲에서 산개구리 튀어 나오자
문뜩 세상사를 잊는다

-2022년 8월

見石菖浦兮
견 석 창 포 혜

避伏炎陽處澗川하니　　石菖蒲草色爽然토다
피 복 염 양 처 간 천　　　석 창 포 초 색 상 연

溪聲逐浪如煎茗한데　　出藪山蛙落世緣토다
계 성 축 랑 여 전 명　　　출 수 산 와 락 세 연

• 측기식 칠언절구로써 압운인 천川·연然·연緣은 평성 선운先韻에 속한다.

시절 인연時節因緣이란 말이 있다.

사계四季의 일에 이는 비 오고 개는 일이든지,

운수雲水의 조화에 꽃 피고 지는 일이든지,

조건을 따라서 생겨나고 소멸되는 일이

털끝만큼도 어김없는 본분사本分事인 것이다.

월하月下에 피어오르는 계성溪聲의 물안개도 역시 그렇잖은가.

이 역력함을 보는 이 있는가?

수류 화개水流花開란 말을 쓴 이도 있고,

이 말에 끄덕이는 이들 또한 적지 않다.

이렇듯이 경물境物에서 마음을 내고

그 작용을 보며 마음법의 무자성無自性을 본다.

저 석창포石菖蒲의 초록은 어디서 오는가

산개구리 출두에 일심一心의 작용은 거기서 멎고⋯

달빛은 온 산천에 드리우고

달빛은 온 산천에
밝게 비춰 아련한데

봄철의 움 들녘마다
터져 나와 어여쁘다

여래의 법우法雨도
세간에 촉촉이 뿌리건만

피안으로 건너려는 선객船客은
얼마나 올라갔던가

-2022년 5월

月影千山
월 영 천 산

月影千山皎皎遙한데   春英萬野綻然天로다
월 영 천 산 교 교 요   춘 영 만 야 탄 연 요

如來法雨零人世런만   度岸船賓幾許超런가
여 래 법 우 령 인 세   도 안 선 빈 기 허 초

• 전경 후정前境後情의 형식인 측기식 칠언절구로써 압운인 요遙·요天·초超

는 평성 소운蕭韻에 속한다.

여적

겨울철은 숙살肅殺의 기운이 천지간에 가득하다.
세 철을 지내며 일을 마친 물상物象들을 죽이고 또한 절로 죽는다.
자연의 인연이 그렇다. 죽지 않으면 신생新生도 없다.
다 죽은 자리에서 신춘의 만생명이 움터 봄비를 부른다.

생生하고 멸滅하는 자리는 맞닿아 있다.
둘이면서 하나고 하나면서 둘이다.
생生과 사死의 인간사도 마찬가지다.
중중무진重重無盡한 저 자연의 일이란 다 그러하다.

서로 조건이 되는, 상호간에 연기緣起하여
변성變成하고 진화進化하는 물리적 심리적 일이 다 그렇다는 것이다.

물리적인 변화를 보고, 심리적인 일도 볼 적에
우리 수행이 그대로 거기에 닿아 있다.

여래의 법우法雨가 아니 내리는 곳 없이
중생계에 촉촉하게 내리건만 누구나 그 법문法門에 들지 못하는 것은
굳은 관념이 얽히고설켜 있어서다.

만상이 하나같이 연기緣起하는 법法을 연설하고 있건만
완곡한 붓다의 가르침을 보지 못하는 것은
관념에서 관념을 넘어서지 못해서다.

이러한 시절에 저 자연의 숙살처럼
관념에서 관념을 철저하게 죽이고 죽여서 살아난 관념으로
피안에 오를 이들은 과연 얼마나 될까?
붓다의 완곡함에 짝이 될 행자의 간절함이여!

마음밭의 옛 부처

안개 짙은 산길에서도
계곡 물 소리는 들리고

구름밭 가는 저 달도
틈만 나면 암자의 산을 비춘다

석실石室 문 열어 젖히니
춘객春客이 오셨는데

눈 속의 홍매紅梅라
고불古佛의 얼굴일세

-2022년 4월

心田古佛
심 전 고 불

霧徑中聞澗水潺하고   雲耕畝月照菴山토다
무 경 중 문 간 수 잔   운 경 묘 월 조 암 산

開門石室來春客한데   雪裏紅梅古佛顔이로다
개 문 석 실 래 춘 객   설 리 홍 매 고 불 안

• 측기식 칠언절구로써 잔潺·산山·안顔은 평성 산운刪韻에 속한다.

붓다께서는
우리의 삶이 고해苦海에서 떠도는 것 같다고 보셨다.
괴로움의 내용을 사고칠고四苦七苦로 개괄하고,
그 원인인 탐진치貪瞋癡의 삼독심三毒心이 갖은 심사에서 작용하여
심해心海에 풍파를 일으킨다고 하셨다.
바로 번뇌 팔풍煩惱八風으로 구체화되어 알려지고 있다.

'이익이 남에, 뒤에서 칭송함에,
앞에서 칭찬함에, 즐거운 일에 좋아하고;
손실이 남에, 뒤에서 헐뜯음에,
뒤에서 비방함에, 괴로운 일에 싫어함'
으로 마음이 쉽사리 양변兩邊으로 분주하게 왔다 갔다 하면서
풍파를 일으키게 되면 안개가 지펴져서 반야선의 피안행을 어렵게 한다.
호란胡亂의 시절인들 잠깐이라도 '양변심'을 쉬고 가다듬으면
멀지 않은 피안의 바닷가에서 철썩이는 해조음海潮音도 들릴 것이다.

지혜로운 사람은
생겨난 번뇌를 빨리 소멸시키고, 새로운 번뇌를 생겨나지 않게 하여
거기서 해탈을 누린다.
어리석은 사람은
생겨난 번뇌를 더욱 키우고, 미처 생겨나지 않은 번뇌를 생겨나게 하여
거기서 괴로움을 겪는다.

지혜로운 사람이란 바로 저 번뇌의 팔풍이 생멸生滅하는 데서

역력한 연기緣起의 사실을 통찰하고서

좋으니 싫으니 하며 변견에 휘둘리지 않는 사람이다.

팔풍의 일 속에서도 일 없는 이거니.

눈 속의 홍매紅梅여.

고불古佛의 얼굴이시다.

일지매의 향기로운 시절에

한 그루의 매화
봄기운 가득 토해내니

붉디붉은 자태로
우수雨水 방향을 퍼트리누나

한겨울 하늘 같은 적멸寂滅은
어느 때의 소식인가

처음으로 설법하신
녹야원 법륜향法輪香의 시절일세

-2022년 3월

一枝梅馨時
일 지 매 형 시

一樹梅花吐萬春하니   紅顔雨水布流芳토다
일 수 매 화 토 만 춘   홍 안 우 수 포 류 방

寒天寂沒何時雁고   轉法初輪鹿苑香일세
한 천 적 몰 하 시 안   전 법 초 륜 녹 원 향

• 측기식 칠언절구로 압운 방芳·향香은 평성 양운陽韻에 속한다.

매화의 가지에서 살이 에이는 삭풍에서
외려 생명의 강렬한 의지를 축적함이 본래 자연의 일이다.
백설 속에서 푸르름을 더하는 송백松柏의 기상처럼
가지마다 움트고, 이내 "팡!"하고 꽃망울 터뜨려 피어남에 이어
만화萬花가 방창하니 '천하의 봄'을 알린다.

이 소식 우수雨水를 지나 경칩驚蟄의 시절에
무명無明의 땅 속에서 힘차게 오르는
참생명의 약동이 세상으로 향한다.
여명의 정각正覺에서 녹야원으로 행하시어
초전법륜初轉法輪하여 일대사인연의 장쾌한 길을 열어 놓으셨으니,
붓다 본연의 일인 것이다.

꽃 피어 천하의 봄을 알리듯이,
갈애와 갈등으로 점철되는 현실 경계에
니르바나의 해탈 자재自在한 삶을 알리셨다.
행자여!
이 소식을 파착把捉하시는가?

임인년 입춘시절을 지내며

납매臘梅 향내 한 번 웃어
봄철〔東君〕을 부르니

눈 덮인 강산은
만고에 새롭다

진흙 속의 홍련은
어느 때나 못 위로 피어날까

달빛 어린 창가의 선객은
어느 때나 그물을 뚫는 금린金鱗이 될까

-2022년 2월

過壬寅立春時
과 임 인 입 춘 시

梅香一笑召東君하니　　**雪下江山萬古新**토다
매 향 일 소 소 동 군　　　　　설 하 강 산 만 고 신

泥裏紅蓮何出水아　　**月窓禪客透何鱗**고
니 리 홍 련 하 출 수　　　　월 창 선 객 투 하 린

• 평기식 칠언절구로써 압운인 군君은 평성 문운文韻이며, 신新과 린鱗은

평성 진운眞韻에 속한다. 제4구의 격율은 '평평측측측평평'으로 대장對仗 되는데, 첫째 자에 측성의 '요拗'를 써서 고평孤平이 되었다. 하여 고평을 회피하여 셋째 자에는 평성의 '구救'를 사용하여 고평을 피했다. 문운文韻과 진운眞韻은 통운通韻이다.

여적

도대체 한동寒冬 속 어디서 봄소식은 움트는가?
저 추위 어디서 훈풍은 생겨나는가? 자연의 일이라.
어찌 보면 이 땅이 기울어 돌기에 그렇겠지.
하여 사시사철의 시절 인연이 온통인 거 아닌가?
연기의 일 아닌 게 있을까?

눈 덮인 강산이 있어, 겨울이 거기 있어,
다 죽인 그 자리가 있어 거기서 새 생명도 움튼다.
초목草木의 생멸은 미시微視적인 거시巨視적인 변화의 존재.
저 매화로써 향내로써 나름 나투겠거니,
보고 듣고 깨우치는 이는 누구인가?

홍련紅蓮의 출현은 번뇌의 보리러니
무상無常의 꽃이런가?
이 일을 사실대로 꿰뚫어 본다면
선창禪窓에 앉아 무얼 하겠으며,
그물 안에 있은들 그물이 무슨 소용이겠는가?

임인 입춘시에

부르지도 않았건만
봄은 언제 왔는지

꽃 피는 소식은
동쪽 시냇가에서 웃는다

어디서
연꽃은 피어나는가

눈 덮인 연못
진흙 뻘에 붉구나

-2022년 1월

壬寅立春時
임 인 입 춘 시

無呼春到着하여　　**花信笑東川**하놋다
무 호 춘 도 착　　　　화 신 소 동 천

何處蓮生也오　　　**泥紅雪裏淵**토다
하 처 련 생 야　　　　니 홍 설 리 연

• 평기식 오언절구로써 천川·연淵은 평성 선운先韻에 속한다.

여름 속으로 가버린

봄날의 시절 인연時節因緣이 겨울 속에서 나온다.

매화의 꽃술을 통해 봄기운을 내놓고는 잎새를 거둔다.

내놓고 거두어들이면서도

경계를 그을 수 없으니 사계절이 따로 없으련만,

여름이니 가을이니 겨울이니 봄이니 하여

어김없는 철에 따른 모습들은 역력하기가 그지없다.

정이 깊은 이들은 나름

절기의 산수山水에 우의寓意하여 수행을 담론하기도 한다.

봄이 오는가? 겨울이 가는가?

혹독한 추위는 숙살肅殺의 예리한 칼날이건만

외려 눈 속에서 움트는 생명의 독려자거니…

하여 동군東君은 동군冬軍의 다른 모습이요 이름이다.

관념은 관념대로 만화방창할 봄꽃들처럼

그대로 시절의 여실하고 아름다운

중중무진한 연분의 아름다운 나툼이다.

'진흙 뻘에서 연꽃이 피어나는 일'을 굳이 말하는 것도

이 시절 인연의 양면을 특정하여

사실을 사실대로 깨쳐 보자는 것이다.

서리처럼

서릿기운이
가을 하늘에 빗겨 차가운데

단풍잎 붉은 시냇물은
동구 밖으로 흘러 나간다

화성化城은
그 뜻이 고성古城에 있고

녹의홍상綠衣紅裳은
나름 연분緣分을 밝히고 있다

-2021년 12월

霜化
상 화

霜氣橫秋洌한데   紅流出洞門토다
상 기 횡 추 렬   홍 류 출 동 문

化城圖在古하고   紅綠見緣呑일세
화 성 도 재 고   홍 록 현 연 탄

• 전경후정前境後情의 측기식 오언절구로써 압운 문門과 탄呑은 평성 '원운元

韻'이다. 제 1·3·4구 첫 자운字韻은 환운換韻하였으며, 제3구에서 첫 자가 평성이어야 하는데 측성이 와서 둘째 자가 '고평孤平'이 되어 셋째 자를 측성에서 평성으로 환운하여 요구拗救를 써서 고평을 피했다.

여적

계절의 오고〔來〕 감〔去〕은 지극히 자연스러운 일이다.
선문禪門에서는 시절인연時節因緣이라고 한다.
동양 한자 문화권에서는 방위를 논할 적에
오행사상五行思想이 일반화되어 서방에 가을이 배치되고,
금풍金風으로 숙살지기肅殺之氣인 찬 서리의 기운이 초목을 시들게 하여
봄철의 새 생명을 돋우는 기운을 돕는다.

저 아름답게 보이기도 하는 단풍의 채색은
때맞추어 일을 마친 잎새를 버리는 무상無常의 빛이다.
숙살의 무상한 뜻은 신록의 생명에 있으니,
취·사取捨의 분명함은 있으되 욕심 없음이 자연自然의 일이다.

사시사철의 일마다 그 사이에는 연기緣起의 내력이 역력하다는 것이요,
화성化城이 의도하는 고성古城의 보광寶光이 거기서 번뜩인다는 것이다.

이 '상화霜化'는 대불련 동문 이자옥 법우께서 불명을 새로 받음에
그 의의를 새겼으면 하여 일생一生의 '변견邊見의 타파'와 '방하放下'의
길을 제시하였다.

신축년 상강의 툭 터진 가을 하늘을 보며 읊다

약사암의
노송이 한 백 년이나 되었었는데

말라 죽어 베여 나가니
외려 견우성牽牛星을 보게 되었다

고희古稀에 들어
흰머리카락만 무성한 객이더니

전지田地에는
호미마저 버려졌다
-2021년 11월

辛丑見霜降洞旻天吟
신 축 견 상 강 통 민 천 음

庵子松鱗百이렀는데   殊枯尙見牛랐다
암 자 송 린 백   수 고 상 견 우

稀年蒼浪客이러니   田地捨鋤頭로라
회 년 창 랑 객   전 지 사 서 두

• 측기식 오언절구로써 우牛와 두頭는 평성 우운尤韻에 속한다.

전경후정법前境後情法의 시상이다.

약사암에 주석한 지 열두 해인데
남향을 하고 있어 백도白道가 한눈에 들어온다.
하여 일상에 함께 하는 행성行星들도 새길 수 있었다.
그래도 천정天頂의 북서방이나 북방의 칠성七星을 쳐다보지 못하다가
고사枯死한 백년청송 세 그루를 베어 내니,
미처 생각지 못했던 경광境光이 드러났다.

이백 평 도량이나마
벽송碧松 시절에는 백설白雪과 어울어 기개가 시원하였고,
일진一陣의 바람과 어울어 송도松濤의 풍경風磬도
심전心田의 명백한 일을 지었었다.
송월松月의 즈음에는 수면을 말린 일도 손꼽을 수 없고,
때론 소쩍새도 부엉이도 불렀다.

얼굴을 보고 있을 적에는 뒤태를 볼 수 없다더니
심식心識의 작용은 언제나
상대적 경계의 한 면에서 나들기 마련인지라
도량을 덮고 있던 노송이 버히어 나가고 난 후에야
그 위에 자리하고 있던 견우성 직녀성을 새롭게 보는
감흥이 일기도 하였다.

저 두 별 사이에는 은하가 흘러야 하겠건만
보이지 않음은 도시의 불빛 때문이려니,
아쉬워도 연분緣分 또한 역력하다.

심전心田에도
저렇듯이 생멸生滅하는 몫이 있거니.

조건에 따른 작물들은 철 따라 모습을 드러내고 감춘다.
구절초도 감국 개미취 쑥부쟁이며 해국 산국들이
나름 늦가을녘까지 자리를 지키며
저마다의 색깔로 가을정취를 뿌리고,
산도라지는 노오란 잎새로 두 철을 물들인다.
한밤중에는 널브러진 창공의 별빛을 나누며…

가을 장마에

가을 장마 빗소리
풀벌레 울음들을 삼키고

비안개는
서울 물색物色들에 수묵칠한다

중중무진重重無盡커니
한량없는 경계境界여

고성古城에서는
일을 잊어 한가하기만…
-2021년 9월

秋霖
추 림

秋霖含蟋蟀하고   雲霧墨長安토다
추 림 함 실 솔   운 무 묵 장 안

重重無量境이여   古城忘事閒토다
중 중 무 량 경   고 성 망 사 한

웬 가을비가
낮으로 밤으로 종일토록 내린다.
장마라 할 정도로 주룩주룩 내리니,
가을 들녘이 걱정된다.

문뜩 생각하니 밤중이건 새벽이건
사색을 돕던 풀벌레 귀뚜리 소리들도
빗소리에 젖어 들었는데,
남산 아래 시가지의 물색物色도
수묵이 번지는 것처럼 동적으로 변해간다.

저 빗줄기 빗방울에는
남태평양의 뜨거운 열정도
시베리아 북지의 냉정도
히말라야 설산의 오랜 정기도 서려 있어
미시微視 거시巨視의 신묘하고 역력한 경계로
나름의 리듬으로 저렇듯이 흐르고 있다.

아하! 중중무진重重無盡의 연분緣分이라
뜨락의 도라지 꽃웃음도 흠뻑 젖는
고성古城 본처에서는
분주한 저 일 속에서도 일 없는 날이다.

텅 빈 거울의 조명

거울 속이 텅 비었다는
무한한 저 뜻은

맑은 달 하나
만파萬波에 생동하는 물고기라

호인胡人 오면 호인을 비추고
한인漢人 오면 한인을 비춤에

이 이 저 이 가고 나면
그대는 어디 있을까

-2021년 7월

鏡照
경 조

鏡虛無限意는   生動月波魚라
경 허 무 한 의   생 동 월 파 어

照耀兮胡漢에   去人何有汝오
조 요 혜 호 한   거 인 하 유 여

• 평기식 오언절구로써 압운인 어魚와 여汝는 평성 어운魚韻에 속한다.

결구結句의 첫 자에는 평성이 와야 하는데 측성 어운御韻이 와서 셋째 자에서 평성 가운歌韻으로 치환하여 '인人(평성 진운眞韻)'의 고평孤平을 피하였다.

여적

경허鏡虛! 거울이 비었다는 것은
거울 면에 진애塵埃가 서리지 않았다는 것이다.
그렇다면 비치는 대상인 사물에 대하여 왜곡 현상이 생기지 않는다.

이렇듯이 청정하다면
친하다느니 소원하다느니 하여
무슨 편 가름이 있겠으며,
네 편 내 편 하여 치우친 견해에 휘둘려
마음 바다를 요동치게 하겠는가?

구름 없는 장공長空에 맑은 달 하나 명징明澄할 적에
천강千江의 물결에는 그물을 벗어난 물고기라,
떼 지어 노닐으니 활발발지活鱍鱍地로세.

우리 마음도 저 대원경大圓鏡처럼 변견邊見의 티끌이 끼지 않는다면,
어찌 외국인이라 하여 차별하는 마음을 쓰겠는가?
호인胡人이 오면 호인을 비치고 한인漢人이 오면 한인을 비칠 뿐이라서

이때는 경험의 관념화로 형성된,
갖은 번뇌를 양산하는 정보화된 마음들이
외려 지혜로 전환 발현되어 나를 자재自在하게 하리니…
거기 어디에 차별의 부정심리가 깃들일 여지가 있으랴.

그렇구나!
대원경지大圓鏡智라. 나는 여기 있으면서,
나는 여기 없기도 하다.

이 게송은 포항의 수행자 최병렬崔炳烈 경조鏡照 거사에게 생활 속의
변견 타파를 제시하면서 '번뇌가 바로 보리'의 본지本旨임을 자증自證토록
제시하고 있다.

석문石門

석두石頭는

호남湖南에서 미끄러운 길을 갈고

마조馬祖는

서강西江에서 낚시를 했다

육문六門에서

빗장을 풀으라

강호江湖에서는

도대체 무엇을 거양擧揚했는가

-2021년 6월

石門
석 문

石頭鋤路滑하고   馬祖釣西江토다
석 두 서 로 활   마 조 조 서 강

門裏行閂解하라   江湖箇什揚가
문 리 행 산 해   강 호 개 십 양

중국의 선禪 사상은
승조僧肇법사의 『조론肇論』에서 연원한다고 할 만하다.
근원을 더 올라가면 『중론中論』이요, 『유마경維摩經』일 것이다.
마음 작용은 안에도 밖에도 그 중간에도 있지 않은
무자성無自性 연기관緣起觀의 분명함과
불이법문不二法門과 일묵一默의 언설言說 초탈처를 시설하고 있어서다.

『조론』의 반야무지般若無知와 열반무명涅槃無名은
관념화를 넘어서라고 제안하고 있다.

달마 조사를 남상濫觴으로 하여
중국 조사선祖師禪의 본류가 도도하게 형성되어
강남의 남종선류南宗禪流가 시대에 범람하였으니,
그 중심에 호남湖南의 석두 희천石頭希遷(700~790) 도량과
강서江西의 마조 도일馬祖道一(709~788) 회상이 있다.

미끄러지고 낚이면서
'이 두 도량에 참문하지 않으면 선자禪子가 아니다'
는 말도 생겨나게 되었으니,
두 조사의 행화도량 첫 자를 따서
〈강호江湖〉란 말이
선禪 수행 도량의 대명사가 되기도 하였다.

선禪 수행의 요지는
'관념에 매여서 가려 있는,
눈앞에 전개되고 있는 사상事相의 상대적 사실을
연기緣起의 분명한 사실을 명료하게 보라.
갈등葛藤에서 해탈하여
내가 좋고 남에게도 좋은 삶을 자재하게 살라.'
는 것이라 할 수 있겠다.

곧 수행자라면
'삶의 현장에 불어 치는 팔풍八風에 휘둘리지 말고,
남에게 그런 바람이 되지 말라'는 것이다.

그렇다면 그 관념화의 길을 사무치도록 통철洞徹하고,
마음 문의 굳건한 빗장을 풀어
나듦에 자재한 주인임을 확립해야 할 것이다.
팔풍에 자유로운, 빗장 없는 석문石門을 세울 일이다.

이 평기식 오언절구는 포항의 수행자 이벽춘李璧春 거사에게
'마음의 〈석문〉'으로써 법명法名 삼아
풍진로風塵路에서 해탈로를 가는
이정표로 제시하고 있다.

취산鷲山

영취산에서
일대사 인연의 설법은 없었네

저 산山이야 본디로
적음寂音의 높다란 도량이었으니

'웬 촌놈이
떠들어 대느냐'고 한다면

'새벽 닭이
우는 소리를 들어 보라' 하리라

-2021년 5월

鷲山
취 산

鷲峯無大說이라   山本寂音京이로니
취 봉 무 대 설   산 본 적 음 경

誰話田奴庫라면   鷄鳴曉見聲하리라
수 화 전 노 고   계 명 효 견 성

•평기식 오언절구로써 경京·성聲은 평성 경운庚韻에 속한다.

언제인가 종각역 지하도를 지나가다가

어린 아이가 엎어져 두리번거리며 악 쓰며 울고 있는 것을 보았다.

영 일어나려 하지 않고 계속 그런 상태를 유지하길 3·4분 정도인데,

마침 조계사 법회를 마치고 가는 듯한 노보살님이 그 광경을 보고는

"아야, 애 어멈은 어딜 갔누?" 하며 아이를 일으켜 주는데,

앞쪽 기둥 뒤에서 젊은 아낙네가 튀어나오며 외쳐댄다.

"웬 할머니가 남의 일을 망쳐요! 그냥 지나가시지 말예요."

노보살: "아니 애가 넘어져 울고 있어서…"

젊은 아낙: "아, 걔가 지 할머니가 버릇을 잘못 들여 놔서 버릇 좀

고치려고 그냥 두고 있는데, 저 혼자 일어나라고 말이에요!

남의 일에 왜 참견하고 그러세요."

노보살: 하릴없어하며 "아 뭐 잘못됐나?…" 하며 간다.

자! 이 노인에게 도대체 무슨 허물이 있는가?

붓다의 말씀은 '번뇌처에서 해탈하라'는 법문法門이다.

오온五蘊의 이행 과정에서 형성되는 우리 마음의 작용은

자연히 이름이며 값이며 매겨져 기억하며 활용하게 마련이다.

다양성이 함용되어 활발하게 쓰이지 못해 그예 고정관념화되고,

공유되지 않으면 일을 두고 조건에 따른 그 생각들이 대립되면서

부딪치기 일쑤다.

하여 개인 간에 이웃 간에 나라 간에 종교 간에

허다하게 번뇌를 양산해 내며 괴로운 지옥고를 자아내기도 한다.

우리는 "꼬끼요!"라고 수탉 우는 소리를 듣고 표기한다.
이 수탉 우는 소리를 여럿이 같이들 들을 때,
중국인은? 일본인은? 러시아인은? 미국인은? 프랑스인은? 이탈리아인
은? 인도인은?
어떻게 들을까? 어떻게 표기할까?

서로 다른 관점을 넘어서지 못하면 붓다의 청정한 법문도
한낱 잡소리로 만들게 된다.

취산鷲山이라는 제호는
포항의 수행자인 박주호朴柱浩 거사를 두고
풍진로風塵路에 이정표를 걸어
법명法名의 추요樞要로 제시하였다.
아무쪼록 해탈로두의 주인이시길….

저 달이 하도 맑길래

마음을 쓰면서도
맘 쓰지 않고

말을 하지 않으면서도
말 한다네

하, 해맑은 달님이야
천리 고향의 마음이러니

사방으로 팔방으로 통하네
만리촌이여

-2021년 4월

題月精明
제 월 정 명

用心而不用하고　　**不語以施言**타네
용 심 이 불 용　　　　 불 어 이 시 언

月精明裏千鄕意러니　**八達康衢萬里村**이여
월 정 명 리 천 향 의　　 팔 달 강 구 만 리 촌

붓다께서는
해탈로를 열으시고 평생 팔만사천 법문을 놓으시고는
끝에 가서 '아무 말도 한 적이 없다'셨으니,
이 무슨 일이온가?
그 말씀은 '내놓고 하는 말이 아니어도,
사람의 말이 아니어도
저 무정無情이 내놓는 말 없는 말에서도
내 말을 볼 수 있으리란 가르치심'이리.
한정된 말의 경계에 매이지 않기만 한다면 말이다.
한 마디 말로 확철하게 통하면서도,
한 마디 말에 콱 틀어막히기도 하는 일이
우리네 말의 씀씀이다.

유마 거사도
만상삼라의 일체법을 불이不二의 한 법法으로 돌려놓아
생각으로 헤아려 알 수 없는
해탈의 본분사本分事를 보였으면서도,
문수보살의 물음에 일묵一默으로써 감탄케 하였다.
이 또한 선지식이 여실하게 보여 준
우리가 쓰는 말의 미묘함이리라.

구만리 장천에 구름 없어 일월一月이 명징하니

강江 줄기마다 은린銀鱗이 떼 지어 활발발한 거기,
꿈에 그리운 고향 마을이여!

이 시는 평기식 변형 칠언절구다.
금숙향 혜원 법우의 딸 박소영에게 법명法名으로
월정명月精明을 내걸어
'어언語言의 묘妙'라는 이정표를 제시하고 있다.

초봄의 빗소리에

아침까지도
봄비 소리 그치지 않더니

들녘에도 채소밭에도
긴 잠 깬 싹이 좋아들 한다

정월달 우후雨後의 맑은 바람은
만고의 광휘光輝를 연잇고

새 움이 언뜻 돋아나더니
천세千世의 번화繁花를 토해 내누나

-2021년 3월

孟春雨聲吟
맹 춘 우 성 음

今朝不止雨春聲터니   野地田園笑覺萌토다
금 조 부 지 우 춘 성   야 지 전 원 소 교 맹

孟月光風連萬古하고   新英幾發吐千榮하놋다
맹 월 광 풍 연 만 고   신 영 기 발 토 천 영

남녘의 선암사와 통도사 등지에서는 진즉에 납매臘梅가 핀 소식을
전했는데, 북쪽에서는 경칩驚蟄에 가까워서야 봄비가 밤새 내리더니
아침까지도 부슬거린다.
수선화부터 민들레 냉이에 영춘화에 진달래 수국뿐이랴.
웅크렸던 겨울 생명들은 한결같이 봄잠을 깨며 반겨 맞는다.

정월이 시절이 어찌 오늘만이겠는가?
비 내리고 개이고 맑은 바람 부는 일 또한 그렇지 아니한가?
필경 토목에 움트는 이 일은 끊임없는 만고萬古의 일 그 자체로써
사사건건이 나름의 여실한 모습이거니,
시간 세월이 어디 따로 제 얼굴을 가지고 있겠는가?

비 내리는 이 일이나 꽃 피는 저 일이나 다 연기緣起하여 변화하는
진화하는 분명한 일이 세월의 얼굴이라면 얼굴일 것이다.

굳은 관념의 그물 안에서야 시간은 짧고 길며 공간은 좁고 넓겠지만,
그물을 벗어난 처지에서는 먼 과거의 일이라는 게
오늘 빗속의 일과 다름없음이 자명하지 않은가?
열매 맺고 씨앗 만들고 비바람을 기다리고….
한 자리에서는 그저 해와 달에 의탁하여
인연이 가거니 오거니 함이 세상사라 하지 않는가?
꿈을 깨고, 눈을 뜨누나! 춘사春事여!

입춘에

눈밭에 서 있는
겨울 강심江心의 백로여

추운 겨우내
진객의 시절이러니

봄 꿈 속에
고기 한 마리 그리는가

눈밭에 서서
팔을 잘라 바쳤다는 자 누구드냐

-2021년 2월

立春
입 춘

立雪江心鷺여   寒冬上客時라
입 설 강 심 로   한 동 상 객 시

春夢魚一也아   立雪臂呈誰뇨
춘 몽 어 일 야   입 설 비 정 수

여묵

철 따라 생겨나고 생장하고 여물고 익으며
취하고 버리는 일이 일마다 자연스러우며 역력하니
다 사람의 마음에서 알려진다.
사물마다 어디 주인이 있고 객이 있겠는가?
그저 저마다 있는 데서 교호하며 나들고 오가며
크건 작건 많건 적건 간에 주고받는 데 더하고 덜함도 없다.

북풍한설에 눈 쌓이면
기러기 오리 가던 길 그치고 전지田地 강변에 나든다.
허공에 자취 없은들 눈 밭 위의 창힐蒼詰이구나.
백로白鷺는 설상雪上에 들고들어도 백설白雪 아니리.

이 시절 송강松江의 백색 적막을 외다리로 짚고서
그 무엇을 기다리는가.
용울음소리 내는 강가의 고매枯梅
등걸에 새로 돋은 눈에서
봄 터지는 소리가 적막을 째려는가 보다.

이때 서천西天노인에게
팔을 잘라 눈밭에 던졌다는
희담戱談의 주인은 또한 누구인가?
춘설春雪의 시절이여!

솔바람 일자 풍경 울고 **75**

한 해를 보내며

절간은

휑하니 적막하고

인적 없어

도량도 조을은다

외려 한밤중엔

별빛 달빛 노닐으고

동트는 새벽녘에는

새울음도 싱그러웠다

-2021년 1월

過歲
과 세

寺中虛寂寂하고　　**迹滅道場暝**이라
사 중 허 적 적　　　　적 멸 도 량 명

猶夜遊星月하고　　**晨明朗鳥聲**토다
유 야 유 성 월　　　　신 명 랑 조 성

여묵

시절 인연時節因緣이라.
사실대로 보는 안목을 뜨려는가?
이행차가 수행가의 일이다.
저 우주 자연의 일이 인생사가 다
연기緣起의 흐름으로 생멸 변화해 가기 때문이다.
물리적 일이나 심리적 일일 터이니,
자연과학이든 사회학이든 인문학이든 눈앞에 전개되며
진화進化해 가는 일을 사실대로 입증해 왔고
입증해 가는 일이 과학일 것이다.

눈앞의 일에 알 만한 것은 알고
보여도 모를 것은 전혀 모른다.
하물며 보이지 않는 사상事相에 대한 것은 어떠한가?
알지 못할 뿐,
미지의 경계에서도 생멸 변화는 역연하지 않은가?

코로나19 바이러스의 생존 작용도 인간을 숙주로 하여
가시적 경계로 나투어
미시 거시계의 역력한 변화상을 보여주고 있다.

여기 약사암에 적막이 감도는 일도
세계에 통하고 있는

미묘한 생멸 변화사의 일환이다.

이 일은 모름지기 연생연멸의 관계성이리.

밤하늘의 별 우주의 일도

보이지 않는 대낮에도

그 삼엄한 변화가 분명하듯이,

미생물의 생멸 변화도

때론 인간세에 필연성을 유지하는 것도 그렇지 않은가?

코로나도 오신 손님 배웅하듯이 잘 보내야 하지 않겠는가?

이 시절,

새벽녘의 싱그러운 새 울음처럼

우리 마음도 그렇게 활발해야 하리.

능인能印

능히 하 맑은 달을
품은 바다여

구름으로
비바람으로 내놓는구나

외로움을 새기는[印] 데는
책망도 많거니…

마음 비우면
급제한다고 들었소이다

-2020년 11월

能印
능 인

能含精月海여　　放雨出風雲하놋다
능 함 정 월 해　　방 우 출 풍 운

印義從多責커니　　心空及第聞호이다
인 의 종 다 책　　심 공 급 제 문

왜 오대산 월정사月精寺이겠는가?

월정사에서 맑은 보름날 삼경에

남중南中하는 밝은 달을 한번 보시라.

구름 없는 만 리 하늘의 명징明澄한 고월孤月은

청정한 법신法身인 비로자나불을 상징하리.

그래서 월정사 금당金堂은 한 때 적광전寂光殿이기도 하였다.

거기는 비로자나불이 주불로 주住하게 된다.

그래서 천강千江의 달처럼 한량없는 붓다도 교화도 이루어진다.

경월해인鏡月海印이여!

우순풍조雨順風調하면 만생명이 건강하다.

바다와 달은 지구에 존재하는 생명의 근원이다.

연기緣起의 역력한 변화 모습이며, 삶의 조건들이다.

인류의 생존 활동에는 진화하는 심리작용이 있어서

선악善惡을 의불의義不義를 신불신信不信을 애증愛憎을 논하며 진전한다.

하여 의義를 행하는 데는 성원도 질책도 많다.

둘 다 양변심兩邊心으로 일시적일 뿐이니,

어느 때나 그 변견邊見의 그물을 벗어나 활발발한 삶을 누리겠는가?

의로움에서 불의를 보고, 불의에서 의로움을 보아야 하리.

상대적인 관념의 경계에 매이지 않고서

할 일 하고 안할 일 안하며 자유롭게 자재하게 살 일이다.

마음이 공空하여 급제及第하는 것이다.

능인能印이라

천강千江의 달이거니…

강릉에서 일생을 영위하는

능인 거사 박종록 법우를 위하여 이정표를 제시한다.

아모쪼록 손가락 너머의 명월을 따다 비추시길…

송강

설악은
동해의 물결을 들이키는데

송풍은
푸른 색깔을 풀어내누나

강릉에 사는
풍어豊漁 시장의 객이여

탁주 마시며
한담閑談이나 늘어 놔 보세
-2020년 10월

松江
송 강

雪嶽含東浪한데　　松風解碧料로다
설 악 함 동 랑　　　송 풍 해 벽 료

江陵波市客이여　　濁酒展漁樵하세
강 릉 파 시 객　　　탁 주 전 어 초

여묵

연기緣起하지 않는 일이 있겠나?
백두대간에 중봉中峰으로 솟아 묘용을 내 쓰며
세월의 변모를 역력하게 보이고 있는 산이 설악산이다.
저 동해의 파도가 먼저인지 산악이 먼저인지
그저 이러히 저러히 연기緣起되고 연기할 뿐이다.

대청봉이 학의 목을 하여
바다를 부름에 응하듯이,
푸른 물결은 쉼 없이 밀려들어
연분緣分의 노래 부르누나.
강릉 바닷가,
해풍에 해당화海棠花 피워내듯
솔바람은 벽옥碧玉이 그리워할 솔빛 벽록碧綠의 푸르름으로
산해만리山海萬里의 곡조를 새기는가?

바로 이러한 때,
강릉항에 파시波市가 열릴 즈음
문성호 송강松江 거사의 살림살이는 어떠한가?
행자行者의 노정에 휴헐休歇의 자리는 마련하셨는가?
어선은 가득 채워 만선滿船에 더 잡을 일 놓고,
깃발 날리며 충만한 마음으로 귀항하거니,
풍어의 노래여,

솔바람 일자 풍경 울고 **83**

살림에 걱정없도다.

행자의 살림살이는 외려 비움을 묘용으로 하여
취할 것을 취하고 버릴 것을 버린다.
이 버리고 취함이 자유롭고 명철明徹할 때
송강松江 거사여!
이 시절이면 새삼스레 수행한다고 하여
따로 무얼 찾겠는가?

어부처럼 나무꾼처럼
탁주 놓고 한담하세!

하동의 지리산 와룡사에서 하룻밤 머물자니

계곡의 물소리
한밤중 내내 바삐 울리고

매미 소리는
새벽 울음에 더 소란타

객승의 베갯머리에
어찌 잠이 오겠는가

산신조차
신음소리 낼 정도리니
-2020년 9월

過河東智異山臥龍寺一宿吟
과 하 동 지 리 산 와 룡 사 일 숙 음

谷聲鳴半夜하고   蟬噪亂晨音타
곡 성 명 반 야   선 조 란 신 음

客枕何眼睡아   山神吐苦吟이리니
객 침 하 안 수   산 신 토 고 음

설우雪牛에 제하다

설송雪松에는
잔월殘月이 넘어가는데

봄날의 새벽에
한 눈 팔지 마시라

뜻 밖에서
성색聲色을 본다면

소 잔등에 올라타고
리리라라 노래 절로 하리니
-2020년 7월

題雪牛
제 설 우

雪松斜殘月한데   春曉驀直過하라
설 송 사 잔 월   춘 효 맥 직 과

意外觀聲色하면   牛登自哩囉커니
의 외 관 성 색   우 등 자 리 라

"날씨가 추워진 뒤에야 소나무와 잣나무의 굳은 절개를 안다.
세한歲寒코서 연후然後에 지송백지후조야知松栢之後彫也라"고
『논어』 자한편 제9-28에서 이르고 있다.
이를 추사秋史가 받아 제주 적소에서
「세한도歲寒圖」를 그려 기렸다.

힘이 없으면
극기剋己의 성취를 보기도 전에 조락彫落하고 만다.
수행에서는 청징淸澄한 지혜까지 필요하다.
붓다께서 성취한 봄날 새벽 효성시曉星時를 생각하라.
정념正念의 주시注視가 절실한 그 한 시절이다.

바로 그 자리에서 청정한 안목을 확립하여
이제까지의 관념적 타성
서릿발 같은 일도一刀로써 끊어 버리게 된다.

그때 연기緣起의 상대적 관계에서
매 순간 관념에 머물던 타성의 업력業力이 힘을 잃고
그 '타성의 사실'이
'성색聲色을 보는 관념의 사실'이 역력하게 드러난다.
하여 관념에서 관념을 벗어난다.
생각 밖의 일이다.

고향으로 돌아가는 길에
이제까지의 고삐를 풀어버리고
자재하게 소 등에 올라 앉아 노래하며 가느니,
'라라리리~' 환향가를 부른다.

미시 거시로 변화하는 세계에서
뉴스의 순간을 포착하여 그때그때의 소식을
세간에 전하는 기자의 분한에서 본분을 다하고 있는
연합뉴스의 백승렬 기자를 위하여 법문法門을 제시한다.

추석 망월望月에 부쳐

가을녘 노송에
달 하나 걸렸는데

처마 끝에서
땡그렁 댕그렁

보름달은
말 없는 객이건만

사람들의 마음에
얼마나 울렸는가
-2019년 10월

寄秋夕望月
기 추 석 망 월

秋松懸一月한데　　　檐下也東丁이라
추 송 현 일 월　　　　첨 하 야 동 정

望月無言客이언만　　人心幾許鳴가
망 월 무 언 객　　　　인 심 기 허 명

입춘에 부쳐

풍진객이
되지 않으면

동군東君도
그대를 찾지 않으리

매화 꽃봉처럼
설월雪月을 맞이한다면

그대 역시
봄 처녀를 엿보리라
-2020년 2월

題立春
제 입 춘

未許風塵客이면　　東君不索而하고
미 허 풍 진 객　　　동 군 불 색 이

梅英迎雪月이면　　爾亦覬春姬리라
매 영 영 설 월　　　이 역 처 춘 희

여적

황톳길 먼지 무릅쓰고 가는 이,
그저 되는 소리 하는 데가 있다면
내달아 가 본다. 들어본다.
저울도 없으련만 잣대도 없으련만
재어진다. 무게가 나온다.
돌아나오는 길은 휑하다. 미련도 없다.
우에 이리 두어 푼에 소리만 번다하여
세상을 시끄럽게 하는지 우스울 뿐이다.

스스로 발아해야 하리.
내재한 종자 있거니,
이를 두고 어디 밖으로
밖으로 허황된 이름을 좇으랴?
씨아가 건강하면 저 봄님도 알아 훈풍을 내어
줄탁동기啐啄同機의 시절인연을 노래하지 않겠는가?
매화의 노래나 연꽃의 노래나
귀 열린 이에게 들리고
눈 뜬 이에게는 보이리.
혹독한 관념의 여울을 통과하여
설리雪裏의 단심丹心이 겨울을 녹여
봄처녀를 부를 줄이야….
변견邊見의 묘용妙用이여!

추로
-해오라기-

가을 성채에
달 기러기 줄 지어 넘어가는데

옥잠화
차운 향내가 하얗다

해오라기
강가 억새꽃 속에서

그대로 사뭇
일창—槍으로 고기를 응시커니…
-2019년 9월

秋鷺
추 로

秋城行月雁한데   玉簪白寒香토다
추 성 항 월 안   옥 잠 백 한 향

鷺隱蘆江上에서   但凝魚一槍커니
노 은 로 강 상   단 응 어 일 창

가을철 무상無常이 역력한 시절
갈잎의 스산함이나 철 따라 오가는 오리 기러기는
시절인연이 나투는 일이거니
추풍월송秋風月松도 또한 그렇지 아니한가
사람의 삶도 계절의 운행 속 일이라서
그저 일원으로 더불으면 좋으련만, 이렇듯
대경對境을 놓고 관망하는 경계를 벗어난 처지에 있으니
외려 자연의 주인이기보다 객이 되고 있음을 어찌하랴

소월素月의 광휘가 싸고도는 고성古城의 북쪽
송하松下의 뜨락에 하얀 옥잠玉簪
달빛을 담뿍 받아 다시 내고 있으니
향내마저 차웁고 시린 듯
달빛 향내가 자욱이 깔린 듯

북한강에는 추파秋波 잔잔히 일렁이고
억새꽃 하늘대는데 강가의 백로 한 마리 희끗희끗
나는 듯 드는 듯 물결을 챈다
만경萬頃을 뚫고 눈길은 강물 속으로
긴 부리 창이 되어 물고기를 좇는다
고기인 듯 파랑인 듯 나명들명 활발발한 강물의 경계라네

창 하나 들이대고 응시해, 거기
천지를 강산을 한 점에 모으고는
일순에 창도 잊고 고기도 잊고 나도 잊거니…
저 일창一槍, 반야봉般若鋒이 되어
천지를 가르고 강산을 가르고
관념의 바다를 "쫙!" 가르려는가?

이 오언절구의 시게詩偈는 김기일 거사에게 부치는 간절함이다.
〈추로秋鷺〉라고 법명한 것은 가을 들녘에서 머뭇거릴 겨를이 없기에
아무쪼록 사리불의 일척안一隻眼이 번쩍 뜨이기를 바라서이다.

다솔사의 차밭과 부도를 보고

사람들 마음은
오색으로 매달렸는데

석실石室은
말없이 적묵하다

진신사리라니
도대체 어디서 왔는가

오늘
차밭의 향내만 멀리 흐르거니…
-2019년 8월

見多率寺茶田浮屠吟
견 다 솔 사 다 전 부 도 음

人心懸五色한데   石室默無言토다
인 심 현 오 색   석 실 묵 무 언

歹箇來何處오   今馨香茗田커니
알 개 래 하 처   금 형 향 명 전

사천 다솔사 차밭에서
절 쪽을 보며 찍은 사진을 보았다.
한여름 찻잎도
대작大雀의 잎새가 진한데,
만고에 적막한 사리탑이 시간을 잡고 있다.
사월 초파일에 올려 단 오색등은
여전히 그때 원력을 매달고는
봄 색깔로 멈추어 있다.

바람은 불까?
"번뇌의 팔풍이 불어도 부동심이다"는데
등심燈心과 탑심塔心은 과연 통하고 있는가?
찻잎은 삭풍에 몸서리치며 세작細雀의 향내를 내고는
다시 진한 엽록으로
내년의 새잎을 내려고
긴 정적에 들었거니….

능허 거사에게

반야월을

제대로 보려는가

비 갠 뒤 맑은 바람에

창공의 달을 보라

마음을 텅 비우면

부처인들 조사인들 있겠는가

이러한 경계라야

백우白牛가 깃들으리

-2019년 7월

能虛
능 허

能見般若月하려면　　光風霽月兮하라
능 견 반 야 월　　　　광 풍 제 월 혜

虛心無佛祖러니　　此境白牛栖리라
허 심 무 불 조　　　　차 경 백 우 서

고창 선운사禪雲寺 대회에서
경남 의령에 사는 산해원지부의 제창모 법우가
"스님. 저는 왜 법명을 지어주지 않습니까?"
하고 느닷없이 들이댔다.
"지어달라고 하지 않았잖나?"
"시를 지어서 하나 해 주이소."
"옳거니."
하여 측기식仄起式 오언절구의 시게詩偈로써 이른다.
인연은 지어진 법이 없다.
그때그때 조건 따라 지어진다.
그렇게 지어지지만 매 순간 변해 간다.

〈능허能虛〉라고 작명하였으니,
이 이름은 나름 마음에 크든 작든
어떤 조건으로써 영향을 끼치리라.
좌우명으로 새겨질 일조차 없음이
제일로 좋은 일이겠지만,
이는 제창모 능허 거사의 일이겠다.
비 오는 날씨도 좋고
비 개인 날씨도 좋다.
비 개인 뒤에 비치는 달밤이야
더욱 좋지 않겠나.

그때 비치는 맑고 둥근달을 제월霽月이라 한다.

비구름이 걷히는 그 청명함을 무엇에 비기랴.

하여 청정한 반야월이라 하였다.

우리 마음에 탐욕심이나 진한심이나 아만심이나

더하여 의심 질투심 등

악견惡見이 구름처럼 덮여 있으면

사실대로 보여야 할 '연기적 사실'들을 잘 볼 수 없게 된다.

그리되면 대립과 갈등의 번뇌를 양산하게 되기에, 하여

관념이 굳어서 형성된 저 마음들을 타파하자고 당부하는 것이다.

"관념화되면 그 부처도 조사도 부수어 버려야 한다."

고 제언하였으니 잘 살펴 착안할 일이다.

진가眞假의 묘용 시절을 노래하다

한 점 흔적 없이
고적한 하늘에서 비치니

반야월이여
천강만호千江萬湖의 얼굴일세

물 속에 잠긴 달이
본래 명월에서 떨어진 것이라 하면

야보 선사 묘용을 노래하는
바로 그 시절이리

-2019년 6월

頌眞假妙用時
송 진 가 묘 용 시

一點無痕曜寂空하니   般若月也萬湖容일세
일 점 무 흔 요 적 공   반 야 월 야 만 호 용

水中沈影本明落이면   冶父歌時節妙用이리
수 중 침 영 본 명 락   야 보 가 시 절 묘 용

음력 사월 기망旣望에 성북동 삼경의 창천에는
고월孤月이 남중을 지나 북악으로 기울어 간다.
이러한 밤이면 맑은 물그릇 바루에도 달 하나 역력하게 드는데
저기 한강수에는 어찌 아니 어릴까.
어디 한강뿐이랴. 전국 강호江湖인들 아니 비치겠는가.
천강만호에 나투어도 본명월本明月은 여전하고
수중월水中月도 고월에 털끝만큼의 어긋남 없으리.

심해心海가 청정하면 바로 반야지般若智의 시절이라 하니,
그 마음 상태를 달에 비기어 반야월般若月이라 하였다.
물속의 달을 건져내려는 행위를 어리석은 상태라 하고 있으나,
한 쪽만 보는 일이라서 외려 변견邊見에 떨어지기 십상이다.

연기緣起의 세계에서는
가명假名의 현상이 실상實相의 묘용妙用을 보이는 조건이다.
가명의 허상을 통하지 않고서는 무상無常의 진실을 볼 수 없다.
무자성無自性의 사실을 볼 수 없다.
하여 가명의 허상을 버리면
공성空性의 도리를 법성法性의 이치를 다 버리는 것이다.
길을 버리고 나서 어디 가서 따로 무슨 길을 찾을 것인가?

물속의 달로써 창공의 명월을 보리니, 여기서

『금강경』지견불생분 31의 야보송을 착안한다.

　　천 자나 되는 비단 같은 낚싯줄 곧장 드리우니

　　한 물결 일자마자 만 물결 따라 이누나

　　밤은 고적하고 물도 차가워 고기가 미끼를 물지 않으니

　　빈 배에 가득히 밝은 달빛만 싣고 돌아간다.

　　千尺絲綸直下垂하니　　一波纔動萬波隨로라
　　천 척 사 륜 직 하 수　　일 파 재 동 만 파 수

　　夜靜水寒魚不食하니　　滿船空載月明歸로다
　　야 정 수 한 어 불 식　　만 선 공 재 월 명 귀

꽃 피어 노래하네

꽃이 피네
사월 초파일이여!

향은 멀리에서도
내음 진하거니…

비니초를 내고
제호를 내올 제

아으
녹야원을 노래하니이다
-2019년 5월

花唱
화 창

花兮四八이여　　　馥馥香遠커니
화 혜 사 팔　　　　　복 복 향 원

醍醐肥膩라　　　　唱鹿耶苑하니다
제 호 비 니　　　　창 녹 야 원

황산 설경黃山雪景을 보고

푸른 솔은

백설에 청백하고

설악雪嶽은

구름 안개 감쌌거니

이 경치야말로

선경仙境이라면

신선은

도대체 어디 계시는가

-2019년 3월

見黃山雪景
견 황 산 설 경

碧松淸白雪하고   雪嶽抱雲煙커니
벽 송 청 백 설   설 악 포 운 연

此景兮仙境이면   老黃何處筵가
차 경 혜 선 경   노 황 하 처 연

신선은 본디 동이東夷의 문화였다.

한 오천 년 이전 중국의 은殷나라 문화는 상제上帝를

우러르며 삶을 일구던 제정일치의 시대였다.

고조선의 단군 문화도 그렇다.

거기서 신선과의 장생불사를 희구하는 사상의 흐름도 생겼다.

그것은 곧 인간 사회의 욕심어린 다툼의 생활을 탁하다 하고,

속세에서 멀리 있는 산수 간의 경치 좋은 청정한 경계를

탈속한 신선의 거처라 여기게 되었다.

그러한 곳에서 저녁노을을 마시며 이슬을 먹고

구름안개로 옷을 지어 입으며 우화등선羽化登仙한다는 행법의 사고도

생각에 생각을 이어 내렸다.

운무 어린 신비한 경계는 조물주의 조화신공造化神功이라지만,

미시·거시계微視巨視界의 변화는 조건에 따른 변화의 다양성이

천변만화로 드러난다.

삶이 고달플수록 기묘한 경계는 상대적으로 신비하여

거기서 장생불사하려는 업력만이 우물의 두레박처럼 자주 나들락한다

만, 선경仙境이라는 저 미묘한 경치도 결국 자기 자신에게 입력된 인식에

서 나오는 경계이다.

신라의 최치원이 가야산 해인사의 홍류동 계곡에서 세속을 떠나며

읊었다는 둔세시遯世詩인 농산정籠山亭 시를 새겨 본다.

농산정籠山亭

너럭바위 사이로 세차게 흘러
첩첩한 산속에 우렁차노라니

지척에 있는 사람의 말도
알아듣기 어렵네

늘 걱정스러운 것은
시비 소리가 귓전을 때리는지라

짐짓 흐르는 물로 하여금
온통 산을 에워싸게 하노라

狂奔疊石吼重巒하니 人語難分咫尺間하네
광 분 첩 석 후 중 만   인 어 난 분 지 척 간

常恐是非聲到耳하여 故教流水盡籠山하노라
상 공 시 비 성 도 이   고 교 류 수 진 롱 산

기해년 입춘에 제하다

고성古城의 북쪽
차운 달이 흐를 제

갯버들의 봄
눈 덮인 시냇가에서 잠 깬다

차 마시는 일은
석실石室에서 깊거니

처마 밑 풍경은 땡그렁
정처定處에 한 소리 떨어뜨리고…
-2019년 1월

題己亥立春
제 기 해 입 춘

城北流寒月한제   柳春覺雪川토다
성 북 류 한 월   유 춘 교 설 천

煎茶幽石室커니   風磬一鈴禪이로라
전 다 유 석 실   풍 경 일 령 선

여적

서울 성곽 사행蛇行으로 올라가는 거기
북악 쪽으로 동짓달 보름 전후의 달이 흐른다.
한천寒天에 오리 몇 마리
계절에 뒤처져 깊은 겨울을 난다.
저 달만 동산을 넘어오는 것이 아니다.
그 긴 세월 달이 넘는 동안
겨울철은 얼마나 저 동산에 올라 북악을 넘었으며,
저 달이 삼각산 골짜기 건너는 동안
봄철은 또한 얼마나 개울 건너며 꽃을 피웠드나?
이렇듯 겨울 차가운 적막 속에서 봄이 온다.
겨울의 봄이거니,
눈 덮인 얼음장 속 시냇물 소리에서
생명의 노랫가락 듣는 이 누구인가?

소휘당巢輝堂
적막이 흐르는 곳
석실石室, 앎이 그친 자리.
천정의 달은 노송에 걸렸는데
한 점 바람 일었는가?
떠얼렁 풍경 한 소리
적음寂音이 떨어진 자리
외려 관념의 세계 역력하고….

월전月田

저 달이
구름 새로 나드는 밤

농사일이라야
그저 대여섯 집 일

그대는 아시는가
이 일의 귀착처를

촌사람이
얼마 버는지를

-2018년 12월

月田
월 전

月兎耕雲裏에   田農三二家라
월 토 경 운 리   전 농 삼 이 가

君知是事處아   村漢得錢耶를
군 지 시 사 처   촌 한 득 전 야

세상의 변화 모습을 보는 법이라.

연기緣起의 법法이다.

꽃 피고

비 내리고

바람 불고

눈 내리는 자연을 보는 법이다.

저 세계를 보는 마음법이다.

이 법은 바탕으로 흐르고 있는 원리이거니.

천차만별로 드러나고 있는 물리적 현상이나

심리적 현상의 저변이 다 그렇다.

밴드의 담론에서 제기된 요소들

곧 마산의 수월水月 거사 홍희권 법우의 수련睡蓮에서 길이 나더니

퇴촌의 백연화白蓮花 법우의 호미에서 향상일로向上一路하였다.

심전心田 승전僧田의 김을 매다가

강릉 박승화 거사의 월전月田에 이르러

별 일 없는

시골 농사꾼의 단순한 초식 품삯에까지 이르렀다.

붓다의 일도 이 정도일 터인데,

오언절구의 시게詩偈를 제시하는 이 인연사는

도대체 무슨 일인가?

소휘당 일휴 선사 행원송

귀명하며
삼보님께 예경하옵고

선지식들 두루두루
칭탄합니다

천상이나 인간의 길
닦아 익히고

축생 아귀 지옥의 길
버리오리다

보시하여
욕심 내는 마음 그치고

마음 비워
성내는 말 여의리이다

계정혜를 터득하여
두루 행하고

금생에서 낙의 과보

성취하리다

-2018년 11월

巢輝堂一休禪師行願頌
소 휘 당 일 휴 선 사 행 원 송

歸命禮三寶하고　　稱嘆諸知識하니이다
귀 명 례 삼 보　　　칭 탄 제 지 식

修習人天道하고　　棄捨三惡途하리이다
수 습 인 천 도　　　기 사 삼 악 도

行施止慳貪하고　　虛心離瞋恚하리이다
행 시 지 간 탐　　　허 심 이 진 에

普行得三學하고　　成就今樂報하리이다
보 행 득 삼 학　　　성 취 금 낙 보

〈寄諸法集要經飜譯〉
기 제 법 집 요 경 번 역

환향곡

진흙소가
바다에 들어가고

백설이
강물에 드는 건

같아서
차별 없는 시절

마음의 달
귀향길을 밝힌다

-2018년 10월

還鄉曲
환 향 곡

泥牛兮入海하고　白雪也降江은
니 우 혜 입 해　　백 설 야 강 강

等無差別時라　心月明歸鄉커니
등 무 차 별 시　　심 월 명 귀 향

중국의 오대五代 때 동안 상찰同安常察 선사의
십현담十玄譚 중
〈현기玄機〉를 살펴 논하다가
우보牛步와 무차별無差別의 두 구절을 들고
강설江雪을 들어 '귀향'을 노래한다.

본원을 관통하고 있는 어휘들은
자연스레 소통되어
'관념'으로써 관념 너머의 소식을 노래하니
참 흥에 겹다.

곽암 선사도 심우도송尋牛圖頌에서 노래한다.

다툼이 끝나 도구 버리고 나니
얻고 잃음 또한 없고녀
나무꾼은 농요를 부르고
소 치는 아이는 젓대를 부누나
소 잔등에 몸을 얹고
구름 하늘을 쳐다본다.
불러도 돌아보지 않고
억지로 붙들어 놓은들 머물 리도 없으리.

백연화 법우에게 부친다

백설이
장차 비 뿌리려는데

연화는
벌써 진흙향에 흠뻑 젖는다

꽃은
청탁清濁이 한결같다고 노래하여

일마다
묘용妙用의 가풍을 들날리란다

-2018년 9월

寄白蓮化
기 백 연 화

白雪將施雨한데   蓮華已泥香토다
백 설 장 시 우   연 화 이 니 향

花歌清濁一하여   事事妙風揚이란다
화 가 청 탁 일   사 사 묘 풍 양

측기식 오언절구로 나투는

김두선 백연화의 일[白蓮華事]이란

과연 무엇일까?

한겨울에 내린 백설이 춘풍에 녹고

운무가 되어 한여름에 비 되어 내리거니.

저 뻘밭의 백련은 여름비에

창공으로 솟아 우주와 교감한다.

중중무진한 사사무애事事無礙의 세계를

연기緣起로 노래하지 않는가?

관념의 흐름에서는 이렇다.

한 쪽만 볼 수밖에 없는 이 관념의 너머에서는

백설에서 백연화의 일을 직관한다.

청탁淸濁의 고정 관념,

그 변견邊見의 촉파처觸破處에서는

자연스레 시공간을 넘어선다.

이理에서 사事가 자연스럽고

사事에서 사事가 넘나듦에 걸리적거림이 없다.

하여 묘용妙用이라 한다.

아하! 세계일화世界一花의 중연重緣은

이렇듯 무한전지無限田地에서 번출하는,
소등 타고 부르는 귀향가러라.

퇴촌의 농부.
김두선 백연화 법우의 공부 농사처.
거기 바보한도 또한 있거니
향상일로의 묘용이 있기를….

*촉파처觸破處: 안식眼識에서 의식意識까지 각 식이 각 대상을 접촉하여
 인식하는 그때 양변의 고정관념이 타파되는 곳.

유월의 한적함

유월이라
김매는 농촌

개구리 울음
뻐꾹 소리 한적타

농부는
날 저물자 발을 씻고

시장기에 저녁 밥 드니
시름도 어둠 따라 스러지고…
-2010년 하지夏至날 옛적 논길을 가며

六月閒
유 월 한

六月田農里에   蛙吹也鵙閒토다
유 월 전 농 리   와 취 야 국 한

田夫昏洗足하고   晚食慮心玄이라
전 부 혼 세 족   만 식 려 심 현

담연 거사에게 거시하다

맑은 못에
바람 솔가지 쓸어대도

저 금어金魚는 나와
놀기도 잘 한다

누구라서
지월指月을 수긍하는가

통발 벗어나는 일을
긍정하는가

-2018년 7월

擧淡然居士
거 담 연 거 사

淡沼風松掃한데   金魚好出游로라
담 소 풍 송 소   금 어 호 출 유

點頭誰指月가   然諾透筌休아
점 두 수 지 월   연 낙 투 전 휴

금년 사월 초파일 전에 이재환 담연淡然 거사가 방문하였다.
담론은 삶의 현장이 붓다의 가르침을 여실하게 깨우칠 수 있는 적소인데,
외려 번뇌가 유출되는 것은 '관념'으로 하여
그렇게 된다는 쪽으로 말 길이 흘렀다.
투망금린透網金鱗의 고사도 나왔다.

야보 도천冶父道川의 게송
"대나무 그림자 뜨락을 쓸어도 먼지 일지 않고
달빛이 못 바닥까지 뚫어도 물에는 흔적도 없네.
竹影掃階塵不動 月穿潭底水無痕"
을 붙여 보면 감흥도 도울 것 같다.

하여
관념의 그물을 벗어나는데
몇 푼어치라도 되었으면 하는 마음으로
법명 '담연淡然'에 군더더기 옷을
입혀 오언절구의 게송으로 노래해 보지만,
괜한 일은 아닐는지….

우월에 제하다

비 그치자
하늘 푸르고

들녘의 전지田地에는
푸성귀가 푸릇푸릇타

한밤중 우월牛月이
구름밭 갈 제

바로 그때
농자의 월령가를 부르소

-2018년 6월

題雨月
제 우 월

雨過兮蒼昊하고   田郊草色多로라
우 과 혜 창 호   전 교 초 색 다

月牛遊隱現시에   時唱農夫歌쇼셔
월 우 유 은 현   시 창 농 부 가

여적

우후제월雨後霽月이다.

비 개인 뒤에 구름밭 이랑에서 드러나는 달

청신함은 언설言說을 떠난다.

거기다가 비를 흠뻑 먹은

산천초목들의 건강한 생기는 또한 어떠한가.

끊임없이 제시되는 저 자연의

명징明澄한 인연생멸의 변화 지취旨趣를 외면할 수 있겠는가?

엄정한 사실 앞에서 눈 멀 수 있겠는가?

마음의 일도 저와 같아서

우초雨草를 보고 마음의 청정함을 보며,

운월雲月을 보고 마음의 변화를 본다.

번뇌 없인 니르바나도 없거니,

우운雨雲이 달을 가렸어도 끝내 삽상颯爽한 바람결에

명안明顔을 내놓지 않던가 말이다.

올 사월 초파일을 앞두고 연등燃燈하여

새로 인연을 지은 서장욱 님이 있다.

그이에게 앞으로의 삶을 어떻게 디자인할 것인지에 대한

목우牧牛의 묘妙를

우월雨月이라 제호하고 오언절구로 제시한다.

부처님, 그리워하니이다

아으, 한마음 띄워
부처님만 부르옵니다

백 번 천 번 만 번
여래를 부르옵니다

그대 마음에
구름 덮이지 않는다면

염불함에
몇 번 부른들 무슨 문제랴
-2018년 5월

念佛
염 불

一番呼念佛하고　　百萬唱如來니이다
일 번 호 염 불　　　　백 만 창 여 래

你意亡雲蓋하면　　唱呼問幾回리오
니 의 무 운 개　　　　창 호 문 기 회

불기 2562년
부처님오신날에 즈음하여,
아으. 일심으로 부르니이다.
백천만 번 간절하게 염불하니이다.
일단심의 간절함에 감응하니이까?
청정이여! 마음에 일 없을 제
오온五蘊의 뜬 구름은 외려 저 생명의 빗물 되겠거늘,
그게 불사佛事 아니오니까?
오셨어도 거기 계시고,
가셨어도 거기 계신 님이시여!

님 만나거니

님을 만난다
가는 데마다 만나거니

세간에서 만난다
가나 오나 만난다고 이르리

설령
그렇다고 해도

지금은
그 님이 아니다

-2018년 4월

逢君
봉 군

逢君隨處得한데　　遇世去來云이로라
봉 군 수 처 득　　우 세 거 래 운

設是其然矣라도　　今非也彼君이로다
설 시 기 연 의　　금 비 야 피 군

• 압운인 운云과 군君은 평성 문운文韻에 속한다. 제2구와 제4구에 운각韻脚
을 두는 것은 정격正格이라고 하였다. 평측平仄의 대우對偶[염대]가 운율을 잘 이루고 있다.

여적

어딜 가나 님을 만난다.

산길, 들길, 강변, 해변, 저잣거리에서도 만난다.

화조든 초목이든 풍우든 어느 때 어디서건 만난다.

그렇더라도 오늘 만나는 님은 그때 그 님 아니다.

아닌 님도 아니다.

연기緣起의 조화 묘용을 보이거니.

나로 하여 님 있고, 님으로 하여 나 있으려니.

〈부처님오신날〉 앞에서

삼엄하게 진행되고 있는 인연 생멸因緣生滅을 보며 제기한다.

혜원 법우에게 제시하다

상쾌한 비
논밭에 흩뿌리니

씨아도 곡식도 푸성귀도
반겨 맞는다

원음圓音이란
도대체 뭔 소리인가

법음法音을 들을 이
따로 어디에 있단 말가
-2018년 3월

擧慧圓法友
거 혜 원 법 우

慧雨降田地하니   迎兮種粟蔬러라
혜 우 강 전 지   영 혜 종 속 소

圓音箇甚麼오   聽者更何居오
원 음 개 심 마   청 자 갱 하 거

봄이 오면서 산이건 들녘이건 논밭이건
때맞춰 비가 흩뿌리게 마련이다.
그에 응해 전지田地에서는 준동함령의 성음이
밭두렁 논두렁 왼 들판에 명동鳴動 한다.
생기의 역량이 저마다 힘껏 발동하니,
이 무슨 소식인가?
한 방울 물의 결정이
저 숱한 생명을 짓고 멸하기도 한다.
삼엄하게 연생연멸하는 미시거시의 세계에서
그렇게 작동한다.

붓다에게서 전음된 일파의 원음은
저 빗줄기마냥 뿌려져 나아갈 뿐.
누구에게는 특별하고 누구에게는 그렇지 않은 것도 아니다.
시절의 인연을 따라 그렇게 전파되는 것 아닌가?
기근에 따라 약도 되는 것이지 않은가?

측기식 오언절구의 시게詩偈로 2018년 우수 경칩을 지나가는 봄날에
선재 학인 금숙향 혜원 법우에게 거시擧示한다.

솔가지에 눈 내리니

흰 눈이
푸른 솔가지에 내려앉으니

차가운 빛
경치가 새뜻하다

흰 눈 빛이 새뜻한 것은
푸른 솔 때문인가

흰 눈으로 하여
푸른 솔 빛이 새뜻한 것인가

-2018년 2월. 광주 이영희 법우의 아들 박성안에게 불명을 지어 보이다.

雪松
설 송

白雪降松碧하니   寒光景色新이럿다
백 설 강 송 벽   한 광 경 색 신

雪新因碧色가   緣雪碧衣親이뇨
설 신 인 벽 색   연 설 벽 의 신

음력 섣달 보름을 지나간다.
1월 1일이 동짓달 보름이더니,
1월 31일이 다시 섣달 보름이다.
한 달에 보름이 두 번 들었다.
거기다가 슈퍼 문으로 떠오르는데 개기월식이 진행되었다.
다행히 여기서는 분명하게 적월赤月까지 볼 수 있었으니,
해와 지구와 달이 빚은 호리불차로 저 우주의 인연사가 아닌가?

일월日月의 그 색깔도, 설송雪松의 색깔도
상대적 조건의 미묘한 변화의 결정이 아닌가?

이런 겨울철의 추운 눈경치에는
봄 여름 가을철의 기운을 통해 있는
연생 연멸緣生緣滅의 작용이 있는 것, 이 아닌가?

저 우주나, 대자연이나,
초목의 일이나, 심신의 이 일이나,
보이나, 보이지 않으나,
거시적 세계나, 미시적 세계나
하나같이 상호 연기相互緣起하는 세계, 이 아닌가?
하, 다 죽어 난 동토凍土에서 머지않아
봄철의 생기발랄한 향훈을 내는 그때는 어떠할까?

입춘을 맞으며 종묵 거사에게 부치다

입춘이
눈 속에서 찾아드니

종지宗旨야말로
동풍에서 웃는다

봄 계곡에는
매화가 눈을 뜨고

침묵의 소리로
겨울잠을 깨운다

-2018년 1월

迎立春寄宗默居士
영 입 춘 기 종 묵 거 사

立春來雪下하니　　宗旨笑東風이라
입 춘 래 설 하　　　종 지 소 동 풍

春谷開梅眼하고　　黙聲覺雪夢이로니
춘 곡 개 매 안　　　묵 성 교 설 몽

입춘은 황도黃道를 따라 24절기로 나뉜, 너무도 역력한

태양길이 단순함이 중중무진하게 연기緣起의 법으로 드러나는 날이다.

동지 후 소한 대한 지나 오는 봄소식

2월 4일 입춘.

쉼 없는 봄의 시작이며,

대자연의 봄의 생명의 흐름을 여는 인연법을 보인다.

봄이 올 만하니 분명히 오고, 머물다가 갈 만하면 그렇게 간다.

사람 살림도 그렇다. 하여 이 세계의 본질인

"종지宗旨야말로 동풍에 웃는다."고 하였다. 너무 뻔하다.

보이는 곳에서 보이지 않는 상대적 대척처를 볼 수 있다면,

꽃이 피고 지는 강산의 사람의 종지를 그대로 보게 되는 거다.

"입춘 소식이 눈 속에서 찾아 든다"고 했는데,

저 동지에서 벌써 시작된 것이다.

'춘곡春谷 잔설 속에서 매화가 소리 없이 망울 눈 뜨는데'

냉한冷寒을 이긴 향내는 얼마나 시리고,

폐부에 스미는 아름다움은 얼마나 대단한가?

그래서 침묵의 소리 묵성默聲이라 하였거니.

그 '묵성에 겨울잠 깨듯'

우리 마음도 혹독한 관념의 꿈에서 깨어난다면

종지宗旨의 소리 없는 소리, 장엄한 침묵의 소리를 듣지 않겠나?

무술년 입춘을 맞아 〈선재학당〉의 유식행자

정남철 종묵宗默 거사에게 부친다.

북한강을 거닐며 크게 죽는 사람을 읊다

기러기 오리들
떼 지어 지나가도 흔적 없거니

송림의 못에
푸른 솔하늘이 들었고녀

아득한 절벽 꼭대기에서
한걸음 내딛어야 하리

크게 한 번 죽고 나서
살아나는 장부러니

-2017년 11월

北漢江邊遊吟大死底人
북 한 강 변 유 음 대 사 저 인

雁鴨過無迹하니　　松池入碧虛로라
안 압 과 무 적　　　송 지 입 벽 허

涯頭須進步커니　　大死一番夫러라
애 두 수 진 보　　　대 사 일 번 부

10월 11일 새벽 3시 반쯤에 꿈을 꾸었다.

양평의 어느 절에서부터 쫓아오는 자를 피해

북한강변의 절벽을 오르면서

'송지벽허松池碧虛'를 되뇌다가 꿈을 깼다.

의미를 새겨 '측기식 오언절구'로 심로心路를 제시한다.

행자行者의 길은 관념의 길에서

관문을 넘어선 거기에 이어져 있다.

의천 상인에게

강화도로 건너간 옛 벗이
안문雁門 넘어 소식 전할 적에

지는 달 지붕을 비추는데
이슬은 내려 방울지고…

무슨 일로 서풍西風이 불어
가사 납의衲衣 걸쳐졌나

의천義天의 법法다운 길에
어느덧 백발이 성하다

-2017년 10월

贈義天上人
증 의 천 상 인

渡江華友越鴻門한데　　落月家梁降露珠타
도 강 화 우 월 홍 문　　　낙 월 가 량 강 로 주

何事西風袈衲被오　　　義天法路鬢霜殊로다
하 사 서 풍 가 납 피　　　의 천 법 로 빈 상 수

•평기식平起式 칠언절구로써 압운은 평성 우운虞韻이다.

홍문鴻門은 안문雁門으로 지었는데, 위치가 형식상 평성平聲이 놓여야 할 자리라서 측성仄聲 안雁(거성 간운諫韻)을 같은 기러기를 뜻하는 홍鴻(평성 동운東韻)으로 대체하였다.

안문雁門은 중국의 서쪽 산서성山西省 하곡河曲에 위치한 관문關門으로써
중국과 서역으로 오가는 주요한 통로이다.
가을 겨울이면 기러기떼가
동서로 남북으로 철 따라 이동하며 넘나들어
안문雁門이라 이름 지어졌다.
중국과 서역의 문화도 비단길을 따라 교류되었으며
여러 가지로 소식이 오가게 되어
안문은 그렇게 소식의 통로가 되었다.
불교도 그 문을 통해 동진하였으니,
기러기는 이래저래 소식통의 대명사가 되었다.

*편지로 쓰이는 말들: 안백雁帛·안보雁報·안서雁書·안소雁素·안신雁信·안족
雁足·안찰雁札·안홍雁鴻

비 온 뒤에 시정으로 나가다

어제 밤에는 구름집 절간이
풍경 소리를 매달아 '떨렁'였는데

오늘 아침에는 이슬 안개가
여름 홋바지를 적신다

낙숫물을 좇던 젖은 마음은
구름 밖에 노닐고서

계곡의 물줄기 다퉈 흐르듯
사립문 열고 암자를 나선다
-2017년 9월

雨後出市井
우 후 출 시 정

昨夜雲堂縣磬兒터니   今朝霧露袴霑衣로라
작 야 운 당 현 경 아   금 조 무 로 고 점 의

涵追落水流雲外터니   爭涉磎流出柴扉로라
함 추 낙 수 유 운 외   쟁 섭 계 류 출 시 비

여적

지난밤에 벽송에 빗줄기 그렇게 내리더니,
그 사이로 풍경 소리도 맑은 듯 촉촉한 듯 들렸다.

잠 못 이루고 새벽을 맞아
사람들 잘 다니지 않는 좁은 길로 접어들었다.
헐렁한 고의, 여름 홑바지니 적삼이니 금방 젖는다.
빗물이 때론 이슬이 되어
습윤함이 시원하기도 하다.
간밤에는 추적대는 낙숫물 소리에
마음을 얼마나 적셨던가.
새벽녘에 추스르고는 일부러 좁은 산길로 들어
삼각산에 어린 구름을 바라본다.
그 예전 방장산과 설악산의 우후雨後 경계를 떠올린다.
거긴 얼마나 시원했던가.
멀리 정릉쪽으로 물 흐르는 소리를 듣고,
저 계성 다퉈 흘러가듯이 절간을 나와
시정市井으로 바삐 발길 옮기던 일을 생각한다.
때론 돌길도 가팔랐고,
강에는 풍파도 일었거니…

무애 거사에게 제시하다

칸도 없는 배가

밑바닥도 빠진 배가

훤한 달빛

그득히 싣고 가니, 풍류로세

망을 친들

저 바람을 어찌 막으랴

그물을 치면

과연 물결을 막겠는가

-2017년 8월

擧示無碍居士
거 시 무 애 거 사

無間舡沒底가   白月盛風流일세
무 간 강 몰 저   백 월 성 풍 류

碍網何之奈오   羅浮果沮濤아
애 망 하 지 내   나 부 과 저 주

김종범 거사는 법명이 '무애無碍'다.

2016년 〈선재학당〉에서 1년여 27강좌에 걸쳐 유식론唯識論을 새겼다. 이어 승찬 선사의 『신심명信心銘』을 새기고서 그예 뗏목에 올라 삶의 장에서 자증自證에 주력하고 있다. 시정에서 굳은 관념을 부수고 일체의 집착심을 여의는 해탈로를 가려는 갈증에 한 움큼의 샘물이 주는 값이라도 될까 하여 오언절구의 시게詩偈로 형식치레하여 제시한다.

오늘도 오는 곳 없이 오고, 가는 곳 없이 가지 않는가?

입춘에 부치다

동풍이 건듯 불어
오랜 매화를 만나니

하, 이 강산江山
봄소식에 미소 짓는다

선자禪子는
어데서 소식을 듣는가

고인古人은
복사꽃에서 알아보았건만
-2017년 1월

寄立春
기 입 춘

東風遇古梅하니   江山笑春信토다
동 풍 우 고 매   강 산 소 춘 신

禪子何聞翰하뇨   古人見桃花럿다
선 자 하 문 한   고 인 견 도 화

사월 초파일에 읊다

길은 천 갈래

마음은 만 겹인데

피안의 나루는 어디 있는가

뱃노래 부르는 이 누구이더뇨

-2016년 4월 27일. 부처님오신날에 즈음하여, 한단邯鄲의 과객過客 엄효순 무구광無垢光 법우에게 부친다.

吟四月初八日
음 사 월 초 파 일

路頭千岐하고　　**心兮萬頃**인데
로 두 천 기　　　　심 혜 만 경

津梁何在오　　　**棹歌誰鳴**이뇨
진 량 하 재　　　　도 가 수 명

무구광無垢光을 읊다

구멍 없는 젓대 불어
가락을 울리다니

진창에서 연꽃 피우는
바로 그 시절 노래라

헛껍데기에 휘둘린 멍든 생각
끊어 내고서는

비 개인 뒤 이는
시원한 바람 밝은 달 시절이여
-2016년 9월

題詠無垢光
제 영 무 구 광

無孔吹笛響타니   垢泥生蓮詩라
무 공 취 적 향   구 니 생 련 시

之乎者也斷코는   光風霽月時여
지 호 자 야 단   광 풍 제 월 시

2016년 9월 7일 백로白鷺에
무구광無垢光 법우의 법명法名을 대하고는,
그 이름이 내놓은 광휘光輝가 비탈길을 마다 않는
풍진객風塵客이 돌아갈 고향을 보여주는 것을 보았다.
조주趙州노인은 출격出格의 한마디 없이
헛되이 붓다의 뒤만 따라가는 행자行者들을 보고 혀를 찼다.

빗줄기로 머리감고 바람결로 빗질하여
돌길 먼짓길에 오른 이들이라면
조만간 이정표조차 외면할 수 있을 것이다.
공부야 수행이야 다 잠시 여행길에 들었다가
본래의 고향을 찾아가는 길 아닌가?

이 오언고풍五言古風의 시계詩偈도
바로 고향 찾은 풍광風光을 노래하여
무구광 법우의 본분사本分事를 찬탄한 것이다.
숲길 헤치고 나오니 바로 거기 아니던가?
반야바라밀이여!

소하 법우에게 거시하다

소월素月이
창공에서 밝게 비추이노라니

천강千江에는
흰 토끼들이 노닐은다

바로 그때
어떤 토끼를 쏠 것인가

허이구야!
어떤 토끼를 딱 맞힐까

-2016년 8월

擧素荷法友
거 소 하 법 우

素月照蒼明하니   **千江遊白兎**러라
소 월 조 창 명   천 강 유 백 토

時的何兎兒오   **荷荷中何兎**아
시 적 하 토 아   하 하 중 하 토

어느 토끼를 맞히든
쏘는 자가 여지없이 죽는다.
불기 2560년 7월 중복中伏에 나경민 법우에게
월인천강곡月印千江曲을 거시擧示한다.
소하素荷라 호號하고,
백련白蓮의 소의素義를 더하여
일월천강一月千江의 자재로自在路에서
소요逍遙하기를 기대한다.

담연 거사에게 거시擧示하다

물은 그득하니 맑고 깊은 못에
송풍松風이 쓸어 대자

달빛은
물결 따라 노닐은다

그런데
은어銀魚 그물 벗어나는 바로 그때

어떻게 자소子韶 거사의
외마디 개구리 울음 소리 들을까
-2016년 7월

擧湛然居士
거 담 연 거 사

湛淵掃松風하자   月影遊逐浪하놋다
담 연 소 송 풍   월 영 유 축 랑

然而透網白鱗時에   何取子韶一聲蛙오
연 이 투 망 백 린 시   하 취 자 소 일 성 와

여적

소서小暑에

윤규용 법우에게 담연湛然이라 호하고

세계일화世界一花의 소식을 거시하였다.

머잖아 논두렁길에서 벽력 치듯

당파 관문撞破關門할 일성와一聲蛙여!

함께 들을 날 있기를…

한강寒江에는 눈 내리고

장강長江에
갈잎 타고 건너는 노인이여

불식不識이라니
새삼스레 무슨 일인가

달빛 속의
억새꽃이요

눈밭 위에
해오라비 춤추는 소식이거늘

-2016년 6월 6일

江雪
강 설

江上渡蘆老여   不識更何事오
강 상 도 로 노   불 식 갱 하 사

月下蘆花兮요   雪上鷺舞意어늘
월 하 로 화 혜   설 상 로 무 의

여적

현충일에

선재학인 이광재 법우를 위하여

〈강설江雪〉이라 호하고

해탈로두解脫路頭를 거시擧示하다.

조만간 사무칠 통연명백리洞然明白裏의 경계여!

기우귀가騎牛歸家하는 비개인 방초길에서

물기 머금은 산새 울음에 젖어

경물에 나들며 만나기를 기다린다.

입춘 소식

운수납자
눈밭에 서서 법法을 찾노라니

발 밑 속에서는
벌써 봄 소리를 토해 낸다

한벽당 지붕 위에
매월梅月 시리도록 차가운데

솔 시냇가 석실石室에는
찻물이 끓는다
-2016년 1월

立春所息
입 춘 소 식

雲水求立雪한데   踏裏吐春聲하누나
운 수 구 입 설   답 리 토 춘 성

寒碧堂瓦梅月寒하고 松澗石室茶已烹이로다
한 벽 당 와 매 월 한   송 간 석 실 다 이 팽

법오화에 제하다

법월法月이
시냇가 노송에 걸렸는데

땡그랑 땡
풍경 소리 울리고…

깨달음의 노래란
이런 장광설長廣舌이거니

연꽃처럼 푸른 눈매에서
쏟아내는 맑은 음성

-2015년 7월 하순 중복中伏에 간송미술관 앞을 지나다가 올 초파일에 새로
 인연 맺은 법오화 법우에게 제시하다.

題法悟華
제 법 오 화

法月澗松在한데　　丁丁風磬鳴하고
법 월 간 송 재　　　정 정 풍 경 명

悟歌斯廣舌이러니　華目出音聲이라
오 가 사 광 설　　　화 목 출 음 성

법운 거사에게

법法은
가르침 없는 가르침을 보이느니

남산南山에 구름 일자
북산北山에 비 내리는 시절이라

소 타고 돌아가는
풋풋한 방초길에

고삐 잡고 놓고
맘대로 하는 이 누구인가

示法雲居士
시 법 운 거 사

法示無敎敎하니   雲南雨北時라
법 시 무 교 교   운 남 우 북 시

騎牛芳草路에   把放行人誰오
기 우 방 초 로   파 방 행 인 수

여적

법法은 번뇌를 다스리는 약방문이다.

병이 낫고 나면 명약도 필요치 않다.

『금강경』에서 붓다께서 이르셨다.

"나의 법法도 뗏목과 같다"고 말이다.

환난을 피해 엮어 타고 강을 건넌 뗏목도

건너고 난 뒤에는 내버려 둬야 할 것이다.

법法의 효력에, 어둔 눈을 뜨게 되면 만화방창萬化方暢의 생명,

그 약동은 자유자재하고 활달한 인연이 여실한 천지이다.

어느 누구도 관여할 일 아니니.

너나 나나 무가애無罣礙할 일이다.

운문雲門 선사의 저 '북산北山 우후雨後 풋풋한 방초길'에

소 타고 귀가歸家하는 법려法侶가 있다면 시정市井 경계에서조차

파주把住 방행放行의 자유로운 주인공이리라.

2015년 6월 망종芒種에 즈음하여 대불련 간사 이동국 거사에게 수행의
본분사를 묻다.

사자후가 개소리라니

강물에 비친 달을
건지려 나들락거리며

들입다 저 헛달이나
찾아 나서는 뱃사공이여!

사자후도, 해를 보고
괴이하다 짖어대는 개소리로 들으니

도대체
이 일은 누구의 허물인가
-2015년 2월 전호의 희호지록위마세噫乎指鹿爲馬世에 이어 절구로 읊다.

獅吼吠日
사 후 폐 일

著月江中漢이여   馳求二月船이라
착 월 강 중 한   치 구 이 월 선

獅聲聞吠日하니   億是誰之愆고
사 성 문 폐 일   억 시 수 지 건

우습다 지록위마의 세태여!

달을 가리키는데
헛되이 손가락만 보고

녹비에 가로 왈자曰字로
떠들어 댄다

이현령이 되었구나
비현령이 되었어

의마意馬의 날뜀일세
심원心猿의 작란이야 쯔쯧!

−2014년 12월 19일 헌재의 정당심판 전후 반도에 전개되는 세사世事의 흐름을
보고, 도대체 한 세기를 이어 온 이 인연사(냉전에 얽힌 허약한 헌법적 판단)가
누구의 허물인지 자탄하며 적다.

嘻乎指鹿爲馬世
희 호 지 록 위 마 세

指月觀空指하고   鹿皮橫曰然이라
지 월 관 공 지   록 피 횡 왈 연

爲鈴鈴耳鼻러니   馬意咄心猿이로라
위 령 령 이 비   마 의 돌 심 원

동곡서경화실에 부치다

붓놀림에

평사낙안平沙落雁 성취하고

삼가 머문 그 자리에서

화룡점정畵龍點睛 이루시라

寄東谷書敬畵室
기 동 곡 서 경 화 실

書筆成落雁하고
서 필 성 락 안

敬止遂畵睛하오시라
경 지 수 화 정

여적

동곡 법우가 10월 17일에 화실을 새로 냈다기에 성원하는 마음을 이렇게
전해 본다. 봄소식을 기다린다.

담형 거사에게 부치다

그대 보지 못했는가
한소식 청도로 보내노라니

추월秋月 둥두렷이
밝기도 한데

운문 선사雲門禪師
한 마디 내놓자마자

가을바람에
정체가 온통 드러나던 소식을
−2014년 10월 한로寒露 개기월식 밤에

奇澹馨居士
기 담 형 거 사

君不見가
군 불 견

雁信傳淸道하니　　秋蟾望月輝한데
안 신 전 청 도　　　추 섬 망 월 휘

雲門鳴一語하자　　體露金風兮임을
운 문 명 일 어　　　체 로 금 풍 혜

보리의 비 내리고

법신法身

꽃 피고 꽃 지는 데서 새롭고

보리菩提

아프고 기쁜 데서 울려 온다

빗방울이

저 강물과 바닷물을 토해 넘은

여사미거驢事未去에

마사도래馬事到來가 바로 그것이다

-2014년 8월 우하雨夏에 부산의 김귀향 법우를 생각하며

菩提雨
보 리 우

法身新華落하고　　菩提鳴悲喜라
법 신 신 화 락　　보 리 명 비 희

雨適吐江海는　　驢事馬事是로라
우 적 토 강 해　　여 사 마 사 시

하, 저 흰구름 속에는

소월素月
귀향歸鄕하는데

흰구름 갈며
만 리 길 간다

무슨 일로
서천 소식은 동쪽으로 오는가

고향의 연못에는
이미 연꽃향 싱그러운데…
-2014년 7월 중복에 이미화 소운 법우를 생각하며

素雲
소 운

素月歸去來한데   雲耕行萬里러라
수 월 귀 거 래   운 경 행 만 리

何事西雁東가   蓮池已香利어늘
하 사 서 안 동   연 지 이 향 리

달덩이 천강에 잠기다니

월등명月燈明 평등 무구한
삼매의 경계라

인드라망의 우주 법계法界
만상삼라가 여일如一한 시절

누구뇨
방하放下의 길 묻는 이

저 화롯불에
눈 한 송이 떨어지는 소식이라 하겠다

-김수진 법우에게 2007년 여름에 법명으로 짓고 2014년 7월에서야 군더더기
를 붙여 제시한다.

月印
월 인

月燈三昧境이라   印網森羅一이러라
월 등 삼 매 경   인 망 삼 라 일

門誰放下路하면   紅爐一點雪하리라
문 수 방 하 로   홍 로 일 점 설

청혜

청징淸澄한 못에
밝은 달 어른어른

그물을 벗어난
금빛 고기 떼 활발발발

반야般若의 문
빗장도 없거니

허공의 풍경 소리는
시간 밖으로 가고
땡그렁 땡…
-2014년 5월 13일 밤 수종사 북한강변에서

淸慧
청 혜

淸潭月精明한데　　**金鱗透網游**라
청 담 월 정 명　　　　금 린 투 망 유

慧門無門兮하고　　**空魚劫外休**로라
혜 문 무 문 혜　　　　공 어 겁 외 휴

丁丁東…
정 정 동

신춘에 부치다

대한大寒에
동풍이 건듯 부니

입춘 볕이
여실하다

선심禪心도
봄볕 같아서

도처에서
빛을 놓는다

-2014년 갑오甲午년을 맞아 소휘당巢輝堂에서

寄新春
기 신 춘

景風大寒하니   立春陽陽이라
경 풍 대 한   입 춘 양 양

禪心如是하여   隨處放光하놋다
선 심 여 시   수 처 방 광

해인

저 바다 속
허다한 해초류니 어패류니 갑각류들

인연 따라 비추인 그림자이면서도
그대로 바다의 모습

하늘 아래 오가는
명월도 백운도 백설도 그렇고

벽송도 암봉도 그렇고
절들도 조류들도 그렇구나

-2013년 가을 한로寒露 앞에 이은애의 주인공을 기다리며

海印
해 인

海內草魚鼈이라　　印影而如如타
헤 내 초 어 별　　　인 영 이 여 여

天下月雲雪하고　　松巖寺鳥與하다
천 하 월 운 설　　　송 암 사 조 여

월암 지현에 부치다

월출산月出山

무위사無爲寺길

소 찾는 데가

바로 거기임을 아는가

현묘한 맛이란

그저 숭늉에 밥 말아 먹듯한 일이다 하면

돌부처도

끄덕일 게다

-2013년 처서에 문행곤 김명심 양주를 생각하며

寄月巖知玄
기 월 암 지 현

月出無爲路라   知耶卽尋牛아
월 출 무 위 로   지 야 즉 심 우

玄味茶飯事라사   巖下佛點頭로라
현 미 다 반 사   암 하 불 점 두

교연皎然에 부치다

천강千江의 물길
환하게 비추이다니

한결같은 달이라
만 갈래 길에도 분명하고녀

누구이뇨
저 소 치는 이는

울타리 벗어나와
붓다의 수레조차 버리는 사람이려니
-2013년 7월 한여름에 손해경 법우를 생각하며

寄皎然
기 교 연

皎然千江上하니　一月明萬徑하놋다
교 연 천 강 상　　일 월 명 만 경

牧牛是何人가　放欄捨佛乘이라
목 우 시 하 인　　방 란 사 불 승

운선芸禪에게

향초 이내 선선한 산골
시냇물 소리 시원한데

귓가에 명징明澄한
파랑새 울음소리란…

운수 선객雲水禪客도
먼 길 돌아온 그 즈음

암자에는 댕그렁 댕
풍경 소리만 한적하고
―2013년 하지夏至에 삼각산간三角山澗에서 조소현 법우에게

示芸禪
시 운 선

芸谷溪聲寒한데   靑鳥耳鳴鳴이라
운 곡 계 성 한   청 조 이 명 명

禪子廻程時에   庵閑東丁丁이라
선 자 회 정 시   암 한 동 정 정

그지없고녀

달빛

창문에 환하고

솔바람에 떨어지는

처마 끝 풍경 소리에

무문관無門關의 빗장

문득 사라지다

시방 세계는

그대로 불 속에 피어나는 연꽃이거니

-2013년 초여름에 곽경인 법우에게 무진無盡이라 법명하다

無盡
무 진

月到門窓戶하고　　松風鳴磬椽터니
월 도 문 창 호　　송 풍 명 경 연

無門門一沒하고　　盡界火中蓮일세고녀
무 문 문 일 몰　　진 계 화 중 련

초파일에 읊다

천지간에

그 옛길 직지直指하노라니

기화이초奇花異草 벌 나비

상즉상입相卽相入 여실如實하고…

-불기 2557년 부처님오신날을 새기다

初八日吟
초 파 일 음

直指古路乾坤裏하니
직 지 고 로 건 곤 리

萬華蜂蝶如相卽하고
만 화 봉 접 여 상 즉

송림松林에 명월明月이 드니

솔바람은
어드메에 이는가

저 푸른 이끼를
쓸어 대는가

성색聲色이 그대로
보리인 시절時節이라

송풍 이는 창窓에는
달그림자만 어린다

-2014년 초봄 청명淸明을 맞아 김경주 법우를 위하여

松明
송 명

松風何處起오   擬掃客苔菁이런가
송 풍 하 처 기   의 소 객 태 청

聲色菩提路일세라 明窓月影縈하놋다
성 색 보 리 로   명 창 월 영 영

입춘에 부처

동풍이 건듯 불어
겨울잠 깨자

봄 맞는
새들의 우짖는 소리라니!

-2013년 2월

立春揮筆
입 춘 휘 필

東風覺覺하니
동 풍 교 교

迎春喃喃하놋다
영 춘 남 남

애고 애고

하늘이여
하늘이여

임진년에 다시 난리났고녀
뉘 허물이뇨

일본 유신한답시고
미국 대동아연횡책 굳히거니

평화 떠들며 속으로는 냉전冷戰
번번이 돈으로 바뀌고…

-2012년. 임진년 해(年)거름에 박씨를 놀보의 욕심으로 포장을 착각케 한
악기식한惡氣息漢의 해였다. 싫어한대도, 그만큼 악업惡業으로 점철되는 법
이라. 하여 선지식도 나오게 마련인 것이지만, 눈앞에 사실이 역력하더라도
보고 못 보는 것은 각자의 몫이 아니겠나.

創天創天
창 천 창 천

創天兮創天兮라   壬辰再亂誰何愆고
창 천 혜 창 천 혜   임 진 재 란 수 하 건

日本維新米連橫이라   平和裏爭換金錢커니
일 본 유 신 미 연 횡   평 화 리 쟁 환 금 전

불 속에 있는 이여

그 옛날(1592)
임진년에 왜란이 발발하였드만

이 세상 올 적에는(1952)
육이오 동란의 임진년이었드라

한 갑자 돌아온
예순 한 살 임진년

사대강四大江이 신음하는
강란江亂의 임진이다니

-2012년 임진세壬辰歲 만산만추萬山晩秋에 욕망의 불길 속 세계를 보면서

火裏漢
화 리 한

古倭亂壬辰한데   生動亂壬辰이라
고 왜 란 임 진   생 동 란 임 진

回甲子壬辰은   吟江亂壬辰이로세
회 갑 자 임 진   음 강 란 임 진

추송秋松에 부치다

가을 단풍
붉어 예는 홍류동

쏴아 하니
솔바람 에우는 농산정

고운孤雲 선생
우화등선羽化登仙하였다고?

운수雲水는 그저
시정市井 가는 길 재촉한다

-2012년 10월 중추仲秋에 가야산 홍류동에서 다운가多雲家의 황순미 법우에게

寄秋松
기 추 송

秋楓紅流洞이요   松韻籠山亭이라
추 풍 홍 류 동   송 운 롱 산 정

孤雲羽化耶드뇨   雲水向市爭하놋다
고 운 우 화 야   운 수 향 시 쟁

송도 거사 망령을 위한 수어

해탈解脫은 마음에 있고
생사生死는 몸에 있고야

한 찰나 이 몸 잊으면
그때가 바로 우주의 법신처法身處

생시뇨 꿈결이뇨
나비되어 청산靑山에 가자

솔바람에 구름수레 메워
애달븐 정분情分 싣고서
-2012년 8월 16일에 송도 거사의 「우주천宇宙天의 주불主佛이 강기수 집행執行
 하여 공계○界로 간다」는 임종유언에 부쳐

爲松濤居士靈垂語
위 송 도 거 사 령 수 어

解脫在心生死體라   一刹忘身宇宙身이로다
해 탈 재 심 생 사 체   일 찰 망 신 우 주 신

湖蝶夢路飛靑山호라   松濤雲車載情神코서
호 접 몽 로 비 청 산   송 도 운 거 재 정 신

운암 혜심에 제하다

구름 깊은 산간

강물이 시작되는 도道

벽암碧巖에 어린

고불古佛의 길일세

장공명월長空明月

천강千江에 드리울 제

반야검般若劍 찾는 객客

배 비우고 맞을샤

-2012년 6월 중하仲夏에 이영륜 심정임 양주를 위하여

題雲巖慧尋
제 운 암 혜 심

雲深江原道는   巖下古佛經이라
운 심 강 원 도   암 하 고 불 경

慧月垂千江할제   尋劍空船迎하놋다
혜 월 수 천 강   심 검 공 선 영

한강에 달 오르고

서늘한 강江
배 한 척 고적한데

고월孤月
물결마다 어른어른

금빛 고기 떼
그물을 벗어나고

빈 배에
달빛만 가득 싣고 돌아온다

-2012년 윤4월 하안거夏安居에 즈음하여 오선희 법우의 새로운 법연法緣에
 부친다.

江月
강 월

寒江一寂船한데   月印逐水飛로라
한 강 일 적 선   월 인 축 수 비

金鱗透網兮하고   空載月明歸로다
금 린 투 망 혜   공 재 월 명 귀

손가락이 잘리니

하늘로 곧추세운 손가락
운문 노인雲門老人 무지르니
천하天下에는 자비스런 달덩이 하나
즈믄 강江에 어리고…

-2012년 5월 부처님오신날 찬게

指斷
지 단

天上指頭라   門老斷却하니
천 상 지 두   문 로 단 각

天下悲月이   千江影著하고
천 하 비 월   천 강 영 착

무착행에게 보이다

구멍 없는 젓대로
노래하려면

무無라는 문門의 관문을
착안해야 하리라

관념의 눈[雪] 쌓아 지은 집에서
노닐 수만 있다면

만 가지 파도도 잠재움에
살림살이 바쁠 일 없으리
-2012년 이른 봄 3월에 오정영 법려를 위하여

示無著行
시 무 착 행

無孔笛歌吟하면   著眼無門關하놋다
무 공 적 가 음   착 안 무 문 관

行遊堆雪堂이면   萬波息閒閒하리라
행 유 퇴 설 당   만 파 식 한 한

입춘에

입춘절에
양陽의 기운 밝고 맑으니

생명 만사
순조로이 약동하니다

-2012년 1월

立春書
입 춘 서

立春陽明하니
입 춘 양 명

萬事如意토다
만 사 여 의

소나무처럼 그렇게

솔은 설산雪山에서
푸르름 수려하고

꽃의 붉음은
녹음綠陰에서 미려하다
-2012년 2월

松然
송 연

松雪秀碧하고
송 설 수 벽

然燈美綠토다
연 등 미 록

여적

겨울잠 자던 개구리도 깨어 봄을 맞는다는 경칩驚蟄에 즈음하여, 문희승
이 공부의 힘듦을 극기하고 지혜로움으로 피어나길 바라며 송연松然이란
불명을 지었다. 부디 반야의 길에 잘 오르도록…

백운白雲

지난 일 잊노라니

백학이 길게 운다

구름달빛 마을 가득할 제

비 개인 후라 새뜻하기만…

-2011년 10월 국추菊秋에

白雲
백 운

忘機古事하니　　白鶴長鳴하놋다
망 기 고 사　　　백 학 장 명

雲月滿里할제　　雨後新淸토다
운 월 만 리　　　우 후 신 청

일월一月

한 인연의 발동發動에서
오감이 자유로운 이

마음도 경계도
흠 잡히지 않는다

반야지般若智의 달
맘 밖으로 내놓으니

달빛 속은
여실한 만상삼라卍象森羅의 세계
-2011년 9월 추분秋分에 김명란 법우를 생각하며

一月
일 월

一機回互底는   心境無瑕疵럿다
일 기 회 호 저   심 경 무 하 자

露出般若月하니   月色卍也羅호라
노 출 반 야 월   월 색 만 야 라

눈 덮인 들녘엔 달빛 가득하고

눈 덮인 들녘
온 자취 사라지자

월하노인月下老人
비로소 (생명의) 연분 짓느니

평상시의 마음이
그야말로 도道일진대

밭에 나는 열매들도
알고 보면 그러하네

-2011년 8월 처서處暑에 안정란 김욱 모자를 위하여

雪月平田
설 월 평 전

雪野無踪跡하니   月人始結緣하놋다
설 야 무 종 적   월 인 시 결 연

平常心也道일진대   田地果而然일러라
평 상 심 야 도   전 지 과 이 연

어떤 노래

한결같은 운치는
강산江山의 풍류

비 내리고 바람 이는 소리
길짐승 날짐승 소리로…

작가作家
철 따라 노래 듣노라니

월금月琴도
어울어 울리고…

-2011년 사월 초파일의 여적餘跡 하현下弦에

一也吟
일 야 음

一韻江山樂이라   雨風獸鳥聲일세
일 운 강 산 악   우 풍 수 조 성

作家聞節律하노라니   也月琴同鳴하고
작 가 문 절 률   야 월 금 동 명

월인천강의 노래

허공의 달 오롯한 달
오롯한 달은 허공의 달이라
호수에 어린 달 강에 어린 달
아하, 강의 달이요, 호수의 달일세
천호千湖의 달 만강萬江의 달
그대로 천 개의 달 만 개의 달이거니
실다운 달도 헛달이요
헛달도 실다운 달일러라
-불기 2555년 사월 초파일 찬게

月印千江曲
월 인 천 강 곡

空月一月이요　　一月空月이라
공 월 일 월　　　일 월 공 월

湖月江月은　　　江月湖月일세
호 월 강 월　　　강 월 호 월

千月萬月이라　　千月萬月이거니
천 월 만 월　　　천 월 만 월

實月虛月이요　　虛月實月일러라
실 월 허 월　　　허 월 실 월

솔 길에 달 하나 밝으니

낙락장송 기품도 있을사
바위 좋고 달도 좋거니

굽이굽이 산길이라
물길도 돌아 흘러 여전한데

해탈의 그 한 길은
어드메 있는가

연꽃 속의 여의주
옴 마니 반메 훔 밝힐 일일러라

-2011년 초봄에 9공수여단 정익진 박월태 양주를 위하여

松徑一明
송 경 일 명

松山巖月秀커니   徑路匯依舊한데
송 산 암 월 수   경 로 회 의 구

一線道何在오   明摩尼鉢頭러라
일 선 도 하 재   명 마 니 발 두

벽산 거사에게

청솔 두른 산골짜기엔
솔바람 넘어들고

멀리선
목탁소리 들려온다

산빛
소적한 길에서

문득 맛보느니
마음 흔적 스러짐을

-2011년 3월 우수雨水에 9공수여단 대대장 정부교 거사를 위하여

贈碧山居士
증 벽 산 거 사

碧谷陵松韻하고　　遠鳴木鐸聲이라
벽 곡 릉 송 운　　　　원 명 목 탁 성

山光蕭寂路에　　　便得滅心行일러라
산 광 소 적 로　　　변 득 멸 심 행

입춘에

춘강春江 만 리에 흘러
뭇 논밭 적시고

물길 따라 하늘엔 솔개가 날고
어류는 물에서 생동한다
-2011년 2월

立春聯句
입 춘 연 구

春江萬里潤千田하고
춘 강 만 리 윤 천 전

水經鳶飛又魚躍토다
수 경 연 비 우 어 약

해안 고송海岸古松

해운海雲
붉은 해를 토해내고

솔바람
지저귀는 새벽소리 그물질 하는데

무명無明은
어드메에 있으며

오도가悟道歌는
어떻게 불러야 할까
-2011년 동지冬至에 학교장을 역임한 이호기 거사가 생각나기에

海松
해 송

海雲吐日紅하고　　**松韻網晨音**한데
해 운 토 일 홍　　　　송 운 망 신 음

無明有何處하며　　**何歌悟道吟**이랴
무 명 유 하 처　　　　하 가 오 도 음

거래去來

갈 곳이 가까운 거 같아도
가깝지 아니하고

온 곳이 먼 듯하나
멀지 아니 하네

가느니 오느니
다 일념一念의 일

물 흐르고 꽃 피는 일
오고 가는 것이뇨

-2010년 12월 소설小雪에 풍상화楓霜花를 보며

去來
거 래

去所似近以不邇하고   來處擬遠而非遐네
거 소 사 근 이 불 이   래 처 의 원 이 비 하

去時來時一念事라   水流花開去來耶아
거 시 내 시 일 념 사   수 류 화 개 거 래 야

맑은 하늘엔 흔적 없고

유마힐의
불이법문不二法門

조주의
무문관無門關은 무엇이던가

가을바람에
기러기 울어옐 제

냇가의 갈꽃은
달빛 속에 드나들고···

-2010년 11월 만추晩秋에 삼각산三角山 자락에서

寒天跡沒
한 천 적 몰

摩詰不二門이라   趙州無甚麽오
마 힐 불 이 문   조 주 무 심 마

西風鳴雁行한데   月下含蘆河러라
서 풍 명 안 항   월 하 함 로 하

선혜 법려에게

월송月松은

적음寂音을 내고

밤벌레는

갈바람을 울리노라니

선객禪客

광음光陰을 타고

혜인慧人

원공圓空을 읊는다

-2010년 계추桂秋에 권현숙 법려를 위하여 선혜禪慧라고 호하다.

禪慧
선 혜

月松出寂音하고   蟋蟀鳴秋風하노라니
월 송 출 적 음   실 솔 명 추 풍

禪客彈光陰하고   慧人吟圓空하놋다
선 객 탄 광 음   혜 인 음 원 공

한결같은 선정

한 걸음 한 걸음
소처럼 천천히 걸어

풀밭 갈고
돌 걸러 내는 길에

선강禪江이라
반야선般若船으로 건너노라니

구름산엔
명월만 들락날락하고…
−2010년 소서小署에 이 이름의 주인을 기다리며

一禪
일 선

一步牛迅行하여   耕草抽石路에
일 보 우 천 행   경 초 추 석 로

禪江度般若하노라니   雲山含月露하고
선 강 도 반 야   운 산 함 월 로

곡학 곡필 곡정자를 꾸짖다

대립을 조작하며
역사를 왜곡하고

강하江河를 뒤집어서
이익을 추구하며

민의民意와 천지 자연을
멸시하는 자들

양 머리 내어 걸고
개고기 파는 무리러니

-불기 2554년(2010년) 사월 초파일에 시국을 보며

討曲學筆政者
토 곡 학 필 정 자

造對立曲史하고   覆江河追利하여
주 대 립 곡 사   복 강 하 추 리

蔑人天然者들   羊頭狗肉出이로니
멸 인 천 연 자   양 두 구 육 출

부처님오신날에

한 손가락으로
삼계三界를 꿰고

오롯한 나
삼세三世를 초월하노라니

새들은
낭랑히 우짖고

냇물은
유유히 흘러예누나

-불기 2554(2020)년 사월 초파일에 즈음하여

吟佛誕偈頌
음 불 탄 게 송

一指串三界하고　　**唯我越三世**러니
일 지 천 삼 계　　　　유 아 월 삼 세

鳥雀任喃喃하고　　**川河運悠曳**로라
조 작 임 남 남　　　　천 하 운 유 예

솔바람결에

솔바람은

산기슭을 쓸어대고

새들은

산등성이 숲속에 생동한다

옛길은

자취 있는 듯 없고

범부는

마음 밖의 마음을 쓰느니…

-2010년 4월 춘분春分에 시인 강기수 거사에게

松濤
송 도

松濤撫山麓하고   佳鳥躍陵林토다
송 도 무 산 록   추 조 약 릉 림

古路痕無痕하고   病夫用外心하노니
고 로 흔 무 흔   병 부 용 외 심

배꽃은 눈발 같고

구름에 걸린 달
비 개이니 더욱 맑고

배밭골 하얀 향내도
머얼리 번져난다

달빛 눈꽃
시리도록 사무칠 제

산천은 그대로
봄날의 정원

-2010년 중춘仲春에 이설梨雪의 임자를 기다린다.

梨雪
이 설

雲月霽新하고   梨園白馨토다
운 월 제 신   이 원 백 형

雪花寒徹할제   山川春庭이로라
설 화 한 철   산 천 춘 정

송담

장송 아래 흘러예는 강
일엽편주 어우를 제

달빛은 예부터
수렴처럼 드리웠거니

어데 풍경 소리
마음 울리는 곳에서

물 깊이 어린 항아姮娥
오늘에사 보일 줄이야
-2010년 2월 입춘에 부천의 김근형 거사를 위하여

松潭
송 담

松江浮一葉한제   月印昔垂簾커니
송 강 부 일 엽   월 인 석 수 렴

風磬鳴心處에   潭姮今見含일줄이야
풍 경 명 심 처   담 항 금 견 함

푸르른 산밭에는 비 내리고

이끼 내린 바위에
고불古佛 미소 짓노라니

비온 뒤 이내 속에서
설핏하니 더욱 신비한데

들녘에는 농부들
논밭에서 움직거리며

산기슭엔 이 새 울음 저 새 소리
끊인 듯 이어지고…

-2010년 1월 박찬호 이성미 양주를 위하여 벽산碧山과 우전雨田이라고 불명을 짓다.

碧山雨田
벽 산 우 전

碧巖笑古佛하노라니   雨後嵐煙瞥한데
벽 암 소 고 불   우 후 람 연 별

田夫野點點하며   山鳥麓節節하고
전 부 야 점 점   산 조 록 절 절

구름에 달 가듯이

마음은 구름 밖
만 리 고향으로 가는데

몸은 설산雪山 안쪽
첩첩한 산중에 있다

달이 비추이자마자
사해四海는 일가一家요

세계世界는
하나의 꽃이듯 새롭겠거늘…

－2009년 늦가을 네팔에 가는 이기주 법우를 위하여 운월雲月이라 법명을
짓다.

雲月
운 월

雲外萬里心이요   雪裏千疊身이로라
운 외 만 리 심   설 리 천 첩 신

月下一家影이요   世上一華新이어늘
월 하 일 가 영   세 상 일 화 신

몰현금沒弦琴의 노래

고월孤月 인印치느니
천강千江의 곡조

풍경 소리 바람 일어
만택萬澤에 어리는 가곡

월금月琴의 현弦
탄주도 않고 울거니

달빛 산천엔
출몰하는 화음和音만…
-2009년 9월 서청 법우에게 월현月絃이라 법명하다.

月弦
월 현

月印千江曲이라   風琴萬澤歌일세
월 인 천 강 곡   풍 금 만 택 가

弦鳴無彈奏커니   素影有音和로라
현 명 무 탄 주   소 영 유 음 화

소나무 우거진 산엔 솔바람 일고

달은
강호江湖에 노닐고

솔바람은
잔물결 풀어낸다

반야지혜로
텅 비운 배엔

산山 그림자만
가득 걸치고…

-2009년 7월 12일 9공수여단 귀성사鬼星寺에서

松山松韻
송 산 송 운

月游江湖하고   **松韻浪波**라
월 유 강 호   송 운 랑 파

般若空船에   **山影滿羅**라
반 야 공 선   산 영 만 라

동산의 달 가리키느니

동녘 내〔川〕에는
물고기 발랄한데

서녘 하늘엔
새들의 자취 없네

행자行者여
무슨 도道 찾느뇨

산승은
그저 달 가리키거늘…

-2009년 8월 무생게 수계를 기념하여 이화섭 김영례 양주에게

東山指月
동 산 지 월

東川魚潑剌한데   西天鳥飛絶이라
동 천 어 발 랄   서 천 조 비 절

野人尋何道오   山僧唯指月커늘
야 인 심 하 도   산 승 유 지 월

월명月明에 제하다

일월一月이 천강千江에
나투는 곡조

구름 없는
만 리 하늘에 흐른다

흥에 겨워
그물 드리웠더니

물에 어린 금빛 고기
망을 뚫고 가버리네

-2009년 하지夏至에 우화주 법우를 위하여

題月明
제 월 명

月印千江曲이   雲虛萬里流러라
월 인 천 강 곡   운 허 만 리 류

興酣垂網罟럿더니   明影透鱗游러라
흥 감 수 망 고   명 영 투 린 유

소정에 부치다

한밤중 맑은 못에

은하수 흘러가거니

연蓮봉오리

자리 펴고 자는 듯

정자 난간

달빛에 회적적灰寂寂한데

일렁이는 물결

은빛 고기로 노니느니…

-2009년 6월 최은성 법우의 무생계無生戒 수계를 기념하여

沼亭
소 정

沼夜橫天漢한데   荷英睡褥裀한 듯
소 야 횡 천 한   하 영 수 욕 인

亭欄灰月色커늘   水颭遊銀鱗쿠나
정 란 회 월 색   수 점 유 은 린

진흙소 바다에서 나오다

공중空中의 옥토끼
푸른 바다로 들어가니

바다 밑의 진흙소
백련으로 나온다

한 줄기 미묘한 향내
시정市井에 흘러드니

뭇 마구니들 병든다는
풍문이 퍼지더라
-불기 2553년 부처님오신날 찬게

泥牛出海
니 우 출 해

空中玉兎入蒼波하니　　海底泥牛出白蓮하놋다
공 중 옥 토 입 창 파　　해 저 니 우 출 백 련

一善能香流市井하니　　衆魔得病布風詮터라
일 선 능 향 류 시 정　　중 마 득 병 포 풍 전

송헌

솔바람 시원스레
번뇌를 씻어내고

월색月色은
정취情趣 거둔다

벽암碧巖 고즈넉한
납승衲僧의 절간

처마 밑 등불은
벌레 소리에 조을고…

-2009년 춘분春分 시절에 박부자 법우에게 송헌松軒이라 법명을 짓다.

松軒
송 헌

松寒撫慮하고   月色含情일세
송 한 무 려   월 색 함 정

碧寂禪寺러니   軒燈睡蜻하놋다
벽 적 선 사   헌 등 수 청

송암 호월 원명에 제하다

호월晧月

천리千里에 두루하고

솔바람

벌레 울음 실어 나른다

풍경風磬 소리

고즈넉한 그림자 흔드는데

암자 지붕엔

월색月色 사무치고…

-2009년 3월에 배춘식 박연남 양주兩主와 아들 재진에게 법명을 짓다.

題松庵皓月圓明
제 송 암 호 월 원 명

皓月流千里하고　　松濤運萬蜻이라
호 월 류 천 리　　　　송 도 운 만 청

風魚搖寂影한데　　庵頂抱圓明토다
풍 어 요 적 영　　　　암 정 포 원 명

입춘에 부쳐

동녘 냇가 봄눈 속에
옥매화 핌직한데

북방 들녘엔 달빛 너울너울
기러기 돌아간다

-2009년 2월

立春揮筆
입 춘 휘 필

東川春雪笑玉梅한데
동 천 춘 설 소 옥 매

北野金波歸雁鴨하놋다
북 야 금 파 귀 안 압

혜월에 부치다

여산의
혜원 스님

정토에 나기
바랄 적에

연못가에
백련결사白蓮結社 피어나니

달빛 흐름에
거기가 바로 미타궁
-2008년 우하雨夏에 계미원 법우를 생각하며

寄慧月
기 혜 월

慧遠廬山僧인데   登生九品中에
혜 원 여 산 승   등 생 구 품 중

池塘蓮社發하니   月光彌陀宮일러라
지 당 연 사 발   월 광 미 타 궁

송강에 달빛 어리고

봉정峰頂의 노송老松
산해山海 위 검객劍客이요

월야月夜의 기러기
가을철 소식일세

달빛 속 안성雁聲은
무정설법無情說法이라

강江바람에 실어
한배 가득 보낸다

-2008년 국추菊秋에 9공수여단 귀성사에서 대대장 황선도 이아윤 양주를
  위하여

松江月影
송 강 월 영

松雲山海客이요   月雁桂霜翰일세
송 운 산 해 객   월 안 계 상 한

影響無正法이라   江風送滿船토다
영 향 무 정 법   강 풍 송 만 선

혜월慧月을 품으니

기러기
구름 밖으로 줄지어 날아가고

행인行人은
나루터에 다다랐네

산천의 강호江湖들
가을달 머금으니

번뜩이는 물결
그물 벗어난 금빛 고기 떼
-2008년 국추菊秋에 설호정 법우에게

含月
함 월

雁鴨巡雲外하고   行人止渡津이라
안 압 순 운 외   행 인 지 노 신

千江含菊月하니   萬頃透金鱗이라
천 강 함 국 월   만 경 투 금 린

솔가지에 달이 걸리고

비 개이니 달빛 맑고
숲 운치도 좋은데

쏴아 하는 솔바람에
푸른 빛 새삼스럽다

눈발 날리듯한
마음 그림도 쓸려 가노라니

비갠 경계 좋더라도
비오는 경치도 그만일세

-2008년 우하雨夏에 월송月松으로 서경화 법우를 생각하며

月松
월 송

霽月澄淸影한데　　風松碧綠新이라
제 월 징 청 영　　　　풍 송 벽 록 신

卍巴心畫掃하니　　晴好雨奇人이라
만 파 심 획 소　　　　청 호 우 기 인

지혜조차 한가로이

어리석으면
가지 치고 잎을 따며

지혜로우면
미망迷妄의 근원을 바로 자른다

이런저런 길에선
먼지만 일으키는데

한적한 뜨락엔
월색月色만 가득하고…

-2008년 오추梧秋에 지한智閒으로 채수진 법우에게

智閒
지 한

愚尋枝摘葉하며   智直截根源이라
우 심 지 적 엽   지 직 절 근 원

繁道塵烟吐하고   閒庭月影呑하네
번 도 진 연 토   한 정 월 영 탄

구름 새에 월색月色 여여하고

월광은
은하銀河에서 흘러내리고

은빛 물결은
달궁을 거슬러 오른다

운월雲月 정원에
과객過客 거니노라니

맑은 못 속에 뜬 건
항아姮娥인가 부용芙蓉인가
-2008년 10월에 월운月雲으로 이구숙 법우를 생각하며

月雲
월 운

月色流銀漢하고　　水波向兎宮일세
월 색 류 은 한　　수 파 향 투 궁

雲庭徊過客하노니　　澄碧擬姮蓉가
운 정 회 과 객　　징 벽 의 항 용

운해雲海 위 푸른 솔이여

송화松花는
봄 경치 내주는 노란 분가루

녹수綠水는
여름 계곡 능라綾羅의 엷은 비단이요

홍엽紅葉은
가을 산의 화려한 치마저고리

설잠雪岑은
겨울철 장부의 기상일세

-2008년 10월에 송운松雲으로 변성이 법우를 생각하며 짓다.

松雲
송 운

松黃春景粉이요   綠水夏溪綾이라
송 황 춘 경 분   녹 수 하 계 릉

紅葉秋山錦이요   雪岑冬夫能일러라
홍 엽 추 산 금   설 잠 동 부 능

구름문

구름 전에는
포말泡沫이다가 뒤엔 비 되거니

눈도 나중에는
물이 되나 이전엔 운무雲霧였어라

방하放下의 명령으로
걸어 잠긴 맘 여의면

문 밖의 좁은 길도
대도大道로 통하는 줄 알리니…

−2008년 처서에 김명숙 법우에게 운문雲門이라 법명하다.

雲門
운 문

雲前泡尾雨어니   雪後水先雰이어라
운 전 포 미 우   설 후 수 선 분

下著離門意하면   門經洞道聞하리니
하 착 이 산 의   문 경 통 도 문

문수의 지혜는 백설 같거니

문수보살
혜검慧劍을 베푸나

어떻게 해야
받아 쓸까

비 갠 뒤
쪽빛 하늘엔 소월素月 더욱 맑고

백설白雪의
낙락장송落落長松 그 푸른 기상이라

-2008년 8월에 이영애李榮愛 법우를 생각하며 문설文雪이라 법명짓다.

文雪
문 설

文殊施慧劍인데　　安得受持哉리오
문 수 시 혜 검　　안 득 수 지 재

雨過天淸月하고　　雪中松碧來로라
우 과 천 청 월　　설 중 송 벽 래

비 갠 뒤 달빛 청랑하고

비 갠 뒤
월광月光은 맑고 바람 신선한 길이라

강산江山
만리야萬里夜에 적음寂音을 읊는다

마음은
신선 수레 타는 듯

월영경계月影境界
반야의 세상인 듯…

−2008년 하지에 임정해任正海 법우에게 제영霽影이라 호하다.

霽影
제 영

霽月光風路라   **江山諷寂音**하도다
제 월 광 풍 로   강 산 풍 적 음

心如登鶴駕하고   **影擬般若林**인듯
심 여 등 학 가   영 의 반 야 림

송설

송강松江 옆에
난초 바위 그윽하고

계곡 위
대나무 텅 비어 안심安心한다

잔설 계곡 소월素月 오를제
옥매향玉梅香 맵디맵고

서리 들녘
야국野菊 그 자태 냉적冷寂하다

－2008년 초여름에 김영옥 법우에게 송설松雪이라 법명을 짓다.

松雪
송 설

松江蘭石靜하고　　谿谷竹空安토다
송 강 난 석 정　　　계 곡 죽 공 안

雪月梅辛辣하고　　霜田菊冷寒토다
설 월 매 신 랄　　　상 전 국 냉 한

심로가 장안으로 통하던 시절을 읊다

휘영청 달 밝은 밤
새울음도 고적히 너울거리는데

별똥 하나
은하를 가로지른다

소 찾던 나그네
일순 한로閒路에 오르노라니

고불古佛의 말씀
물物에 부치는 노래임을 알았네
-2008년 5월 붓다의 시절에

吟心路通長安時節
음 심 로 통 장 안 시 절

朗月鳴禽寂韻波한데   流星橫一畫銀河러라
낭 월 명 금 적 운 파   유 성 횡 일 획 은 하

尋牛客頓登閒路하노라니   古佛言知付物歌로다
심 우 객 돈 등 한 로   고 불 언 지 부 물 가

벽암 송월에 부쳐

푸른 계곡
솔바람 쓸어내고

높다란
바위산 송월素月을 부른다

누구이뇨
만파식적萬波息笛의 주인은

초암草菴의 노인
사립문을 나서고…

-2008년 4월 조영태 거사와 백점란 양주를 생각하며 법명을 짓다.

碧巖松月
벽 암 송 월

碧谷吹松韻하고   **巖嶸喚月兒**로다
벽 곡 취 송 운   암 영 환 월 아

誰何波笛主는   **廬老出柴扉**로다
수 하 파 적 주   여 로 출 시 비

벽송 거사에게 부침

푸른 바위봉우리 높은 산

어미학 우노라니 새끼학 답하누나

이순령耳順嶺 넘어갈제

송월松月의 풍경 소리 알겠네

-2008년 3월 장위동의 이성현 거사를 생각하며

寄碧松居士
기 벽 송 거 사

碧巖峨嵯한데　　嗚鶴和之로라
벽 암 아 치　　　　명 학 화 지

耳順嶺下에　　　松月風知로다
이 순 령 하　　　　송 월 풍 지

사철의 노래

찬 기운에 잎이 떨어지니
가을서리 작용作用이요

눈 속에서 긴 잠자니
겨울바람 공능功能이네

촉촉한 보슬비에 꽃피어 화사하니
봄볕의 기운氣運이요

풍성하니 과실 곡식 여묾은
여름더위 상응相應일세

-2008년 2월

四時歌
사 시 가

寒冷零落秋霜用하니　　雪裏藏眠冬扇能이네
한 냉 영 락 추 상 용　　　섬 리 장 면 동 선 능

雨順放花春陽理요　　　豊登蔓木夏爐應일세
우 순 방 화 춘 양 리　　　풍 등 만 목 하 로 응

내려놓으라는 사람이여

방放이란
나와 남을 살려냄이요

하下란
고집스런 마음을 내려놓음이다

착著이란
하지 않으면 아니 된다는 명령이요

인人이란
갈등을 풀어내는 사람일세

-2008년 1월

放下著人
방 하 착 인

放是放生義요　　下爲下心也라
방 시 방 생 의　　하 위 하 심 야

著是須行命이요　　人爲解結者로라
착 시 수 행 명　　인 위 해 결 자

송구영신

송구라, 묵은해를 보냄은
부려대던 6정六情의 산란심을
길이 여의려는 것이요

영신이라, 새해를 맞이함은
순정純精의 선심禪心을 조율하여
좋이 반기려는 것이리

-2007년 12월

送舊迎新
송 구 영 신

送舊離緣驅使情이요
송 구 이 연 구 사 정

迎新接引精禪意로다
영 신 접 인 정 선 의

벙어리의 꿈

일전어一轉語 떨어지자
직하直下에 말문 막히고 귀먹음에

눈앞의 강산江山 경치
역연歷然타

동자아童子兒들 몇이드뇨
삼삼三三은 구九라

앞뒤 강산 둘러보아도
뛰며 돌며 낭랑하기만
－2007년 10월

啞聾偈
아 롱 게

一轉語墮直聾啞에   目前江山亦歷然타
일 전 어 타 직 롱 아   목 전 강 산 역 역 연

童子幾何三三許라   前後顧眄廻朗然토다
동 자 기 하 삼 삼 허   전 후 고 면 회 낭 연

유월산수六月山水

산을 산이라면 산 아니요

물을 물이라면 물 아니네

산수 간에 웬 물건이냐면

구름 일고 비 내리는 방초길〔方草路〕

-2007년 7월

六月山水偈
유 월 산 수 게

山是山兮非山也요　　水是水兮非水也인데
산 시 수 혜 비 산 야　　수 시 수 혜 비 수 야

山水間兮何物也하면　　雲車雨兮芳草也로다
산 수 간 혜 하 물 야　　운 거 우 혜 방 초 야

번역시 一

빈 배에 달빛만 가득 싣고

한객閑客

-나한 계침羅漢桂琛(867~928)

천지天地간 일없는 객客

인간 세상 남루한 중 되노라니

웃든지 말든지

맘 가는 대로 가느니

閑客
한 객

宇內爲閑客으로   人中作野僧하노라니
우 내 위 한 객   인 중 작 야 승

任從他笑我런들   隨處自騰騰하리로다
임 종 타 소 아   수 처 자 등 등

강남江南에서 유력하다가 어느 날 읊다

-태고 보우太古普愚(1301~1382)

법法을 찾아서
세상 길, 길을 가거니
어느새 겨울 지내고
다시 가을 길 간다

저녁 빗속에
청등사靑燈寺 거쳐
백로주白露州 지나노라니
바람은 서늘하다

혼자서
세 해나 나그네 되었더니
만 리 길에
일엽편주 같은 신세

그 누가 알랴
고려〔海東〕의 중이
강남江南에서
노니는 줄

南遊偶吟
남유우음

爲法行天下커니　經冬復歷秋노라
위 법 행 천 하　　　경 동 부 력 추

暮雨靑燈寺하여　涼風白鷺洲로다
모 우 청 등 사　　　양 풍 백 로 주

孤身三歲客터니　萬里一片舟로다
고 신 삼 세 객　　　만 리 일 편 주

誰識海東僧이　　來作江南遊함을
수 식 해 동 승　　　내 작 강 남 유

진흙소 바다에 들어가다

-경허 성우(1849~1912)

······.

용산龍山 선사에게 동산洞山화상이 물었다.

"화상께서는 도대체 무슨 도리를 보셨기에 이 산에서 사십니까?"

"나는 두 마리 진흙소가 싸우면서 바다 속으로 들어가는 것을 보았네.
그런데 아직까지 아무 소식이 없네."

이어 게송을 읊었다.

초가삼간에서 예부터 살거니

한 길 마음 작용 온 경계에 한적하다

시비是非 지어내서 내게 따지지 말라

부평초 같은 삶에 수행 관여치 않는다

〈『전등록』 제8권 담주용산 화상〉

泥牛入海
이 우 입 해

洞山和尙問: 和尙見箇什麼道理,便住此山?
동 산 화 상 문 화 상 견 개 십 마 도 리 변 주 차 산

師云: 我見兩箇泥牛鬪入海,直至如今無所息.
사 운 아 견 양 개 니 우 투 입 해 직 지 여 금 무 소 식

師因有頌云:
사 인 유 송 운

三間茅屋從來住커니
삼 간 모 옥 종 래 주

一道神光萬境閑토다
일 도 신 광 만 경 한

莫作是非來辨我하라
막 작 시 비 래 변 아

浮生穿鑿不相觀토다
부 생 천 착 불 상 관

촉목보리觸目菩提

-동산 양개洞山良价(807~869)

너무 기이하고
너무 기이하다

무정無情의 설법
부사의하구나

귀로 들으려 한다면
끝내 회득會得치 못하리니

눈으로 소리를 듣는 곳에서
바야흐로 깨칠 수 있으리

觸目菩提
촉 목 보 리

也大奇也大奇로라   無情說法不思意라
야 대 기 야 대 기   무 정 설 법 부 사 의

若將耳聽終難會리니   眼處聞聲方得知로라
약 장 이 청 종 난 회   안 처 문 성 방 득 지

동파게송東坡偈頌

-소동파蘇東坡(1037~1101)

만일 고금古琴에

금琴 소리가 있다고 말한다면

갑匣 속에 있을 적에는

어찌 울리지 않는가

만일에 손가락에

소리가 있다고 말한다면

어찌하여

그대의 손가락에서는 듣지 못하는가

東坡偈頌
동 파 게 송

若言琴上有琴聲하면　　放在匣中何不鳴가
약 언 금 상 유 금 성　　　방 재 갑 중 하 불 명

若言聲在指頭上하면　　何不於君指上聽가
약 언 성 재 지 두 상　　　하 불 어 군 지 상 청

천하한객 天下閑客

-나한 계침羅漢桂琛(867~928)

천하에 일 없는 객

인간 세상 남루한 중 되었나니

웃든지 말든지

맘 가는 데로 가노라

天下閑客
천 하 한 객

宇內爲閑客이   人中作野僧하니
우 내 위 한 객   인 중 작 야 승

任從他笑我턴지   隨處自騰騰하노라
임 종 타 소 아   수 처 자 등 등

부처 선발하는 과거장

-방온 거사龐蘊居士(?~808)

시방十方에서 다들 모여

저마다 함 없는 함 배운다

여긴 부처 선발하는 과거장

마음이 공空하면 급제하여 돌아간다

選佛場
선 불 장

十方同共聚하여   **箇箇學無爲**하노라
시 방 동 공 취   개 개 학 무 위

此是選佛場이라   **心空及第歸**로다
차 시 선 불 장   심 공 급 제 귀

일파만파一波萬波

-야보 도천冶父道川

천 자나 되는 비단 낚싯줄
주욱 드리웠는데

한 물결 출렁이자
수만 물결 잇따르네

밤은 고적하고 물 차가운데
고기는 입질 않나니

빈 배에
달빛만 가득 싣고 돌아간다

一波萬波
일 파 만 파

天尺絲綸直下垂한데   一波纔動萬波隨로니
천 척 사 륜 직 하 수   일 파 재 동 만 파 수

夜靜水寒魚不食하나니   滿船空載月明歸로다
야 정 수 한 어 불 식   만 선 공 재 월 명 귀

가상인可上人을 방문하니

–이규보李奎報(1168~1241)

방장실 쓸쓸하거니
고목나무 옆이라

감실에는 장명등빛 새 나오고
향로에는 선향이 흐른다

노승의 일상사
무얼 번거롭게 묻겠나

객이 오면 청담淸談하고
손이 가면 조을은다

訪可上人
방 가 상 인

方丈蕭然古樹邊하고　一龕燈火一爐烟이라
방 장 소 연 고 수 변　　일 감 등 화 일 로 연

老僧日用何煩問고　客至淸談客去眼하노라
노 승 일 용 하 번 문　　객 지 청 담 객 거 안

선자화상船子和尙이여

-이규보李奎報(1168~1241)

밤기운 서늘하고 강물 차가우니

고기는 물지 않고

빈 배 노 저으니

날 듯 미끄러지누나

천고에 쏟아지는 맑은 달빛

여전하기만…

돌아가는 길

명월明月도 두고 간다

船子和尙兮
선 자 화 상 혜

夜寒江冷得魚遲하고　　**棹却空船去若飛**라
야 한 강 냉 득 어 지　　　도 각 공 선 거 약 비

千古淸光猶不滅한데　　**亦無明月載將歸**니라
천 고 청 광 유 불 멸　　　역 무 명 월 재 장 귀

달을 쳐다보니

-만해卍海(1879~1944)

적막한 산
달이 하도 밝아

혼자 거닐어
하, 청음淸陰에 노닌다

마음은
그 멀리 어델 가는가

밤 늦도록
아련하여 거두질 못하네

玩月
완 월

空山多月色하여   孤往極淸遊하노라
공 산 다 월 색   고 왕 극 청 유

情緖爲誰遠하뇨   夜闌杳不收로다
정 서 위 수 원   야 란 묘 불 수

송당松堂

-함허 기화涵虛己和(1376~1433)

노송의 군락

삼동三冬의 설한雪寒에 홀로 푸르니

송당의 주인

그 마음 더욱 조촐하다

온통 적적한데

한 줄기 향연 청한淸閑하고

한천寒天의 솔가지엔

명월明月이 걸린다

松堂
송 당

森森獨翠三冬雪하니   堂上主人心愈潔코나
삼 삼 독 취 삼 동 설   당 상 주 인 심 유 경

圓寂淸閑香一爐하고   耐寒枝上邀明月토다
원 적 청 한 향 일 로   내 한 지 상 요 명 월

송당松堂을 차운次韻하다

-함허 기화涵虛己和(1376～1433)

노을 속에 사는 것도 괜찮아

산山을 떠나지 않음은

시원한 시냇물에 푸른 솔

더불어 살기에 그렇다네

쓰디쓰거니

세상에서 명리名利에 끄달리는 이여

주군主君이 알아주지 않을까 봐

맨날 걱정 속에 사누나

次松堂韻
차 송 당 운

甘分煙霞不下峰은　　爲憐寒澗與靑松일새
감 분 연 하 불 하 봉　　위 련 한 간 여 청 송

苦哉世上貪名客이여　日恐君王莫我容토다
고 재 세 상 탐 명 객　　일 공 군 왕 막 아 용

산중에서

-청허 휴정淸虛休靜(1520~1604)

청빈한 도인
노을 속에서 산수경山水境에 나든다
갈옷 한 벌로 겨울 여름 지내고
솔바람 속에 생애를 보낸다

하늘 높아 머리 곧추 들고
땅 넓어 무릎 펴노라니
담요라 푸른 이끼요
베게는 돌덩이

등덩굴 해를 가리고
푸른 시냇물 끊임없이 흐른다
삶은 진즉에 이 같은데
죽는다는 게 무슨 걱정이랴

푸른 바다의 세 봉우리에는
흰 구름 황새 드리우고
소쩍새 한 울음소리
고적한 산에 밝은 달 오른다

아하

줄 없는 칠현금에

구멍 없는 젓대 아니더면

내 누구와 더불어

태평가를 부르랴

林下辭
임 하 사

淸貧兮道人이여 皷翼兮煙霞하며
청 빈 혜 도 인　　고 익 혜 연 하

葛衲兮度寒署하고 松風兮送生涯로다
갈 납 혜 도 한 서　　송 풍 혜 송 생 애

天高兮直頭하고 地廣兮伸膝하니 氈兮綠苔요
천 고 혜 직 두　　지 광 혜 신 슬　　전 혜 녹 태

藤蘿蔽日兮碧澗長流러니 生旣如是兮死亦何憂리요
등 라 폐 일 혜 벽 간 장 류　　생 기 여 시 혜 사 역 하 우

靑海三峰兮白雲黃鶴하고 子規一聲兮空山明月하도다
청 해 삼 봉 혜 백 운 황 학　　자 규 일 성 혜 공 산 명 월

吁若非無絃琴無孔笛兮면 吾誰與唱太平之曲也哉리요
우 약 비 무 현 금 무 공 적 혜　　오 수 여 창 태 평 지 곡 야 재

기러기를 읊다

-만해卍海(1879~1944)

하늘 저 멀리

외기러기 울어 옐 제

감옥에 가득

가을소리 깊어 간다

갈대꽃을 비추는 달 말하거니

그 외에

무슨

부처의 말이 따로 있으랴

詠雁
영 안

天涯一雁叫할제　滿獄秋聲長이로다
천 애 일 안 규　　만 옥 추 성 장

道破蘆月外에　有何圓舌相이랴
도 파 로 월 외　　유 하 원 설 상

한랭한 절간이란…

-만해卍海(1879~1944)

달을 맞이한다고
매화가 어찌 학이드뇨

오동나무에 기대 선
사람도 봉황 같다는 말가

밤새도록
추위 물러나지 않더니만

집을 둘러친
백설 산더미처럼 쌓이고…

淸寒
청 한

待月梅何鶴이뇨　　依梧人亦鳳가
대 월 매 하 학　　의 오 인 역 봉

通宵寒不盡터니　　遠屋雪爲峰하고
통 소 한 부 진　　요 옥 설 위 봉

화엄사에서 거닐며 두 수를 읊다

-만해卍海(1879~1944)

1.

옛 절에서 봄 맞으니

멀리 내다보기 마침맞은데

잔잔한 강물 멀리 흐름에

물결도 인다

구름 끼인 산 머리 돌려

천리 밖을 보느니

백설가白雪歌에 화답할 이

어이 없으리

華嚴寺散步 二首
화 엄 사 산 보   이 수

古寺逢春宜眺望한데　潺江遠水始生波로다
고 사 봉 춘 의 조 망　　잔 강 원 수 시 생 파

回首雲山千里外러니　奈無人和白雪歌리요
회 수 운 산 천 리 외　　내 무 인 화 백 설 가

2.

두 사람이 왔길래
계곡의 바위에 앉노라니

골짜기 시냇물 소리만 들리고
물결은 뵈지 않는다

양쪽 기슭 푸른 산
석양 비끼는 그 밖

돌아가는 길에 하는 무심한 말
절로 노래가 된다

二人來坐溪上石하니　磵水有聲不見波로다
이 인 래 좌 계 상 석　　간 수 유 성 불 견 파

兩岸靑山斜陽外로　歸語無心自成歌로다
양 안 청 산 사 양 외　　귀 어 무 심 자 성 가

다천茶泉

-무의자 혜심無衣子慧諶(1178~1234)

소나무 뿌리에서
푸석한 이끼를 털어내노라니

돌 틈에서
솟아나는 샘물을 본다

상쾌한 맛이야
그대로 쉬이 깨칠 게 아니어도

몸소
조주 노사의 차 한잔 마신다

茶泉
다 천

松根去古蘚하니　　石眼迸靈泉하노라
송 근 거 고 선　　　석 안 병 영 천

快便不易得하여도　　親提趙老禪하노라
쾌 변 불 이 득　　　친 제 조 노 선

정혜사定慧寺에서 소쩍새 울음에 읊다

-경허 성우鏡虛惺牛(1849~1912)

천하에 태평한

천진부처님天眞佛

청명한 달빛 속

나뭇가지에서 우닌다

산은 공적하고 밤도 깊어

인적마저 없는데

그저 너 홀로

동쪽 서쪽 우니누나

在定慧寺吟杜鵑
재 정 혜 사 음 두 견

本太平天眞佛이　　　月明中樹上啼로다
본 태 평 천 진 불　　　월 명 중 수 상 제

山空夜深人寂한데　　　唯有爾聲東西하놋다
산 공 야 심 인 적　　　유 유 이 성 동 서

연지蓮池
-무의자 혜심無衣子慧諶(1178~1234)

밭마다 잎사귀들 무성하고
푸르른 일산으로 흔들거리는데
어여쁜 모습 청정하게도
부처님의 자태로 돋아났다

기이할사
진흙탕에서 살아나다니
흙탕물은 어떻게
그리도 방편方便을 얻었을까

연꽃 봉오리 터뜨리자마자
청향淸香을 흩뿌리고
선명한 빛깔로
범상치 않게 있고녀

우습다. 모란이여
수승한 이름을 훔치다니
사람들에게 진한 향내를 풍겨
기어이 화왕花王이 되고 말았구나

蓮池
연지

亂葉田田搖翠蓋한데 　佳花濯濯湧金仙하도다
난 엽 전 전 요 취 개 　　가 화 탁 탁 용 금 선

奇歟生在激泥水타니 　泥水何曾著得便가
기 여 생 재 오 니 수 　　니 수 하 증 착 득 편

藕花初坼濆淸香하고 　光色鮮明迥異常코나
우 화 초 탁 분 청 향 　　광 색 선 명 형 이 상

堪笑牡丹偸勝號타니 　被人剛嗅作花王하놋다
감 소 모 단 투 승 호 　　피 인 강 후 작 화 왕

여적

초파일을 즈음해, 진도 앞바다에서 세월호 침몰의 사태를 야기하고 있는
역사 민심 왜곡자들의 행태를 보고, 개탄하는 글을 지으려다 무의자舞衣子
혜심慧諶 선사의 시를 보고 빌려 읊다.

지금 이 일

-만해卍海(1879~1944)

먹구름 흩어지고
중천에 달 지나가니

멀찌막한 데 나무들도
맑은 달빛 속에 새삼스럽다

학도 떠나 적막한 산에
지금은 꿈도 꾸지 않는데

누구인가 이 밤중
잔설 밟는 소리만 유난타

홍매화 피는 방에서
방금 선정에 들었는데

웬 빗줄기 지나고
맑은 차향내만 진하다

괜시리 호계虎溪를 시설하고선
일 없어 웃노니

이런저런 생각을 놓고

도연명을 돌아본다

卽事
즉 사

烏雲散盡孤月橫하니
오 운 산 진 고 월 횡

遠樹寒光歷歷生토다
원 수 한 광 역 력 생

空山鶴去今無夢한데
공 산 학 거 금 무 몽

殘雪人歸夜有聲하고녀
잔 설 인 귀 야 유 성

紅梅開處禪初合한데
홍 매 개 처 선 초 합

白雨過時茶半淸하도다
백 우 과 시 다 반 청

虛設虎溪亦自笑로니
허 설 호 계 역 자 소

停思還憶陶淵明하노라
정 사 환 억 도 연 명

마음 청정하면

- 한산寒山(당 대력연간)

물 맑디맑아 투명하니
가림 없이 여실히 나타내네
마음 안에도 별 일 하나 없으면
온갖 경계가 그 마음 휘둘지 못하지

마음자리 망령스레 일지 않을사
영겁에 걸쳐 뭔 일 있겠나
이렇게들 안다면
웃는 둥 토라지는 둥 별 일 없음 알 걸세

心淸澄
심 청 징

水淸澄澄瑩하니　　徹底自然見하네
수 청 징 징 영　　　철 저 자 연 현

心中無一事하면　　萬境不能轉하리라
심 중 무 일 사　　　만 경 불 능 전

心旣不妄起할사　　永劫無改變이랴
심 기 불 망 기　　　영 겁 무 개 변

若能如是知하면　　是知無背面하리로다
약 능 여 시 지　　　시 지 무 배 면

고향생각

- 만해卍海(1879~1944)

강줄기 뻗어

천 리나 멀리 고향 떠나 온 산하

글줄기 속에서

어느 새 삼십 년이라

마음은 한창이어도

몸은 쇠잔해졌느니

눈바람 뚫고

하늘가에 다다랐네

思鄕
사 향

江國一千里인데　　文章三十年이라
강 국 일 천 리　　　문 장 삼 십 년

心長髮已短이로니　　風雪到天邊이랏다
심 장 발 이 단　　　풍 설 도 천 변

날이 저물어 노탄盧灘에서 묵다

-초의 의순草衣意恂(1786~1866)

저물녘 산山엔 푸른 이내 어려
서천西天 노을에 어울고

녹음방초 우거진 호숫가에는
저녁 해 비스듬히 걸려 있다

모래밭에 낀 연무煙霧는
버들가지에 드리우고

바람 앞의 이파리는
뒤늦은 꽃을 감싸누나

번잡한 인연 속된 생각이
모두 다 조화롭게도

산수山水간에 어리자니
그럴 듯도 하고녀

듣자니 선방禪房까지는
아직도 멀다 하니

배에서 내려

강변 인가에 묵어야겠다

蘆灘暮泊
노 탄 모 박

暮山蒼取接天霞하고　　芳草湖邊落日斜로라
모 산 창 취 접 천 하　　　방 초 호 변 낙 일 사

沙上煙交初暗柳하고　　風前葉護已殘花랏다
사 상 연 교 초 암 류　　　풍 전 엽 호 이 잔 화

塵緣俗想俱爲化로　　　水意山情可自誇하놋다
진 록 속 상 구 위 화　　　수 의 산 정 가 자 과

聞道禪房猶是遠커니　　下船仍宿水邊家로다
문 도 선 원 유 시 원　　　하 선 잉 숙 수 변 가

병든 몸 돌보는 후원

-만해卍海(1879~1944)

선禪을 말하는 사람

그 역시 속한俗漢이요

그물 엮노라니

내 어찌 납승衲僧일까 보냐

너무나도 안타까운 건

단풍들어 지는 낙엽이니

저 가을 묶어 놓을

어디 그런 끈 없는가

病監後園
병 감 후 원

談禪人亦俗이요　　結網我何僧이랴
담 선 인 역 속　　　결 망 아 하 승

最憐黃葉落하나니　　繫秋原無繩가
최 련 황 엽 락　　　계 추 원 무 승

*結網(결망): 그물을 엮다. 즉 그물을 엮는다는 것은 인연을 거듭 지어
　간다는 뜻. 납승으로서 속연의 얽힘에서 자유롭지 못함을 이르는 말.

이끼 낀 바위

-초의 의순草衣意恂(1786~1866)

늑장부리던 새 돌아오노라니

나무 그림자 길게 드리우고

산꼭대기에는 점차로

석양이 걸리는구나

슬프다 난새도 곁마도

돌아오지 않으니

서늘한 돌 담 안에서

국화향이나 맡을 밖에…

〈입동立冬에 전의全醫를 방문했으나 만나지 못했다. 만소晩蘇도 나갔다간 아직 돌아오지 않았다는 말을 듣고는, 전운前韻을 빌려 창암蒼巖이란 시를 지어 두고 돌아오다〉

蒼巖
창 암

倦鳥歸來樹影長하고　層巔冉冉掛殘陽코나
권 조 귀 래 수 영 장　　층 전 염 염 괘 잔 양

惆悵鸞驂遊不返하니　寒城空對菊花香하노라
추 창 난 참 유 불 반　　한 성 공 대 국 화 향

〈立冬日에 訪全醫不遇하고 又聞晚蘇亦出遊未還코는 遂次前韻하여
입 동 일　　방 전 의 불 우　　우 문 만 소 역 출 유 미 만　　수 차 전 운

留題蒼巖而歸하도다〉
유 제 창 암 이 귀

번뇌의 바람

-영가 현각永嘉玄覺(665~713)

남이 훼방毀謗하든 비난非難하든
멋대로 놔두나니

횃불 들어 하늘을 사른들
헛되어 피로하기만 할 뿐

내가 들음에
마치 감로수 들이마시는 듯하니

비방을 녹여 (자량資糧 삼아)
이내 부사의한 경계에 들어간다

〈『증도가』에서〉

煩惱八風
번뇌팔풍

從他謗任他非하니　　把火燒天徒自疲라
종 타 방 임 타 비　　　파 화 소 천 도 자 피

我聞恰似飮甘露하니　　銷融頓入夫思意로다
아 문 흡 사 음 감 로　　소 융 돈 입 부 사 의

밤에 앉아

-무의자 혜심無衣子慧諶(1178~1234)

바람이 읊는 송운松韻 소슬하고

바위에 떨어지는 샘물 잔잔하더니

더구나 달 기우는 새벽녘에

이 산간에 두견새 맑게 우짖다니

夜坐示衆
야 좌 시 중

吟風松瑟瑟하고　　落石水潺潺터니
음 풍 송 슬 슬　　　　낙 석 수 잔 잔

況復殘月曉에　　　子規淸叫山하다니
황 부 잔 월 효　　　　자 규 청 규 산

한강〔洌水〕에 배 띄우고
― 초의 의순草衣意恂

해는 서산西山에 기울어 가고
비는 동녘에 흩뿌리는데

시詩 짓고 차 마시며
작은 배 타고 간다

구름 걷히자
하늘에 달빛 가득하노라니

고적한 밤
수면에는 서늘한 바람 이누나

천 리 먼 길 고향 돌아갈 생각
뭣하러 하누

일신에 걸친 허물
다 비우기는 어려운 법

뉘라서 알겠는가

첩첩한 청산靑山의 나그네가

금빛 물결에 실려

시름 놓고 자고 있을 줄…

列水泛舟
열 수 범 주

斜日西馳雨散東한데
사 일 서 치 우 산 동

詩囊茶椀小舟同하노라
시 낭 다 완 소 주 동

雲開正滿天心月하노라니
운 개 정 만 천 심 월

夜靜微涼水面風하구나
야 정 미 량 수 면 풍

千里思歸何所有오
천 리 사 귀 하 소 유

一身餘累竟難空이라
일 신 여 루 경 난 공

誰知重疊靑山客이
수 지 중 첩 청 산 객

來宿金波萬頃中임을
내 숙 금 파 만 경 중

우습도다 소를 탄 자여

-소요 태능逍遙太能(1562~1649)

우습도다 소를 탄 자여

소등에 앉아 다시 소를 찾는구나

그림자 없는 나무를 베어다가

저 바다 거품을 태워 버리라

答一禪和
답 일 선 화

可笑騎牛子여   騎牛更覓牛로다
가 소 기 우 자   기 우 갱 멱 우

斫來無影樹하여   銷盡海中漚하라
작 래 무 영 수   소 진 해 중 구

꿈속에서

-태고 보우太古普愚(1301~1382)

꿈속에서

가끔씩 오던 시절 길을 찾아

장안의 술집에서

나무소〔木牛〕를 탔더니

나무소가 변해서

봄바람이 되어

꽃망울 버들망울

생명구슬 틔우더라

雲山吟
운 산 음

夢裏郤尋來時路하여　　長安酒肆騎木牛터니
몽 리 극 심 래 시 로　　장 안 주 사 기 목 우

木牛化作春風意하여　　綻花開柳如琳球로다
목 우 화 작 춘 풍 우　　탄 화 개 류 여 림 구

쌍죽담사의 방에 쓰다

-소동파蘇東坡(1037~1101)

나는 본래 강호에서
편주片舟 타고 낚시나 하는 사람이라서

대문 높은 집에서
나는 냉랭한 소리를 싫어한다

납승의 두어 평 되는
이 작은 방을 흠모하나니

한 가락 청향淸香이
종일토록 어린다

저녁 북소리
새벽 종소리 자연스레 울리나니

문 닫고 혼자서 목침 베고
등잔불을 대한다

잿빛 화로를 쑤석이니
빨간 불씨가 살아나고

자리에 누워 듣자니

창문에 들이치는 눈발소리 쓸쓸하다

書雙竹湛師
서 쌍 죽 담 사

我本江湖一釣舟라서　意嫌高屋冷颼颼로다
아 본 강 호 일 조 주　　의 혐 고 옥 냉 수 수

羨師此室才方丈하노니　一柱清香盡日留로다
선 사 차 실 재 방 장　　일 주 청 향 진 일 류

暮鼓朝鐘自擊撞하노니　閉門孤枕對殘釭이라
모 고 조 종 자 격 당　　폐 문 고 침 대 잔 강

白滅旋撥通紅火하고　臥聽蕭蕭雪打窓하놋다
백 멸 선 발 통 홍 화　　와 청 소 소 설 타 창

매화[梅]를 읊다

-연담 유일蓮潭有一(1720~1799)

올해 이월은
추위가 엄청나긴 한데

정원의 매화에는
한기가 범하지도 못한다

학인에게
암향暗香을 바람결에 보내고

달은 기울어
어스름히 찻잔에 어린다

매화가지 꺾지 마시라
봄빛 상하느니

잠깐 보는 것만으로도
나그네 마음 달래잖는가

강기슭에 사는 신선
지금은 부재중인데

눈 속에 누가 자꾸만

나귀를 몰아 찾아가는고

咏簷梅
영 첨 매

今年二月凍全深컨만　簷外梅花冷不禁하놋다
금 년 이 월 동 전 심　　첨 외 매 화 냉 불 금

風送暗香經案人하고　月移疎影茗杯侵토다
풍 송 암 향 경 안 인　　월 이 소 영 명 배 침

莫敎折去傷春色하라　且可看來慰客心하잖나
막 교 절 거 상 춘 색　　차 가 간 래 위 객 심

灞上仙翁今不在한데　雪中誰復策驢尋가
파 상 선 옹 금 부 재　　설 중 수 부 책 려 심

한가함을 읊다

-만해卍海(1879~1944)

궁벽한 산간에서
깊은 꿈에 부치노라니

높다란 집에는
상념 끊어져 멀어지누나

차가운 구름은
푸른 시냇물에서 일고

초승달은
산등성이 넘어간다

휑하여
외려 저절로 떠나가니

이 몸마저
문득 잊어버린다

咏閑
영한

窮山寄幽夢하노니
궁 산 기 유 몽

危屋絶遠想하놋다
위 옥 절 원 상

寒雲生碧澗하고
한 운 생 벽 간

纖月度蒼罔토다
섬 월 도 창 망

曠然還自失하니
광 연 환 자 실

一身却相忘하누나
일 신 각 상 망

한閑 장로의 운韻을 따라

-소요 태능逍遙太能(1562~1649)

객客은 시름에 겨워
혼자서 잠 못 이루는데

뜰에는 온통 비바람 일어
이 한 밤이 일 년 세월

내 마음 속 한恨스러움
묻는 이 없고

앉아서 밤 새우노라니
새벽 종소리가 들린다

次閑長老韻
차 한 장 로 운

客思悠悠獨不眠한데
객 사 유 유 독 불 면

一庭風雨夜如年이로다
일 정 풍 우 야 여 년

無人問我心中恨하고
무 인 문 아 심 중 한

坐聽寒鍾報曉天토다
좌 청 한 종 보 효 천

홀로 읊다

-만해卍海(1879~1944)

산은 쓸쓸하고

해마저 저무는데

아득하노매라

그 누구와 더불으랴

언뜻

이상한 새 울음소리 들려오니

그나마

고목선枯木禪 마저도 흐트러진다

獨吟
독 음

山寒天亦盡한데   渺渺與誰同하랴
산 한 천 역 진   묘 묘 여 수 동

乍有奇鳴鳥하니   枯禪全未空하도다
사 유 기 명 조   고 선 전 미 공

달이 지려 할 때

-만해卍海(1879~1944)

소나무 숲

푸른 이내 스러지고

학 둥지 근처에는

맑은 꿈결 어린다

산 가로질러

서녘으로 달 지거니

차운 달빛

잔정마저 거둬 간다

月欲落
월 욕 락

松下蒼烟歇하고
송 하 창 연 헐

鶴邊淸夢遊로다
학 변 청 몽 유

山橫鼓角罷커니
산 횡 고 각 파

寒色盡情收로다
한 색 진 정 수

별들은 널려 있고

- 한산寒山(당 대력연간)

별들은 펼쳐지고

밤은 밝게 깊은데

바위 봉우리에는 등 하나 달린 듯

달이 아직 걸려 있다

둥두렷이 환하고

이지러지지도 않았거니

푸른 하늘에 걸려 있는

내 마음일세

寒山時
한 산 시

衆星羅列夜明心한데　巖點孤燈月未沈토다
중 성 나 열 야 명 심　　암 점 고 등 월 미 침

圓滿光華不磨瑩커니　挂在靑天是我心이로다
원 만 광 화 불 마 영　　괘 재 청 천 시 아 심

한밤중에 두 수의 시를 읊다

-만해卍海(1879~1944)

1.

맑고 푸른 하늘가

달 지나는 길

베갯머리에 밤도 깊은데

솔바람 소리만…

동구 밖에

나갈 생각도 없이

그저 깊은 산간山澗에서

물길 따르는 마음

獨夜二首
독 야 이 수

天末無塵明月去하고   孤枕長夜聽松琴토다
천 말 무 진 명 월 거   고 침 장 야 청 송 금

一念不出洞門外하고   惟有千山萬水心이로다
일 념 불 출 동 문 외   유 유 천 산 만 수 심

2.

맑은 숲에 이슬 맺히니
달빛 쏟아져 옥구슬로 흩어지고

물 건너 다듬이질 소리
강촌江村 여인의 마음도 차웁다

양쪽 강변의 청산
만고萬古에 푸르거니

매화 처음 피어날 적에
선승禪僧 귀향길에 나서리

玉林垂露月如散하고　　隔水砧聲江女寒토다
옥 림 수 산 월 여 산　　　　격 수 침 성 강 여 한

兩岸靑山皆萬古커니　　梅花初發定僧還하리로다
양 안 청 산 개 만 고　　　매 화 초 발 정 승 환

못가에서 읊다

-무의자 혜심無衣子慧諶(1178~1234)

미풍 일어 솔잎 새에 흐르니

소슬하여 청한淸閒하고 애틋하기까지

교교한 달빛은 물결 속에 떨어지고

맑디맑아 티 하나 없구나

보이고 들리는 것 별나게 시원도 하여

게송을 읊으며 홀로 거닌다

흥이 다하고 적적히 앉았노라니

마음은 차가와져 타고 남은 재와 같고녀

池上偶吟
지 상 우 음

微風引松籟하니　　肅肅淸且哀로다
미 풍 인 송 뢰　　　　숙 숙 청 차 애

皎月落心波하고　　澄澄淨無埃로다
교 월 낙 심 파　　　　징 징 정 무 애

見聞殊爽快하여　　嘯咏獨徘徊토다
견 문 수 상 쾌　　　　소 영 독 배 회

興盡却靜坐하니　　心寒如死灰코녀
흥 진 각 정 좌　　　　심 한 여 사 회

전쟁에 나간 군인 아내의 한스러움

－만해卍海(1879~1944)

나는 본디 시름 없었는데
낭군 때문 생긴 시름이거니
해마다 해마다
삼추三秋 같지 않은 날 없고녀
붉던 얼굴 초췌해진들
어찌 맘 상하랴
다만 걱정인 것은
내 낭군 백발될까서이네
어젯밤에는 강 남쪽에서
연밥을 따다가
밤새 눈물 흘려
흐르는 강물에 보냈소

구름에는 기러기 날지 않고
물에는 고기 없노라니
구름도 물도 물도 구름도
날 돌아보지 않는다
마음은 낙화처럼
봄바람 타고서
꿈속에서 날아가 달을 따라

옥문관玉門關을 나선다
합장하여 비오니이다
삼가 축원하니이다 하늘이여
낭군님 봄과 함께
말 타고 오시옵기를

아으 우리 낭군 오지 않는데
봄은 벌써 저물고
비바람만 하염없이
꽃 수풀 뒤흔든다
이 내 시름 묻지 마오
얼마나 많으냐고
봄 강물도 밤중의 호수도
깊다고는 말 못하리
한결 더 마음 쌓으면
근심도 한결 깊어지노니
저 꽃도 팔고 달도 팔아버려
무심無心을 배우리

征婦怨
정부원

妾本無愁郎有愁어니 年年無日不三秋코녀
첩본무수랑유수 연년무일불삼추

紅顔憔悴亦何傷이랴 只恐阿郎又白頭라네
홍안초췌역하상 지공아랑우백두

昨夜江南採蓮去타가 淚水一夜添江流니다
작야강남채련거 누수일야첨강류

雲乎無雁水無魚러니 雲水水雲共不看토다
운호무안수무어 운수수운공불간

心如落花謝春風코서 夢隨飛月渡玉關하누나
심여낙화사춘풍 몽수비월도옥관

雙手慇懃敬天祝하노니 郎與春色一馬還하옵소서
쌍수은근경천축 낭여춘색일마환

阿郎不到春已暮하고 風雨無數打花林하누나
아랑부도춘이모 풍우무수타화림

妾愁不必問多少소서 春江夜湖不言深하리라
첩수불필문다소 춘강야호불언심

一層有心一層愁하노니 賣花賣月學無心하리로다
일층유심일층수 매화매월학무심

혼자 창밖에 비바람 소리 듣나니

- 만해卍海(1879~1944)

사천 리나 밖에서

혼자 애만 태우노라니

날마다 가을바람은 일어

백발만 만든다

놀라워 낮잠을 깼는데

사람은 보이지 않고

뜨락에 그득한 비바람은

가을 소리 추적댄다

獨窓風雨
독 창 풍 우

四千里外獨傷情하니　日日秋風白髮生하노라
사 천 리 외 독 상 정　　일 일 추 풍 백 발 생

驚罷晝眠人不見하고　滿庭風雨作秋聲하놋다
경 파 주 면 인 불 견　　만 정 풍 우 작 추 성

여산 절강 그리웠더니
-소동파蘇東坡(1037~1101)

여산廬山의 물안개 어린 빗줄기여
절강浙江의 조수潮水여

가보지 못했을 적에는
천 가지 한스러움 가시지 않더니

도착하고 보니
별 일 하나 없이

여산廬山의 물안개 어린 빗줄기요
절강浙江의 조수潮水러라

廬山烟雨
여 산 연 우

廬山烟雨浙江潮여   未到千般恨不消렀더니
여 산 연 우 절 강 조   미 도 천 반 한 불 소

及至歸來無一事하여   廬山烟雨浙江潮러라
급 지 귀 래 무 일 사   여 산 연 우 절 강 조

곽암 선사의 십우송을 차운하다

-만해卍海(1879~1944)

1. 소를 찾아 나서다

이 물건
원래 찾지 못할 것도 아니지만

저 산간은
실로 백운 속에 깊고녀

산골짜기 깎아지른 절벽은
오르기도 어려운데

바람 소리조차 길게 일어
용울음처럼 되우는구나

次廓庵十牛頌韻
차 곽 암 십 우 송 운

尋牛　　此物元非無處尋하나　　　山中但覺白雲深이러라
심 우　　차 물 원 비 무 처 심　　　산 중 단 각 백 운 심

　　　　絶壑斷涯攀不得한데　　　風生處嘯復龍唫하놋다
　　　　절 학 단 애 반 부 득　　　풍 생 처 소 복 룡 음

2. 소가 지난 자취를 보다

여우와 살쾡이 득실대는 산
도대체 얼마나 많드뇨

고개 돌려 다시 묻는다
이건 무엇인가

풀섶 헤치고 꽃잎 밟는데
문득 소가 지난 자취를 보나니

다른 길로 가서
무얼 다시 찾겠는가

見跡
견 적

狐狸滿山凡幾多뇨　　回頭叉問是甚麼오
호 리 만 산 범 기 다　　회 두 차 문 시 심 마

忽看披艸踏花跡하나니　別徑何須更覓他리오
홀 간 피 초 답 화 적　　별 경 하 수 갱 멱 타

3. 소를 보다

지금에서
소 울음소리 새삼스레 들을 필요 있는가

거친 모습 분명커니
발길질도 사납네

한 걸음도 떼지 않고
저 놈을 보고 섰노라니

털가죽 쓰고 머리에 뿔난 것
여기서 된 것 아닐세

見牛
견 우

至今何必更聞聲가   拂白白兮踏靑靑이라
지 금 하 필 갱 문 성   불 백 백 혜 답 청 청

不離一步立看彼러니   毛角元非到此成일세
불 리 일 보 립 간 피   모 각 원 비 도 차 성

4. 소를 붙잡다

진즉에 보았건만
저 놈 붙잡지 못할까 새삼스레 의심하나니

자질구레 어수선하게 이는 마음
자꾸만 올라온다

고삐가 내 손에 있었음을
문뜩 깨닫고 보니

원래부터
가지고 있었던 거였네

得牛
득 우

已見更疑不得渠커니   擾擾毛心亦難除로다
이 견 갱 의 부 득 거   요 요 모 심 역 난 제

頓覺其轡已在手하니   大似元來不離居일세
돈 각 기 비 이 재 수   대 사 원 래 불 리 거

5. 소를 치다

꼴 먹이고 길들여 가기
두 일에 가일편加─鞭하면서도

저 야성野性 살아나는
들판으로 달아날까 걱정도 했으나

잠깐 동안도
얽어매어 둘 일 없게 되었다

행자여 맘 닦는 일들이란
분명 지금처럼 해야만 하리

牧牛
목 우

飼養馴致兩加身이어도　恐彼野性逸入塵했으나
사 양 순 치 양 가 신　　　공 피 야 성 일 입 진

片時不得羈與絆이어니　萬事於今必須人이로다
편 시 부 득 기 여 반　　　만 사 어 금 필 수 인

6. 소 타고 귀가하노라니

채찍 그림자도 쓰지 않고서
거리낌 없이 귀가하노라니

계곡인들 산인들 어찌 헤살놓으며
구름이며 안개가 가로막겠는가

해질녘 머나먼 길 가는데
먹을 꼴풀 그지없거니

봄바람은 미처 보지 못하누나
입에서 풍기는 풀 향기

騎牛歸家
기 우 귀 가

不費鞭影任歸家하니　　溪山何妨隔烟霞오
불 비 편 영 임 귀 가　　계 산 하 방 격 연 하

斜日吃盡長程艸커니　　春風未見香入牙로라
사 일 흘 진 장 정 초　　춘 풍 미 견 향 입 아

7. 소는 없고 사람만 덩그러니

마음대로 노닐으니
물가요 산야山野라

한낮의 한적함
녹수 청산의 일

복사꽃 피는 저 들판마저
잊었다 해도

여전하구나 한 조각의 꿈
창가에 아련하구나

忘牛存人
망 우 존 인

自任逸蹄水復山이라　　綠水靑山白日間이로고
자 임 일 제 수 복 산　　　록 수 청 산 백 일 간

雖然已忘桃林野라도　　片夢猶在小窓間토다
수 연 이 망 도 림 야　　　편 몽 유 재 소 창 간

8. 소와 사람 다 잊으니

색色이 공空일 뿐만 아니라
공空 역시 공空이라

진작에 막힌 곳이 없으니
통할 곳 따로 없고녀

가느다란 티끌도 걸치지 못 할
천검天劍에 의지하나니

천추千秋에 전해진 조사의 뜻 있다고
어찌 허락하랴

人牛俱忘
인 우 구 망

非徒色空空亦空이니   已無塞處又無通이라
비 도 색 공 공 역 공   이 무 색 처 우 무 통

纖塵不立依天劍하니   片肯千秋有祖宗하랴
섬 진 불 립 의 천 검   편 긍 천 추 유 조 종

9. 근원으로 돌아옴에

지혜가 밝음도 부사의한 능력도
원래 수행 공덕 아니거니

어찌 눈멀고
귀먹은 자리만 하랴

고개를 (고향으로) 돌리니
털 나고 뿔 나기 전 격외처格外處라

봄이 오니
예전처럼 꽃들은 붉게 터지고

返本還源
반 본 환 원

三明六通元非功이니 **何似若盲復如聾**가
삼 명 육 통 원 비 공   하 사 약 맹 부 여 롱

回首毛角未生外에 **春來依舊百花紅**토다
회 수 모 각 미 생 외   춘 래 의 구 백 화 홍

10. 저잣거리에 드나들다

진흙탕에 드나듦도
거리낌 없고

울어도 웃어도 뒤끝 없어
얼굴에 자취 남지 않는고녀

훗날
저 망망한 고해苦海에서

실로 번뇌의 불길 속에서도
연꽃이 피어나게 하겠네

入廛垂手
입 전 수 수

入泥入水任去來하고　哭笑無端不盈腮로다
입 니 입 수 임 거 래　　곡 소 무 단 불 영 시

他日茫茫苦海裏에　更敎蓮花火中開로다
타 일 망 망 고 해 리　갱 교 연 화 화 중 개

송운松雲에게

－부휴 선수浮休善修(1543~1615)

물길 넓고 산 높으니
소식은 드물고

문 앞에는
그저 백운白雲만 지나간다

그대를 생각하다
개울가에 홀로 섯노라니

해는 저물고
갈바람에 옷깃만 나부낀다

*송운松雲(1544~1610)： 사명四溟 대사의 법호이다

寄松雲
기 송 운

水闊山長消息稀하고　門前惟有白雲飛로다
수 활 산 장 소 식 회　　문 전 유 유 백 운 비

相思獨立淸溪上하니　日暮秋風動草衣로다
상 사 독 립 청 계 상　　일 모 추 풍 동 초 의

주상이 의주로 가셨다기에 통곡하며 짓다

-사명 유정四溟惟政(1544~1610)

주상主上은 의주義州로 가시어

대궐은 텅 비고

무신武臣도 문신文臣도

한길가로 나섰다

대책은 없고 요동 쪽에는 풍운 이는데

거기가 도대체 어디인가

의주 쪽 돌아보니

그저 눈물만 흐른다

*임진왜란 때 선조宣祖가 의주로 몽진하였다는 소식을 듣고 지었다.

聞龍旌西指痛哭而作
문 용 정 서 지 통 곡 이 작

龍旌西指禁城空하고   文武衣冠道路中이로다
용 정 서 지 금 성 공   문 무 의 관 도 로 중

日暮遼雲是何處오   草衣回首淚無窮토다
일 모 요 운 시 하 처   초 의 회 수 루 무 궁

하루는 옆방과 얘기하다가 간수에게 들켜서 두 손을 2분간
가볍게 묶이었다가 즉석에서 읊다

-만해卍海(1879~1944)

농산隴山의 앵무새가
말도 곧잘 한다는데

나는 저 새보다도 못하다니
부끄럽기 그지없다

웅변은 은이요
침묵이 금이라니

이 금을 가지고
저 자유화自由花를 다 살까보다

一日與隣房通話타가 　爲看手窃聽하여 　雙手被輕縛二分間하고
일 일 여 린 방 통 화 　위 간 수 절 청 　　쌍 수 피 경 박 이 분 간

卽唫하다
즉 음

隴山鸚鵡能言語한데 　愧我不及彼鳥多로다
농 산 앵 무 능 언 어 　　괴 아 불 급 피 조 다

雄辯銀兮沈默金이라니 　此金買盡自由花럿다
웅 변 은 혜 침 묵 금 　　차 금 매 진 자 유 화

게송을 읊다

-진묵 일옥震默一玉(1562~1633)

하늘은 이불 땅은 깔자리

산은 베개 삼고

달은 등촉 구름은 병풍

바다는 술통 삼는다

마음껏 취함에

거연히 일어나 춤추노라니

소맷자락이

곤륜산에 걸릴까 보아 걱정이다

吟偈
음 게

天衾地席山爲枕하고 　月燭雲屛海作樽토다
천 금 지 석 산 위 침　　　월 촉 운 병 해 작 준

大醉居然仍起無하노니 　却嫌長袖掛崑崙이로다
대 취 거 연 잉 기 무　　　각 혐 장 수 괘 곤 륜

어떻게 매화향을 회득하랴

-황벽 희운黃檗希運(?~856)

번뇌에서 해탈하는 것
이 일이야말로 예사롭지 않으니

고삐를 바짝 잡고
한바탕 대들어야 하리

매운 향기 뼛속까지 사무치면서
단 한 번 관념을 뒤집지 못한다면

코 찌르는 매화의 법향法香을
어떻게 회득會得하겠는가

爭得梅花香
쟁 득 매 화 향

塵勞迥脫事非常하니   緊把繩頭做一場해야하리
진 로 형 탈 사 비 상   긴 파 승 두 주 일 장

不是一翻寒徹骨하면   爭得梅花撲鼻香하리오
불 시 일 번 한 철 골   쟁 득 매 화 박 비 향

여적

황벽 선사가 읊은 이 시게詩偈의 출전은『대정장』제48권 387中에 입장된 명본明本 '증상사 보은장 增上寺報恩藏'의 「황벽단제선사 완릉록宛陵錄」이 며,『가흥장嘉興藏』에 입장된 명明 성화成化 6년의 중간본「치문경훈緇門警 訓」권7 '황벽선사시중黃檗禪師示衆'에도 나온다. 이 시중은『완릉록』끝부 분의「상당개시대중上堂開示大衆」분을 전재한 것이다. 그리고 조선 말엽 의 경허 성우鏡虛惺牛 선사가 엮었다고 하는『선문촬요禪門撮要』의 「박산 무이선사 선경어禪警語」에서 황벽 선사의 게송으로 소개되고 있음을 볼 수 있다. 무이 원래無異元來는 명나라 신종神宗 때의 스님이다.

옛 사람들이 매화를 두고 오언고풍을 지은 일이 없기에
호기심으로 시험삼아 읊어 본다

−만해卍海(1879~1944)

매화 어디에 있는가
눈 속 저 강촌江村에 많고녀
금생의 차디찬 기개〔氣骨〕는
전생의 백옥 같은 넋이라

그 모습 낮에는 기특奇特하고
정신은 밤에도 어둡잖으니
긴 바람결에 피리 소리 흩어지고
푸근한 날빛이 선원禪園에 든다

삼춘三春인데도 시구詩句는 차웁고
밤은 깊은데 술잔은 외려 따숩다
백매白梅는 어찌 한밤중 달빛을 띠고
홍매紅梅는 아침 햇빛에 더 붉은가

깊은 산중에서 내 홀로 완상하며
추운데도 참고 문을 닫지 않는다
강남江南의 번잡한 일

여기 매우梅友에게 말하지 마소

세상에 지기知己 드물거니

한매寒梅를 마주하고 술잔을 기울인다

又古人梅題下不作五古하여 余有好奇心試唫하노라
우 고 인 매 제 하 부 작 오 고　　　　여 유 호 기 심 시 음

梅花何處在뇨　雪裡多江村이라
매 화 하 처 재　　설 리 다 강 촌

今生寒氷骨은　前身白玉魂이라
금 생 한 빙 골　　전 신 백 옥 혼

形容晝亦奇하고　精神夜不昏하니
형 용 주 역 기　　정 신 야 불 혼

長風散鐵笛하고　暖日入禪園이로다
장 풍 산 철 적　　난 일 입 선 원

三春試句冷하고　遙夜酒盃溫코나
삼 춘 시 구 랭　　요 야 주 배 온

白何帶夜月하고　紅堪對朝暾하뇨
백 하 대 야 월　　홍 감 대 조 돈

幽人抱孤賞하며　耐寒不掩門이로다
유 인 포 고 상　　내 한 불 엄 문

江南事蒼黃은　莫向梅友言하소
강 남 사 창 황　　막 향 매 우 언

人間知己少하거니　相對倒深尊하노라
인 간 지 기 소　　상 대 도 심 준

파릉 어부의 뱃노래

-만해卍海(1879~1944)

배 떠나가는데
하늘이 강물 같다

여기서 저 밖의
청가淸歌를 들을 줄이야

가락 들이는 곳
달은 밝아 적적한데

음향 흘러
밤의 정적은 더 깊어 간다

지음知音이라
해오라비에게 묻노니

맑은 소리 가득 실은 사립옹이여
고향에 돌아가는 꿈꾸는가

새삼스레
창랑의 노래 듣고는

갓끈 어루만지며

옛 풍파를 추억한다

巴陵漁父棹歌
파 릉 어 부 도 가

舟行天似水커니
주 행 천 사 수

此外接淸歌타니
차 외 접 청 가

雲入月明寂한데
운 입 원 명 적

響飛夜靜多로다
향 비 야 정 다

知音問白鷺하노니
지 음 문 백 로

歸夢滿淸蓑아
귀 몽 만 청 사

更聽滄浪曲하고
갱 청 창 랑 곡

撫纓憶舊波하노라
무 영 억 구 파

송헌松軒

-청허 휴정清虛休靜(1520~1604)

숲이 깊어

잎도 많고 울창하니

많은 새들

내 초가草家로 모여든다

혼자서

동헌東軒에 눕노라니

송창松窓으로

달이 들어온다

松軒
송 헌

林深多葉密하니　　衆鳥集吾廬라
림 심 다 엽 밀　　　 중 조 집 오 려

獨臥東軒下하니　　松窓月入虛로다
독 와 동 헌 하　　　 송 창 월 입 허

316 번역시

다시 의혹 않느니

-영운 지근靈雲志勤

삼십 년 동안

혜검慧劍을 찾은 객客

얼마나 잎이 지고

가지가 돋았던가

도화桃花, 그 꽃

한 번 보고 난 뒤로는

지금까지 죽

다시 의혹 않느니

更不疑
갱 불 의

三十年來尋劍客이라   幾回落葉又抽枝런가
삼 십 년 래 심 검 객   기 회 낙 엽 우 추 지

自從一見桃花後로는   直至如今更不疑로라
자 종 일 견 도 화 후   직 지 여 금 갱 불 의

시냇물 건너다가 읊다
-동산 양개洞山良价(807~869)

남에게서 찾으려 함은
꿈도 꾸지 마시라

멀고도 멀어서
나와는 동떨어진 곳

나 지금
혼자 가면서도

가는 곳마다
그를 만난다

그가 지금
바로 나일지라도

나는 지금
그가 아닐러니

이렇게
회득會得해야만

비로소

여여如如함에 짝이 되는 것이리

過水偈
과 수 게

切忌從他覓하라
절 기 종 타 멱

迢迢與我疏로니
초 초 여 아 소

我今獨自往이어도
아 금 독 자 왕

處處得逢渠로다
처 처 득 봉 거

渠今正是我여도
거 금 정 시 아

我今不是渠로니
아 금 불 시 거

應須恁麼會여야
응 수 임 마 회

方得契如如리라
방 득 계 여 여

여적

스승 운암雲巖의 회상에서 행각에 나서며 물었다.

"스승님이 입적하신 뒤에 어떤 납자가 스님의 초상화를 그리라고 한다면 어떻게 말해야 되겠습니까?"

"그 사람에게 말해 주게. '이것이야말로 이거다(這箇是)!'라고 말이네."

끝내 이 말이 머리에 불붙듯 하였는데, 어느 날 시냇물을 건너다가 물에 비친 제 그림자를 보는 순간에 '이것이야말로 이거다(這箇是)!'의 소식을 알아채고 이 '오도송'을 내놓는다.

송곳조차 없는 가난

-향엄 지한香嚴智閑(?~898)

작년의 가난은

가난이 아니네

금년의 가난이

비로소 가난이네

작년(의 가난)에는 송곳 하나

꽂을 땅도 없었으나

금년에는

송곳조차 없도다

錐也無
추 야 무

去年貧未是貧이요　　**今年貧始是貧**일세
거 년 빈 미 시 빈　　　　금 년 빈 시 시 빈

去年無卓錐地럿더니　　**今年貧錐也無**로다
거 년 무 탁 추 지　　　　금 년 빈 추 야 무

추야무錐也無의 또 다른 소식

-향엄 지한香嚴智閑(?~898)

내게는
또 하나의 기별寄別이 있으니

눈을 끔벅여서
그에게 보이리라

만일 그 사람이
회득會得하지 못하면

다른 말로
사미沙彌를 부르겠다

別寄
별 기

我有一機하니   **瞬目示伊**리라
아 유 일 기   순 목 시 이

若人不會하면   **別喚沙彌**리라
약 인 불 회   별 환 사 미

무제 1

- 만해卍海(1879~1944)

구름 끊어진 데서
시는 가락을 이루고

눈 내리자
술은 향내를 풍긴다

산보하며
오랜 옛적 일 생각하노라니

푸른 하늘에는
명월明月 높다라이 비추고

無題一
무 제

雲斷詩成韻하고　　雪來酒動香일러라
운 단 시 성 운　　　설 래 주 동 향

縱步思千古러니　　靑天明月長코녀
종 보 사 천 고　　　청 천 명 월 장

무제 2

- 만해卍海(1879~1944)

시내 소리는

너럭 돌 부딪쳐 울리고

달그림자 흐릿함은

반쯤 구름으로 하여 그렇지

그대 그리워함에

마음은 외따로 가는데

해가 다 지나는데도

떨어져 나가지 않는다

無題二
무 제

溪響每因石하고　　月陰半借雲토다
계 향 매 인 석　　　　월 음 반 차 운

思君心獨往한데　　抵歲不相分이로다
사 군 심 독 왕　　　　저 세 불 상 분

동파東坡 8수의 5

-소동파蘇東坡(1037~1101)

진정한 농부는 지력地力을 아끼는데
다행히도 이 땅은 십 년이나 묵었네

뽕나무는 아직 다 자라지 않았어도
밀 하나는 많은 소출[庶]을 기대할 만하다

씨 뿌린 지 채 한 달도 되지 않았는데
벌써 푸르디푸른 색깔이 밭두둑을 덮누나

농부가 내게 하는 말이
새싹이 웃자라게 하지 말라고 하며

당신이 떡이라도 많이 먹으려거든
반드시 소와 양을 밭에 풀어놓아야 한다고 하네

거듭 절하여 고언苦言에 사례하며
배부른 시절에도 감히 잊지 못하네

東破八首其五
동 파 팔 수 기 오

良農惜地力한데　　幸此十年荒하네
양 농 석 지 력　　　행 차 십 년 황

桑柘未及成하여도　一麥庶可望하다
상 자 미 급 성　　　일 맥 서 가 망

投種未逾月한데　　覆塊已蒼蒼타
투 종 미 유 월　　　복 괴 이 창 창

農夫告我言이　　　勿使苗葉昌케하라
농 부 고 아 언　　　물 사 묘 엽 창

君欲富餅餌커든　　要須縱牛羊하라네
군 욕 부 병 이　　　요 수 종 우 양

再拜謝苦言하며　　得飽不敢忘하노라
재 배 사 고 언　　　득 포 불 감 망

여적

황주에 유배된 후 궁핍한 나날을 보내는 소동파를 본 마몽득馬夢得이라는
친구가 황주 관아에 부탁해 옛날에 군대가 주둔하던 묵은 땅 수십 마지기
를 얻어 주었다. 소동파는 몸소 이 황무지를 개간해 농사를 짓기 시작했다.
원풍 4년(1081)의 일이었다. 그는 이 땅에 '동파東坡'라는 이름을 붙이고
자신의 호를 '동파거사東坡居士'라고 했다. 이 시는 이 일을 노래한 것이다.

세밑에 찬비가 내려 감흥이 일기에

-만해卍海(1879~1944)

차가운 빗줄기
하늘가를 지나고

귓가에는
세밑에 흰머리만 생긴다

근심은 늘어나
뼛속까지 스며드니

온 몸으로
그저 술 생각뿐이다

세시歲時 추운데도
술은 오지 않으니

돌아가
이소離騷나 읽을란다

주변 사람들은
무얼 괴이타 여기느뇨

허물이라면

내가 청정행에 어긋나서랴

눈을 치뜨고

저 세상〔下界〕을 바라보니

온 세상이

다시 푸른 세상이 되었고녀

暮歲寒雨有感
모 세 한 우 유 감

寒雨過天末하고　　鬢邊暮歲生이라
한 우 과 천 말　　　　빈 변 모 세 생

愁高百骸底니　　　全身但酒情이로다
수 고 백 해 저　　　　전 신 단 주 정

歲寒酒不到하니　　歸讀離騷經이로다
세 한 주 부 도　　　　귀 독 이 소 경

傍人亦何怪뇨　　　罪我違淨行이리
방 인 역 하 괴　　　　죄 아 위 정 행

縱目觀下界하니　　盡地又滄溟하놋다
종 목 관 하 계　　　　진 지 우 창 명

의문이 확 풀리던 시절

-만해卍海(1879~1944)

사내장부 이르는 곳
거기가 고향이거니

얼마나 되는 사람들이
나그네 시름 속에 길이 들었던가

한 소리 내질러
삼천세계를 갈파하니

눈 속의 복숭아꽃
꽃잎마다 붉구나

〈정사년 12월 3일 밤 10시경 좌선 중에 갑자기 바람이 불어 웬 물건인가
떨어지는 소리를 듣고, 의문이 확 풀렸기에 시 한 수를 짓다〉

疑情頓釋時節
의 정 돈 석 시 절

男兒到處是故鄉인데　幾人長在客愁中이런가
남 아 도 처 시 고 향　　기 인 장 재 객 수 중

一聲喝破三千界하니　雪裡桃花片片紅이로다
일 성 갈 파 삼 천 계　　설 리 도 화 편 편 홍

자탄 自歎

-김시습(1435~1493)

쉰 살 되도록 자식 없으니
여생이 실로 가련하구나

어찌 편안함을 점치겠는가
인간이든 하늘이든 원망하면 안 된다

화창한 날빛이 창호지를 밝히니
맑은 번뇌는 좌복에서 흩어진다

남은 해에 바라는 게 없으니
살림살이 내 편할 대로 하리라

自歎
자 탄

五十已無子하니　餘生眞可憐토다
오 십 이 무 자　　여 생 진 가 련

何須占泰否뇨　不必怨人天이라
하 수 점 태 부　　불 필 원 인 천

麗日烘窓紙하니　清塵糝坐氈타
여 일 홍 창 지　　청 진 삼 좌 전

殘年無可願하니　飮啄任吾便이로라
잔 년 무 가 원　　음 탁 임 오 편

한강漢江

－만해卍海(1879~1944)

한강에 찾아오니
강물은 길이 흐르고

물 깊어 말없이
가을빛을 본다

들국화 어디에 있는지
알 수 없건만

서풍이 일 때마다
은근히 향내를 전한다

漢江
한 강

行到漢江江水長하고 　　深深無語見秋光하노라
행 도 한 강 강 수 장 　　심 심 무 어 견 추 광

野菊不知何處在건만 　　西風時有暗傳香하노라
야 국 부 지 하 처 재 　　서 풍 시 유 암 전 향

무제無題 1

-만해卍海(1879~1944)

시름 일어
고적한 밤 싫고

술이 떨어져
추울까봐 겁난다

천 리 밖으로
멀리 떠난 사람 생각이 절박하매

마음은 따라 가면서도
뜨거운 정분은 가질 못하네

無題一
무 제

愁來厭夜靜하고   酒盡怯寒生하노라
수 래 염 야 정   주 진 겁 한 생

千里懷人急하매   心隨未到情하네
천 리 회 인 급   심 수 미 도 정

무제 5

-만해卍海(1879~1944)

언덕의 대밭은
온갖 옥玉으로 덮여 섰는 듯

시내는 구름이듯
한 벌 옷처럼 누웠다

저기 저 산에도
눈 내리려는지 구름 무겁고

이따금씩 보이는 건
차가운 하늘에 나는 까마귀

無題五
무 제 오

岸竹立千玉하고　　磵雲臥一衣로다
안 죽 립 천 옥　　　　간 운 와 일 의

他山雪意重하고　　時見寒鴉飛로다
타 산 설 의 중　　　　시 견 한 아 비

등잔불 그림자를 읊다

－만해卍海(1879~1944)

한밤중에 차가운 기운

들창도 물 같이 냉랭타

누워서 보나니

등잔불 어른대는 그림자

두 눈 뜨고 봐도

보지 못하는 곳 있으니

맨날 그런 선승이라

부끄럽기만…

咏燈影
영 등 영

夜冷窓如水타   臥看第二燈하나니
야 냉 창 여 수   와 간 제 이 등

雙光不到處라   依舊愧禪僧이로다
쌍 광 부 도 처   의 구 괴 선 승

벚꽃을 보다가

-만해卍海(1879~1944)

지난겨울엔
눈 내려 꽃 같더니만

이 봄엔
꽃 피어 눈 같네

눈꽃이든 꽃눈이든
두 꽃 다 환화幻花이거늘

가슴은 왜 이리도
찢어지려는지

見櫻花有感
견 앵 화 유 감

昨冬雪如花한데
작 동 설 여 화

今春花如雪이로다
금 춘 화 여 설

雪花共非眞이어늘
설 화 공 비 진

如何心欲裂이뇨
여 하 심 욕 렬

봄 꿈

-만해卍海(1879~1944)

꿈이 낙화 같은가

낙화가 꿈 같은가

사람은 어이 나비가 되고

나비는 어이 사람이 되었나

나비든 꽃이든 사람이든 꿈이든

다 마음 일인 것을

동군東君에게 가 호소해

봄이나 붙들어 달라 해 볼까

春夢
춘 몽

夢似落花花似夢가
몽 사 락 화 화 사 몽

人何胡蝶蝶何人가
인 하 호 접 접 하 인

蝶花人夢同心事로니
접 화 인 몽 동 심 사

往訴東君留一春하랴
왕 소 동 군 류 일 춘

무정설법無情說法

동산 양개(807~869)가 스승인 운암 담성에게 묻는다.

동산: "무정無情이 설법說法하면 누가 듣습니까?"

운암: "무정이 듣는다."

동산: "스승님께서도 듣습니까?"

운암: "내가 듣는다면 그대는 내 설법을 듣지 못한다."

동산: "왜 듣지 못합니까?

운암이 불주拂塵를 세우며 물었다.

운암: "들리는가?"

동산: "들리지 않습니다."

운암: "내가 설법을 해도 그대는 여전히 듣지 못하는데, 하물며 무정이 하는 설법을 듣겠는가?"

동산: "무정설법은 어느 경전에 나옵니까?"

운암: "『미타경』에서 이르는 것을 보지 못했는가? '물새와 숲이 모두 부처를 염念하고 법法을 염한다'고 한 법문을."

동산이 직입直入하여 회득會得하고 송하였다.

너무 기이하고
너무 기이하다

무정의 설법

부사의하구나

귀로 들으려 한다면

끝내 회득치 못하리니

눈으로 소리 듣는 곳에서

바야흐로 알 수 있으리

〈『오등회원』 권제13 운암성선사 법사 동산양개선사 편〉

無情說法
무 정 설 법

也大奇也大奇라   無情說法不思議로다
야 대 기 야 대 기   무 정 설 법 부 사 의

若將耳聽終難會리니   眼處聞聲方得知로다
약 장 이 청 종 난 회   안 처 문 성 방 득 지

무정설법無情說法

-소동파蘇東坡(1037~1101)

계곡의 물소리가

바로 부처의 법문法門일진대

저 산속의 물물物物마다

어찌 청정한 법신法身이 아니겠는가

밤 새도록

팔만 사천 게송을 설설說說하다니

훗날 사람들에게

어떻게 저 법문을 들어내어 말할까

無情說法
무 정 설 법

溪聲便是廣長舌이면　山色豈非淸淨身이랴
계 성 변 시 광 장 설　　산 색 기 비 청 정 신

夜來八萬四千偈타니　他日如何擧似人고
야 래 팔 만 사 천 게　　타 일 여 하 거 사 인

북송 신종 원풍 7년.

소동파는 4년간 부임하던 황주를 떠나 여주汝州로 부임차 떠났다. 도중에
여산廬山을 지나면서 오랜 법려法侶인 동림사東林寺 상총常總 선사를 찾았
다. 밤이 깊도록 문답하던 중 '운암雲巖 선사와 동산洞山 선사 간에 오간
무정설법의 문답'에 대해 담론하더니, 동파 거사는 새벽녘에 일순 청정법
계의 소식에 계합하였다.

그리고 이 〈동파게송〉을 읊었다.

전원에 돌아와 살거니

-도연명陶淵明(365~427)

남산 아랫녘에
콩을 심었는데

풀이 우거져
콩 모종은 드무네

신새벽에 들어가
거친 잡초를 매고

달빛 받으며
괭이를 메고 돌아온다

길은 좁은데
초목은 길게 자라

저녁 이슬이
내 잠방이를 적시네

옷이야 젖어도
아까울 것 없거니

그저 농사가

어긋남 없길 바랄 뿐

歸田園居(三)
귀 전 원 거

種豆南山下한데　　草盛豆苗稀로다
종 두 남 산 하　　　초 성 두 묘 희

侵晨理荒穢하고　　帶月荷鋤歸로니
침 신 리 황 예　　　대 월 하 서 귀

道狹草木長하여　　夕露霑我衣하네
도 협 초 목 장　　　석 로 점 아 의

衣霑不足惜커니　　但使願無違로다
의 점 부 족 석　　　단 사 원 무 위

스스로 즐거우니

-만해卍海(1879~1944)

좋을 때라서
막걸리잔 기울이고

좋은 밤이라
새로 시를 읊는다

내 일 세상 일
둘 다 잊어도

우리네 살림
사시사철 절로 가누나

自樂
자 락

佳辰傾白酒하고　　良夜賦新詩노라
가 신 경 백 주　　　양 야 부 신 시

身世兩忘去여도　　人間自四時로다
신 세 양 망 거　　　인 간 자 사 시

혼자 고민하다

－만해卍海(1879~1944)

잠자리에 드노라면
꿈은 우에 그리 쓰디쓰뇨

달밤이면
생각은 또 늘고는다

한 몸으로
두 적의 침입을 받노라니

아침 되자
머리카락이 온통 회백색이네

自悶
자 민

枕上夢何苦하뇨　　月中思亦長하놋다
침 상 몽 하 고　　월 중 사 역 장

一身受二敵하니　　朝來鬢髮蒼일세고녀
일 신 수 이 적　　조 래 빈 발 창

병들어 시름 이는데

-만해卍海(1879~1944)

청산靑山에

띠집 한 채

찾는 사람 드문데

병만 어이 허다한가

하고많은 시름은

끝날 줄 모르는데

한낮에

가을꽃이 피어난다

病愁
병 수

靑山一白屋한데　　人少病何多오
청 산 일 백 옥　　　 인 소 병 하 다

浩愁不可極한데　　白日生秋花로다
호 수 불 가 극　　　 백 일 생 추 화

청한하게 읊거니

-만해卍海(1879~1944)

빗물 한 줄기에도

꽃은 고적하니 심원하고

간간이 들리는 종소리에도

대숲은 청한하다

선관禪關 진즉에 부서졌건만

알지 못하는 새에

외려

꽃도 대숲도 낯설다

清唫
청 음

一水孤花逈하고　　數鐘千竹寒하다
일 수 고 화 형　　수 종 천 죽 한

不知禪已破에　　猶向物初看커니
부 지 선 이 파　　유 향 물 초 간

가을산

-김숭겸 金崇謙(1682~1700)

가을산

나무꾼 길 굽이굽이 졌는데

가도 가도

그저 푸른 이내 산기운

인적 없는 숲에

저녁 새 들자

단풍 이파리

두서너 잎이 진다

秋山
추 산

秋山梢路轉한데　　**去去唯青嵐**이라
추 산 초 로 전　　　거 거 유 청 람

夕鳥空林下하자　　**紅葉落兩三**하놋다
석 조 공 림 하　　　홍 엽 락 양 삼

눈앞의 일을 보자니

-만해卍海(1879~1944)

산 아래는

날이 밝은데

산 위에는

눈발이 날린다

음양이란

각자 묘용妙用 있거늘

시인은

공연히 애끓는구나

卽事
즉 사

山下日杲杲한데　山上雪紛紛타
산 하 일 고 고　　산 상 설 분 분

陰陽各自妙하거늘　時人空斷魂커니
음 양 각 자 묘　　　시 인 공 단 혼

운수雲水여

-만해卍海(1879~1944)

백운白雲은

납의衲衣같이 끊어 이어지고

녹수綠水는

활처럼 굽이굽이 흐른다

여기서들

외곬으로 어딜 가는가

물끄러미

다함없는 운수雲水를 바라보거니…

雲水
운 수

白雲斷似衲하고   綠水矮於弓토다
백 운 단 사 납   녹 수 왜 어 궁

此外一何去오   悠然看不窮커니
차 외 일 하 거   유 연 간 불 궁

약사암 가는 길에

- 만해卍海(1879~1944)

십리 길이라도 외려
한나절이면 갈 법도 한데

백운白雲 드린 길
우에 이리 깊기만 한고

계류를 따라 돌아들자
물길 끝난 거기는

숲 깊어 꽃은 없어도
산중에는 절로 향기 흐르고…

藥師庵途中
약 사 암 도 중

十里猶堪半日行한데   白雲有路何幽長하뇨
십 리 유 감 반 일 행   백 운 유 로 하 유 장

緣溪轉入水窮處라   深樹無花山自香하고
연 계 전 입 수 궁 처   심 수 무 화 산 자 향

무제無題

-만해卍海(1879~1944)

뽕나무 느릅나무 해거름에
머리카락은 어느새 줄어들고

나라 걱정만이
외려 늘어가거니…

산속의 집에는
눈이 아직 녹지 않았는데

매화가 피어나니
봄밤 향기 흐른다

無題
무 제

桑楡髮已短하고　　**葵藿心猶長**하다
상 유 발 이 단　　　　규 곽 심 유 장

山家雪未消한데　　**梅發春宵香**이러라
산 가 설 미 소　　　　매 발 춘 소 향

회갑날 흥이 일기에

-만해卍海(1879~1944)

총총히 돌아온
예순한 살의 시간표라

이는 인간 세상
늘그막의 노년일세

세월이야
백발조차 줄어들게 할지라도

바람 서리 풍상은
늘어나는 일단심을 어쩌지 못하리

가난함에 응하자
일순에 범부의 몸이 바뀌어 드러나고

병든 몸 내버려 두노라니
미묘한 약방문 받아든 줄 뉘 알겠는가

유수 같은 이내 여생
그대들은 묻지를 마소

숲에 가득한 매미소리만

해질녘에 바쁘나니…

〈1939년 7월 12일 청량사에서〉

周甲日卽興
주 갑 일 즉 흥

忽忽六十一年光이라　　云是人間小劫桑일세
홀 홀 육 십 일 년 광　　　운 시 인 간 소 겁 상

歲月縱令白髮短이어도　風霜無奈丹心長이로다
세 월 종 령 백 발 단　　　풍 상 무 내 단 심 장

聽貧已覺換凡骨하고　　任病誰知得妙方이랴
청 빈 이 각 환 범 골　　　임 병 수 지 득 묘 방

流水餘生君莫問하라　　蟬聲萬樹趁斜陽하나니
유 수 여 생 군 막 문　　　선 성 만 수 진 사 양

*상桑은 주로 상유桑楡의 복합어로 쓰이는데, 서쪽으로 지는 해가 뽕나무와
느릅나무에 걸렸다는 뜻이다. 전환하여 '해질 무렵'이나 '늘그막 노년'의
상징적 의미로 사용된다.

여적

청량사清涼寺는 홍인지문 밖 청량리 홍릉 인근에 있다.

성북동 심우장에서 걸으면 약사암 뒷길인 북악산길로 해서 아리랑고개
능선을 통해 미아리고개를 지나 개운사길로 내려가면 청량사까지 한나절
이면 닿을 거리다.

만해 스님이 한동안 경영하던 월간지 ≪불교佛敎≫에서 당시 청량사

주지인 모 비구니가 쓴 소회의 글을 읽은 것 같기에 뒤적여 보았으나 찾지 못했다. 기억을 더듬어 보면 이렇다.

어느 날 만해 스님 생신날 단상이다.

만해 스님은 삼일 만세 운동의 〈기미독립선언서〉 낭독식 직후에 3년이나 투옥되었다가 감옥에서 나온 뒤에 생일을 맞았는데, 지인이라고는 대부분 피하던 당시의 처지라서 누구 한 사람 찾아오지 않았다.

종일토록 끼니를 잇지 못하다가 심우장을 나서 산길을 걸어 그나마 가까이에 찾아갈 만한 청량사로 행하였다.

땅거미가 짙게 깔린 늦은 저녁에 청량사에 들어가니 제자 격인 비구니 주지가 깜짝 놀라 스님을 맞아 예를 갖추고서는 여쭈었다.

"아니? 오늘이 스님 생신이온데 미역국은 드셨습니까?"
"이 사람아! 미역국은커녕 이때껏 왼종일 굶었다네."

주지는 그 말끝에 눈물을 왈칵 쏟고는 부랴부랴 생신상을 차려 대접하였다고 했다. 지금 생각해도 눈물겹다.

이 절이 회갑연을 한 그 청량사다.

무제無題

-만해卍海(1879~1944)

명검은

갈기 전에 날카롭고

아름다운 꽃은

지고서도 향기롭거니,

가련토다

창공의 고월孤月만

일편의 단심에

길이 비추고 있으니···

無題
무 제

名劍磨前快하고　　**好花落後香**커니
명 검 마 전 쾌　　　　호 화 낙 후 향

可憐天上月은　　　**獨照片心長**이러니
가 련 천 상 월　　　　독 조 편 심 장

오悟 스님에게

－월봉무주月峰無住(1623~?)

달빛 아래는

맑은 시냇물이 목메 흐르고

바람 앞에서

낙엽은 저리도 붉거니

하, 명백한

이 성색聲色의 일에서

뭣 때문에 또

진공眞空을 말하는가

示悟師
시 오 사

月下淸溪咽하고　風前落葉紅커니
월 하 청 계 인　　풍 전 낙 엽 홍

分明聲色裡에　何更說眞空하뇨
분 명 성 색 리　　하 갱 설 진 공

가을 새벽에

－만해卍海(1879~1944)

빈 방이
왜 이리 휜하드뇨

은하수는
비끼어 누각에 걸리었다

가을바람이
지난 일들을 불러일으키더니

새벽 달빛은
새로운 시름을 비춘다

잎이 진 나무들 사이로
등불 하나 보이는데

오랜 연못에는
차가운 물 흐르나니

먼 생각의 여로에서
고향에 돌아가지 못하는 나그네

내일 아침이면

백발만 성성하겠지

秋曉
추 효

虛室何生白이뇨   星河傾入樓로다
허 실 하 생 백   성 하 경 입 루

秋風吹舊夢터니   曉月照新愁로다
추 풍 취 구 몽   효 월 조 신 수

落木孤燈見한데   古塘寒水流러라
낙 목 고 등 견   고 당 한 수 류

遙憶未歸客이러니   明朝應白頭리라
요 억 미 귀 객   명 조 응 백 두

동짓날에

-만해卍海(1879~1944)

어젯밤에는
동지 우레가 울고

오늘 아침에는
몇 점 생각이 인다

궁벽한 산간에
또 한 해가 가고 나면

이 땅 산천은
봄이 생기는 첫날

문을 열어젖혀
새로운 복을 맞아

벗에게
묵은 서한을 보낸다

많은 근기根機가
다 활동하는데

고요히 바라보거니

내 처소가 애틋하다

冬至
동 지

昨夜雷聲至코　　今朝有意餘토다
작 야 뇌 성 지　　금 조 유 의 여

窮山歲去後면　　古國春生初리라
궁 산 세 거 후　　고 국 춘 생 초

開戶迓新福하여　　向人送舊書니라
개 호 아 신 복　　향 인 송 구 서

群機皆鼓動하대　　靜觀愛吾廬로다
군 기 개 고 동　　정 관 애 오 려

가을밤에 빗소리를 듣고 느낌이 있길래

-만해卍海(1879~1944)

영웅도 배우지 않고

신선도 배우지 않는다면서도

국화의 연분에서는

부질없는 다짐이었고녀

초롱불에 비친 백발

가을은 얼마나 지냈는고

스산하게 내리는 빗소리에

어느새 삼십 년

秋夜聽雨有感
추 야 청 우 유 감

不學英雄不學仙하면서　寒盟虛負黃花緣이고녀
불 학 영 웅 불 학 선　　　한 맹 허 부 황 화 연

靑燈華髮秋無數오　　蕭雨雨聲三十年일세
청 등 화 발 추 무 수　　소 우 우 성 삼 십 년

시절을 접하니

−만해卍海(1879~1944)

잔설 위에
햇볕이 생동하니

먼 수풀에
봄기운 지난다

산중 모옥에서
앓다가 일어나니

새삼스레 이는 감정
어쩌지 못하누나

即事
즉 사

殘雪日光動하니 遠林春意過로다
잔 설 일 광 동   원 림 춘 의 과

山屋病初起니 新情不奈何노라
산 옥 병 초 기   신 정 불 내 하

늦가을에 생각이 일기에
-나옹화상

서풍이 한바탕
뜨락을 쓸어대는데

만리하늘 구름 없이
푸른 하늘 내놓는다

삽상한 바람 일렁임에
마음은 상쾌하고

눈빛도 산뜻한데
기러기 줄지어 가네

밝고 맑은 달 보배로니
나눠주고 줘도 한량없는데

광음光陰이 거쳐 가는 산천에
잦을사 무궁하도다

법法이란 본디로
그 자리에 있음에

절간에 가득한 가을색

홍록紅綠이 반반

季秋偶作
계 추 우 작

金風一陣掃庭中한데
금 풍 일 진 소 정 중

萬里無雲露碧空토다
만 리 무 운 로 벽 공

爽氣微濃人自快하고
상 기 미 농 인 자 쾌

眸光漸淡鴈連通하네
모 광 점 담 안 연 통

明明寶月分難盡한데
명 명 보 월 분 난 진

歷歷珍山數莫窮토다
역 력 진 산 삭 막 궁

法法本來安本位함에
법 법 본 래 안 본 위

滿軒秋色牛靑紅이로다
만 헌 추 색 반 청 홍

풍진객의 마음

−만해卍海(1879~1944)

한 해가 다 되도록
고향집에 가지 못하고

봄이 오자
멀리 나그네 길에 든다

꽃을 보면
마음 비우지 못하고

산기슭에서는
기이한 경계에 멈춰 서기도…

旅懷
여 회

竟歲未歸家하고   逢春爲遠客이라
경 세 미 귀 가   봉 춘 위 원 객

看花不可空하고   山下奇幽跡키도
간 화 불 가 공   산 하 기 유 적

농산정

－최치원崔致遠(857～?)

너럭바위 골짜기를 세차게 흘러내려
첩첩한 산중에 우렁차니

지척 간에서도
사람들의 말을 알아듣기 어렵네

언제나 걱정은
옳거니 글거니 다투는 소리만 들리는 것이어서

외려 세차게 흐르는 물 소리로 하여금
온통 산을 둘러치게 해야 하겠다

籠山亭
농 산 정

狂奔疊石吼重巒하니　　人語難分咫尺間하도다
광 분 첩 석 후 중 만　　인 어 난 분 지 척 간

常恐是非聲到耳라서　　故敎流水盡籠山케하리로다
상 공 시 비 성 도 이　　고 교 유 수 진 농 산

삼부도송三不度頌

-야보 도천冶父道川(남송시기)

철불은 용광로를 지나지 못하고
목불은 불구덩이를 지나가지 못하고
토불은 강물을 지나가지 못한다

세 부처의 모습은 다 참되지 못하거니
눈동자 속에 비친 마주한 사람일 뿐
집안의 보배를 믿을 수만 있다면
산새 울고 꽃이 피는 건 한 가지 봄소식

〈『금강경오가해』정신희유분 제6〉

三不度頌
삼 부 도 송

金佛不度爐하고
금 불 부 도 로

木佛不度火하며
목 불 부 도 화

泥佛不度水로다
니 불 부 도 수

三佛形依總不眞커니　　眼中瞳子面前人일새로다
삼 불 형 의 총 부 진　　안 중 동 자 면 전 인

若能信得家中寶하면　　啼鳥山河一樣春이리라
약 능 신 득 가 중 보　　제 조 산 하 일 양 춘

달을 보노라니

-만해卍海(1879~1944)

저 외진 데서

달을 보노라니

한밤중

내내 좋은 시절

애오라지

말길조차 끊어진 자리에서

또 다시

뜻 있는 시구詩句를 찾는다

見月
견 월

幽人見月色하니　　一夜總佳期일세
유 인 견 월 색　　　일 야 총 가 기

聊到無聲處에서　　也尋有意詩노라
료 도 무 성 처　　　야 심 유 의 시

초가을에 느낌이 있길래

-기암 법견奇巖法堅(1552~1634)

한 조각 가을 소리
우물가의 오동잎이 지기에

늙은 중이 놀라 일어나서는
가을바람임을 묻는다

아침나절 혼자 산보하여
시냇가에 있으려니

칠십 년 광음光陰이
수경水鏡 속에 들었구나

初秋有感
초 추 유 감

一片秋聲落井桐하여　　老僧驚起問西風토다
일 편 추 성 낙 정 동　　　노 승 경 기 문 서 풍

朝來獨步臨溪上하니　　七十年光在鏡中이로라
조 래 독 보 임 계 상　　　칠 십 년 광 재 경 중

고적대高寂臺로 돌아오니

-정관 일선靜觀一禪(1533~1608)

낙엽이 산길을 덮고

길 물을 만한 사람도 없었는데

노승은 그저 평상을 쓸고

아이가 나와 맞는다

歸高寂臺
귀 고 적 대

落葉埋山逕하고　　**無人可問程**한데
낙 엽 매 산 경　　　　무 인 가 문 정

老僧勤掃榻하고　　**童子出門迎**하누나
노 승 근 소 탑　　　　동 자 출 문 영

준청 스님에게

-함월 해원涵月海源(1691~1770)

달빛은

창가에서 밝고

솔바람 소리는

침상에서 맑다

이 살림살이

몇 가지 맛이겠으나

세간 사람과

말하기 쉽지 않네

示俊淸師
시 준 청 사

月色窓間白하고   松聲枕上淸토다
월 색 창 간 백   송 성 침 상 청

此中多意趣나   難與世人評이로다
차 중 다 의 취   난 여 세 인 평

백화암을 찾노라니

－만해卍海(1879～1944)

봄날

깊숙한 산길로 드니

바람에 이는 경치

사방으로 널브러진다

길 다하는 데서

고적한 홍취 피어나

한눈에 어리니

한없는 시정詩情이여

訪白華庵
방 백 화 암

春日尋幽逕하니　　風光散四林하네
춘 일 심 유 경　　　　풍 광 산 사 림

窮途孤興發하여　　一望極清吟커니
궁 도 고 흥 발　　　　일 망 극 청 음

밤중에 적선지積善池에서 노닐다

-나옹 혜근懶翁惠勤(1320~1376)

발길 닿는 대로 와 노닐자니
한밤중 삼경이다

이 속의 참 소식을
뉘라서 알 수 있는가

경치도 마음도 텅 비고 고적하여
온몸이 시원하거니

바람은 연못에 가득하고
달빛은 시내를 채웠네

〈『나옹화상어록』 게송4〉

月夜遊積善池
월 야 유 적 선 지

信步來遊半夜時라　　个中眞味孰能知아
신 보 래 유 반 야 시　　개 중 진 미 숙 능 지

境空心寂通身爽커니　　風滿池塘月滿溪로다
경 공 심 적 통 신 상　　풍 만 지 당 월 만 계

• 시율詩律: 근체시近體詩로써 측기식仄起式 칠언절구임.

압운押韻 '시時' '지知'는 평성 지운支韻이며 계溪는 평성 제운齊韻이다.
지支와 제齊는 통운通韻이다.

승구의 '个中眞'과 전구의 '境空心'에서는 고평孤平을 피하는 '요구拗救'의
시작詩作을 보이고 있다.

여적

관념에서 관념을 여읜다는 것은
정나라淨裸裸한 산천경계의 연분緣分을
그 사실을 사실대로 명철하게 볼 수 있다는 것이다.
천강유수천강월千江有水千江月이여!

연못에 파랑을 일으키는 바람결이든
허공에 나니는 날짐승이든
방초암목芳草巖木이든
꽃향기 멀리 흐르든
미시경계微視境界든 거시경계巨視境界든
하나하나 개중소식箇中消息 명백하잖은가?
활발발한 법계의 연기緣起여!

자식을 탓하자니

－도연명陶淵明(365～427)

백발이 귀밑머리에 성성하고
피부도 부실하다

비록 다섯 아들이 있어도
모두들 공부는 좋아하지 않는다

장남 서舒는 벌써 열여섯 살이건만
게으르기 짝이 없고

차남 선宣은 열다섯이 되는데도
학문을 즐기지 않는다

옹雍과 단端은 열세 살이지만
육六과 칠七을 구별도 못하고

막내 통通아는 아홉 살이 가까운데
오직 배〔梨〕와 밤〔栗〕만 찾는구나

천운이 실로 이와 같다면
차라리 술이나 마시리라

責子
책 자

白髮被兩鬢하고
백 발 피 양 빈

肌膚不復實토다
기 부 불 복 실

雖有五南兒여도
수 유 오 남 아

總不好紙筆토다
총 불 호 지 필

阿舒已二八인데
아 서 이 이 팔

懶怠故無匹하고
나 태 고 무 필

阿宣行志學인데
아 선 행 지 학

而不愛文術토다
이 불 애 문 술

雍端年十三에도
옹 단 년 십 삼

不識六與七하고
불 식 육 여 칠

通子垂九齡인데
통 자 수 구 령

但覓梨與栗이로다
단 멱 이 여 율

天運苟如此하면
천 운 구 여 차

且進盃中物하리라
차 진 배 중 물

어부의 피리소리

-만해卍海(1879~1944)

물안개 일렁이는데 배 한 척
긴 대나무 삿대질하는 가을

잔잔히 들리는 피리 소리
억새꽃에 물결친다

저녁 강江의 낙조落照에
강 건너 단풍이 붉다

반평생의 지음知音이 뉘냐고
백구에게나 물을까

가락은 끊어지고
세상을 멀리한 꿈 어찌 감당하랴

노래는 끝나고
애끓는 수심 달랠 길 없네

운율은 강바람을 타고
이 사람을 차갑게 때리거니

강변에 채운 쓸쓸함

저 산조散調소리 거둘 수 없구나

漁笛
어 적

孤帆風烟一竹秋로니　　數聲暗逐荻花流로다
고 범 풍 연 일 죽 추　　　　수 성 암 축 적 화 류

晚江落照隔紅樹하고　　半世知音問白鷗하노라
만 강 낙 조 격 홍 수　　　　반 세 지 음 문 백 구

韻絶何堪遯世夢하랴　　曲終虛負斷腸愁로다
운 절 하 감 둔 세 몽　　　　곡 종 허 부 단 장 수

飄掩律呂撲人冷커니　　滿地蕭蕭散不收로세
표 엄 율 려 박 인 냉　　　　만 지 소 소 산 불 수

비 개어 청신하니

-만해卍海(1879~1944)

새 우는 소리
지난 꿈에 낭랑터니

꽃향내는
참선參禪에 들어 없어진다

참선도 꿈도
잊혀진 곳

창 밖에는
한 그루 벽오동만…

新晴
신 청

禽聲隔夢冷하니　　花氣入禪無로다
금 성 격 몽 랭　　　화 기 입 선 무

禪夢復相忘에　　　窓前一碧梧러라
선 몽 부 상 망　　　창 전 일 벽 오

새벽녘에

-만해卍海(1879~1944)

달 높디높은데
나무 끝에는 구름 일고

숲 너머에서는
어슴푸레한 새벽이 걸치누나

잦추르던
풍경소리마저 그칠 제

외로이 이는 정념
끊인 듯 거듭 잇나니

曉景
효 경

月迥雲生木하고　高林殘夜懸토다
월 형 운 생 목　　고 림 잔 야 현

撩落鐘聲盡에　　孤情斷復連하나니
요 락 종 성 진　　고 정 단 부 연

눈 앞 경계에 들어

－만해卍海(1879~1944)

하아, 삭풍이
힘 없는 해〔日〕에 불어치는데

강역江域을 바라보며
혼자 서 있다

한줄기 연무烟霧는
나무 따라 곧게 오르고

해거름은
뜨락에 가로 걸친다

천 리나 늘어진 산줄기에
빗방울 지고

다른 한쪽에는
눈 내리려는 듯

시상詩想은
변방에서 충동하는데

기러기 줄지어

하늘을 지나간다

卽事
즉 사

朔風吹白日한데   獨立對江城토다
삭 풍 취 백 일   독 립 대 강 성

孤烟接樹直하고   輕夕落庭橫토다
고 연 접 수 직   경 석 락 정 횡

千里山容滴한데   一方雪意生인듯
천 리 산 용 적   일 방 설 의 생

詩思動邊塞한데   侶鴻過太淸하노라
시 사 동 변 새   려 홍 과 태 청

높은 봉우리에 오르다

- 만해卍海(1879~1944)

생각지 않게
멀리 바라보고픈 생각에

저 아스라이 높은 봉우리
동쪽으로 오르거니

행인은
청산 밖으로 사라지고

빗속에
배 한 척 떠간다

긴 강 길에서
술을 구하기 쉽잖은데

섣달 대설大雪에는
시상詩想에 들어 공적하다

바람은
마른 오동나무에 세차고

석양夕陽은

머릿발에 비쳐 붉구나

登高
등고

偶思一極目에　　躋彼危岑東하거니
우 사 일 극 목　　제 피 위 잠 동

人去靑山外하고　舟行白雨中하노라
인 거 청 산 외　　주 행 백 우 중

長河遇酒少한데　大雪入詩空토다
장 하 우 주 소　　대 설 입 시 공

風落枯桐急하고　殘陽映髮紅하놋다
풍 락 고 동 급　　잔 양 영 발 홍

바닷가 모래사장 거닐자니

-최치원崔致遠(857~?)

바닷가 물결 잔잔히 물러난 자리

모랫바닥에 거니는데

해 저무는 산 녘에

저녁노을 어리누나

저 봄빛도

나를 오래 설레게 하지는 못하리라

머지않아 고향 정원의 꽃향내가

걸음걸음마다 그대로 취하게 하리니…

潮波步登沙
조 파 보 등 사

潮波靜退步登沙한데   落日山頭簇暮霞로다
조 파 정 퇴 보 등 사   낙 일 산 두 주 모 하

春色不應長惱我리라   看看卽醉故園花리니
춘 색 불 응 장 뇌 아   간 간 즉 취 고 원 화

한바탕 죽은 이

−백운 경한白雲景閑(1299∼1374)

학인이 학인다운 건
그 무슨 술수를 쓰지 않아서라

그야말로 그대로
한바탕 죽어 버려서

기운 한 점
꿈틀거림조차 없어지고서야

드디어 짝이 되리니
그 어느 누구와도 말이다

大死底人
대 사 저 인

學人無他術이러니　直似大死人하여
학 인 무 타 술　　　　직 사 대 사 인

一點氣也無라야　方與那人合하리라
일 점 기 야 무　　　방 여 나 인 합

선암사에서 앓고 난 뒤에 두 수를 짓다

-만해卍海(1879~1944)

1.

나그네 유행遊行길
남녘 끝까지 와서는

앓다가 일어나니
그새 가을바람이 인다

천 리 길
번번이 혼자 다니는데

길은 힘들어도
외려 정情은 있거니

仙巖寺病後作二首
선 암 사 병 후 작 이 수

客遊南地盡코는 　　病起秋風生토다
객 유 남 지 진 　　　병 기 추 풍 생

千里每孤往한데 　　窮途還有情이로다
천 리 매 고 왕 　　　궁 도 환 유 정

2.

초가을인데

몸이 아파서 사람도 만나잖는데

희끗희끗한 머리카락만

세월에 물결치네

꿈같은 삶은 괴로운데

도울 사람조차 먼 데 있고

몸도 가누기 힘든데

찬비만 자주 내린다

初秋人謝病한데   蒼鬢歲生波로다
초 추 인 사 병   창 빈 세 생 파

夢苦人相遠하고   不堪寒雨多로다
몽 고 인 상 원   불 감 한 우 다

향로암의 밤에 읊다

-만해卍海(1879~1944)

남국南國의 국화는

철 일러 아직 피지 않았는데

강호江湖의 거친 꿈

절간에서 꾸고 있다

기러기 울어예는 시냇물 산간에

나그네 갇힌 듯도 한데

가없는 가을 숲속에

달은 막 떠오르고…

香爐庵夜吟
향 로 암 야 음

南國黃花早未開한데　江湖薄夢入樓臺로다
남 국 황 화 조 미 개　　강 호 박 몽 입 루 대

雁影山河人似楚한데　無邊秋樹月初來하고
안 영 산 하 인 사 초　　무 변 추 수 월 초 래

• 측기식仄起式 칠언절구이다.

　압운인 개開·대臺·래來는 평성 회운灰韻에 속한다.

　그런데 제3·4구는 작가의 착각으로 평기식 평측운으로 구성되었다.

*楚(초) : 타국에 포로가 된 초楚나라 사람의 갇힌 신세를 비유하며,

　달리 고향 생각이 간절한 사람의 은유이기도 한 말.

밤비 내리는 객사에서

-최치원 崔致遠(857~?)

객사에

늦가을 비 내리는데

차가운 창가에는

등불이 고요하다

시름 속에

앉아 있노라니

그야말로

선객이로세

旅館秋雨
여 관 추 우

旅館窮秋雨한데　寒窓靜夜燈하네
여 관 궁 추 우　　　한 창 정 야 등

自憐愁裏坐로니　眞箇定中僧일세
자 련 수 리 좌　　　진 개 정 중 승

산에 살다 3

-백운 경한白雲景閑(1299~1374)

골짜기에 흐르는 시내
쪽빛 물들은 듯

문 밖의 푸르른 산천은
그릴 수도 없겠거니

산빛 물소리에
온통 드러내는데

바로 이 가운데서
누가 무생無生을 깨치는가

居山 3
거 산

洞中流水如藍染한데　門外靑山畫不成이라
동 중 류 수 여 람 염　　문 외 청 산 화 불 성

山色水聲全體現함에　箇中誰是悟無生하랴
산 색 수 성 전 체 현　　개 중 수 시 오 무 생

산에 살다 5

-백운 경한白雲景閑(1299~1374)

노란 국화 푸른 대나무
남의 것 아니니

밝은 달 산뜻한 바람
밖의 일 아니네

두두물물이 모두
우리 집 살림살이거니

손 가는 대로 가져다가
쓰면 그뿐…

居山 5
거 산

黃花翠竹非他物이니　明月淸風不是塵이라
황 화 취 죽 비 타 물　　명 월 청 풍 불 시 진

頭頭盡是吾家物이어니　信手拈來用得親이로다
두 두 진 시 오 가 물　　신 수 염 래 용 득 친

강상江上에서

-함허 기화涵虛己和(1376~1433)

강江 위에 흐르는 소리

뉘 집에서 부는 젓대 가락인가

물결 이는 맘에 달빛은 내리는데

인적은 끊어지고…

얼마나 다행이뇨 이 한 몸

지금 예까지 와서는

뱃전에 홀로 기대앉아

푸른 허공을 바라보고 있다니

聲來江上
성 래 강 상

聲來江上誰家笛가　　月照波心人絶跡하고
성 래 강 상 수 가 적　　월 조 파 심 인 절 적

何幸此身今到此하여　　倚船孤坐望虛碧하뇨
하 행 차 신 금 도 차　　의 선 고 좌 망 허 벽

신통묘용-神通妙用

-방온 거사龐蘊居士(?~808)

맨날 하는 일
별다른 일 없어

그저 나는
일마다 짝한다

무엇 하나〔頭頭〕
취사取捨 아니하여

어디서건
어그러짐 없거니

선한 사람〔朱〕이니 악한 사람〔紫〕이니
누구를 이르는가

저 청산은
티끌 한 점 없거늘

신통하고
미묘하게 산다는 건

그저 물 긷고
땔나무 하는 일

神通妙用
신통묘용

日用事無別하여 唯吾自偶諧하노라
일 용 사 무 별　　　 유 오 자 우 해

頭頭非取捨하여 處處沒張乖커니
두 두 비 취 사　　　 처 처 몰 장 괴

朱紫誰爲號하뇨 丘山絶點埃커늘
주 자 수 위 호　　　 구 산 절 점 애

神通幷妙用이란 運水與搬柴라네
신 통 병 묘 용　　　 운 수 여 반 시

회고

-조지훈·趙芝薰(1920~1968)

일생을 돌아보니

회한 더욱 새삼스러운데

창해에 떠도는

일엽편주 같은 신세였네

만고의 흥망은

어느 날 비롯하였는가

백 년의 풍우가

오늘 날에도 잦다니…

-조치훈의 미발표 습작시집 중에서

回顧
회 고

回顧生平恨益新한데　　浮沈滄海一葦身이로다
회 고 생 평 한 익 신　　　부 침 창 해 일 위 신

萬古興亡何日始오　　　百年風雨到今頻타니
만 고 흥 망 하 일 시　　　백 년 풍 우 도 금 빈

선방의 뒷동산에 오르노라니

－만해卍海(1879~1944)

양안兩岸이 적막하니

일마다 생각은 드문드문 일고

납승衲僧은 경계를 완상하다가

미처 돌아갈 맘도 내지 못한다

절 안에는 미풍이 드는데

햇살은 따사로워지고

갈 내음은 무수히

선자의 옷깃에 스민다

登禪房後園
등 선 방 후 원

兩岸廖廖事事稀하고　　幽人自賞未輕歸로다
양 안 료 료 사 사 회　　유 인 자 상 미 경 귀

院裡微風日欲煮하고　　秋香無數撲禪衣로다
원 리 미 풍 일 욕 자　　추 향 무 수 박 선 의

팔우도가

-법운 유백法雲惟白(송승宋僧)

이미 흰 소가 되었거니
검은 소로 되돌린들

그럼에도 더욱 그대는
자유자재한 소일세그려

첩첩한 산중에서
한가하게 해방된 삶이라

천고千古에
더 이상 근심거리 없으리

밝고 밝아
당처當處의 해〔日〕요

두둥실 떠오르니
묶이지 않는 배〔舟〕로다

초연하여
범부니 성인이니 그 밖에 있음에

누가 감히

지난 시절로 거둬들이랴

八牛圖歌
팔 우 도 가

已白仍廻黑해도　　還君自在牛러라
이 백 잉 회 흑　　　　　환 군 자 재 우

亂山閑放去라서　　千古更無憂리라
난 산 한 방 거　　　　천 고 갱 무 우

赫赫當中日이요　　騰騰不繫舟로다
혁 혁 당 중 일　　　　등 등 불 계 주

超然凡聖外러니　　誰敢向前收리오
초 연 범 성 외　　　　수 감 향 전 수

송군

-정지상(?~1135)

비가 그치자
긴 방죽에 풀빛 더욱 푸르른데

남포南浦에서 그대를 보내며
슬피 노래 부른다

대동강 물은
언제나 다 마를까

이별의 눈물이
해마다 푸른 물결에 더해지리니

送君
송 군

雨歇長堤草色多한데 送君南浦動悲歌로라
우 헐 장 제 초 색 다   송 군 남 포 동 비 가

大同江水何時盡가 別淚年年添綠破하리니
대 동 강 수 하 시 진   별 루 년 년 첨 록 파

혼자 배를 젓자니

-나옹 혜근懶翁惠勤(1320~1376)

학인들도 아예 만나지 않고
혼자 나와서는

순풍에 돛을 달고
밝은 달빛에 돌아간다

억새꽃 흐드러진 거기
물안개 속에 배를 대노라니

부처든 조사든 뚜렷하건만
찾은 들 알겠는가

孤舟
고 주

永絶群機獨出來하여　　順風駕歸月明歸로다
영 절 군 기 독 출 래　　순 풍 가 귀 월 명 귀

蘆花深處和煙泊하니　　佛祖堂堂覓不知리라
노 화 심 처 화 연 박　　불 조 당 당 멱 부 지

음주 5

-도연명陶淵明(365~427)

마을 인근에
초가草家를 지었어도

수레 소리 마차 소리
시끄러움이 없고녀

그대에게 묻느니
어떻게 그러할 수 있는가

마음이 멀어짐에
처지는 절로 한갓지다네

동쪽 울타리 아래서
국화를 따다가

물끄러미
남산을 쳐다보노라니

산 기운은
저물 무렵에 아름답고

나닐던 새들도
짝지어 돌아온다

이 사이에
진정한 뜻 있어

말하려는데
그만 말을 잊었다

飮酒五
음 주 오

結廬在人境해도　　而無車馬喧이라
결 려 재 인 경　　　이 무 거 마 훤

問君何能爾아　　　心遠地自偏하네
문 군 하 능 이　　　심 원 지 자 편

採菊東籬下타가　　悠然見南山하니
채 국 동 리 하　　　유 연 견 남 산

山氣日夕佳하고　　飛鳥相與還커니
산 기 일 석 가　　　비 조 상 여 환

此間有眞意라서　　欲辯而忘言토다
차 간 유 진 의　　　욕 변 이 망 언

개구리 울음 일파一波에

- 장구성張九成(1092~1159)

봄날 달빛 휘영청한데
일파의 개구리 울음소리

천지를 두들겨 깨
일가一家로 만들다니

정녕 이즈음 소식
누가 알리

고갯마루 돌부리에 채여 아프던
현사사비 스님 있었느니

〈『오등회원五燈會元』 권제20 시랑장구성거사〉

一聲蛙
일 성 와

春天月夜一聲蛙라   撞破乾坤共一家타니
춘 천 월 야 일 성 와   당 파 건 곤 공 일 가

正恁麼時誰會得하뇨   嶺頭脚痛有玄沙로니
정 임 마 시 수 회 득   영 두 각 통 유 현 사

여적

장구성張九成의 자字는 자소子韶. 무구 거사無垢居士로 불린다. 소흥紹興
2년(1132)에 진사에 오른 후 예부시랑禮部侍郎을 지냈다. 『송서宋書』에
"경산 종고經山宗杲와 선리禪理 담론을 잘하였다"고 하였다.

거사가 급제하기 전에 양문공楊文公 여미중呂微仲 등 명유들과 담론하는데
그들의 논지가 정묘함을 보았다. 게다가 선학禪學으로 말미암아 경지에
이르렀음을 알고서는 마음속으로 그렸다. 어느 날 초명楚明 선사를 참문
하자 선사는 조주趙州의 〈백수자화柏樹子話〉를 제시하였다.
수시로 제기하여 참구하였으나 깨달음이 없었다.
이에 선권 청善權淸 선사를 찾아갔다.

무구 거사가 묻는다.
"이 본분사는 어느 누구나 저마다 원만히 갖추었다는데, 과연 그렇습니
까?" "그렇지요." "그런데 저는 무엇 때문에 깨닫지 못하는 것입니까?"
이에 청 선사가 소매 속에서 염주를 꺼내어 보여주면서 이른다.
"이건 누구 겁니까?"
거사가 쳐다보다 말다 하며 대답이 없자, 청 선사는 다시 소매 속으로
넣으며 말한다.
"이게 거사의 것이라면 가지면 될 터, 조금이라도 생각을 굴린다면 이건
거사의 것이 아닙니다."
언하에 거사는 모골이 송연해졌다.
얼마 되지 않아 소씨蘇氏의 객사에 유숙하였는데, 하루는 저녁나절에

뒷간에 가서도 '백수자화柏樹子話'를 참구하였다.

그러던 중 '개구리 울음소리' 일성一聲에 눈 녹듯이 의문이 확 풀려 본분사 本分事에 계합하고는 바로 송頌한 것이다.

*현사 사비(玄沙師備: 835~908)는 석두石頭 하 6세이다. 스승 설봉雪峰 선사 회상에서 '비두타備頭陀'라는 별명을 들으며 정진하던 중에 스승으로부터 서너 차례 만행해 보라는 권유를 받고 "출산出山하여 민령閩嶺을 넘어가던 차에 고갯마루에서 돌부리를 걷어찼다. '아얏!' 하고 발가락에 통증을 느끼던 순간에 '이 몸은 있지 않거늘 통증은 어디서 오는가? 이 몸이 고통스럽지만 필경에 무생無生일세. 그만두자. 달마는 동토에 오지 않았 고, 이조二祖는 서천西天에 가지 않았네.' 하고 심요를 터득하고는 발걸음을 돌려 귀사하였다. 그리고는 『능엄경』을 보다가 깨달았다."고 전한다.(『종 용록從容錄』 제81칙)

고적한 밤에 고향을 생각하네

－이백李白(701~762)

침상 앞에 비친

달빛을 보고

땅 위에 덮인

서리인가 하였네

머리 들어

산에 걸린 달을 쳐다보고

고개 숙여

고향을 생각한다네

靜夜思
정 야 사

牀前看月光하니   疑是地上霜이듯
상 전 간 월 광   의 시 지 상 상

擧頭望山月하고   低頭思故鄕하네
거 두 망 산 월   저 두 사 고 향

외마디 산새 울음소리에

-진국태부인秦國太夫人

꿈에 난새〔鸞〕 타고
저 푸른 하늘에 올랐더니

몸소 산 세상이
한낱 주막 같았음을 비로소 알았네

돌아오는 한단邯鄲 길
예전의 길 아니고

봄비 개고 나서 들려오는
외마디 산새 소리란…

〈『대혜보각선사어록』권제14. 진국태부인청 보설普說 참조〉

山鳥一聲
산 조 일 성

夢跨飛鸞上碧虛, 始知身世一蘧廬.
몽 고 비 란 상 벽 허   시 지 신 세 일 거 려

歸來錯認邯鄲路, 山鳥一聲春雨餘.
귀 래 착 인 한 단 로   산 조 일 성 춘 우 여

• 7언구의 절주는 4・3조며, 또한 압운 '여餘(평성 어운魚韻)'로 하여 '山鳥一聲

을 '春雨餘' 앞으로 도치시킨 구문이다.

*一聲(일성): 한 곡조의 소리.

*이 오도시의 격률格律은 7언 고풍古風이며, 곧 고체시古體詩로써 압운押韻
  인 '허虛·려廬·여餘'는 평성平聲 어운魚韻에 속한다.

굳었던 관념이 타파되고 나면
일마다 새롭다.
우후雨後라.
봄비 갠 뒤의 청량하고 발랄한 산천 경계여!
제월霽月의 경계여!
산조山鳥 일성一聲 여전히 새롭고…

『대혜어록』권제14. 진국태부인이 청한 보설普說에서 대혜大慧 선사가
거론한 내용을 본다.

"들어 보니 노부인은 30세 전후의 나이에 남편과 사별하고 두 아들을
엄정하게 가르쳤다."
고 한다. 두 아들은 대혜 선사의 스승인 원오 극근圜悟克勤 화상의 회상에서
발명發明하였다.

어느 날 대혜 선사의 법을 이은 개선 도겸開善道謙 선자가 장승상 덕원張丞相德遠의 집에 머물게 되었을 적에 두 아들 휘유와 상공相公이 친히 겸 선자에게 말했다.

"노모께서는 40년을 수행하셨는데
다만 일착자一著子가 부족합니다.
스님은 경산徑山 화상을 오래 모셨으니 듣고 본 것이 많을 것입니다.
잠시 머무시면서 어머니를 반려 삼아 말씀해 주십시오."

라고 부탁하자, 그 집에 머물면서 자연스럽게
'구자무불성화狗子無佛性話'를 소개하였다.
부인은 그를 수용하고, 간경 예불 송주의 작복행作福行을 버리고 일념상응 一念相應으로 '화두話頭'를 참구하다가, 그 겨울 한밤중에 맥연히 환희처에 들었다.

그 후 겸 선자가 귀사함에 따라 친필 서한과 심게心偈 몇 구를 보냈는데 대혜 선사가 그중 한 게송을 들어 대중에 공개하여 인가印可하기에 이르 렀다.

逐日看經文이　　如逢舊識人일세
축 일 간 경 문　　여 봉 구 식 인

勿言頻有礙하라　　一擧一回新커니
물 언 빈 유 애　　일 거 일 회 신

매일 보는 경전의 구절이

예전에 알던 사람을 만나는 것 같구나
말 많이 하는 게 장애가 된다고 하지 말기를
한 번 말하면 한 번 새롭거니

바로 이 일은 대혜 선사의 제시처인
'선에 참여하여 요달하게 되면,
무릇 경전의 문자를 읽고 보는 것도 과거의
자기 자신의 집안을 거닐다 만나는 것 같고
또한 마치 예전에 서로 알던 사람을 만나는 것과 한가지'

라는 말에 계합되는 본분사本分事인 것이다.

대혜大慧 선사의 인가印可 평을 더하면 이렇다.

"금일 진국태부인의 이 게송은 그야말로
손무孫武 오기吳起와 어깨를 나란히 하고 있다.

그대들은 그이를 여류女流로 보겠지만,
완전히 장부의 작가作家여서,
대장부의 일을 마칠 수 있었다."

벼랑 끝에 매달린 손을 놓아야

-야보 도천冶父道川

나뭇가지를 부여잡고 있는 것은
기특한 일 아니네

벼랑 끝에 매달린 손 놓아야
대장부일세

물이 차갑고 밤은 추운지라
고기도 찾기 어려워

빈 배로 떠돌다가
달빛만 가득히 싣고 돌아간다

〈『금강경오가해』 정신희유분 제6. 야보송冶父頌〉

懸崖撒手
현 애 살 수

得樹攀枝未足奇라　　懸崖撒手丈夫兒로세
득 수 반 지 미 족 기　　현 애 살 수 장 부 아

水寒夜冷魚難覓하여　　留得空船載月歸로다
수 한 야 냉 어 난 멱　　유 득 공 선 재 월 귀

『금강경』정신희유분 제6의

"是故 不應取法 不應取非法: 이런 까닭에 당연히 법法이라고 하여
취해서도 아니 되고, 법이 아닌 것이야말로 취해서는 아니 된다."
는 경문에 대한 게송이다.

*본문 야보송冶父頌에 대한 조선 초기 선승인 함허 득통(涵虛得通:1376~
 1433)의 설의說誼를 살펴 의미의 부연을 본다.

  "일심一心을 회득會得했다고 하여 거기 머무는 것이 기특한 것은 아니
  다. 그 일심처조차 잊어야 대장부. 여기에 이르면 범부의 뜻은 다
  떨어져 나가고 성인의 지해知解조차 없으며, 오직 사사로운 굳은 관념
  없이 조견照見함으로써 거듭 시비是非의 마당으로 온다."

• 이 시게詩偈의 격율格律은 측기식仄起式 칠언절구다.
  압운押韻인 '기奇'와 '아兒'는 평성平聲 지운支韻에, '귀歸'는 평성 미운微韻에
  속한다. 지운支韻과 미운微韻은 통운通韻이다.

옥당평

'특이한 관념적인 선禪'은 아니 된다.
누구나 보고자 하는 깨닫고자 하는
본지本旨로 드는 길이 아니다.
행자들을 그럴싸하게 현혹할 뿐이다.

붓다께서 이르신 고해를 벗어나는
해탈로는 예나 지금이나 눈앞에서 역력하다.
보는 데 더디고 빠름이 있을 뿐이다.

관념에서 관념을 넘어갔다 오면
그 길에 드는 데 가로막는 이 없으리니,
누구든지간에 허용되어 있다.
스스로 차별하지 않는다면 말이다.

≪강희자전康熙字典≫ 등운等韻의 가결歌訣 〈사성법四聲法〉을
가름하다

평성은 고르게 말하여 올리거나 내리지 않고

상성은 높게 질러 맹렬하고 강하게 내며

거성은 분명하고 애처롭고 멀게 말하고

입성은 짧게 재촉하듯 급히 거두어들인다

分四聲法
분 사 성 법

平聲平道莫低昂하고　　上聲高呼猛烈强하며
평 성 평 도 막 저 앙　　　　상 성 고 호 맹 렬 강

去聲分明哀遠道하고　　入聲短促急收藏하네
거 성 분 명 애 원 도　　　　입 성 단 촉 급 수 장

*≪강희자전≫은 청淸 강희55년(1756)에 편찬하여 47,043자를 수록하고
있다.

복사꽃 한 번 본 후로는

-향엄 지한香嚴智閑(?~808)

삼십 년이나

혜검慧劍을 찾은 객客이여

얼마나 잎이 지고

가지가 돋았던가

도화桃花, 그 꽃

한 번 보고 난 뒤로는

지금까지 죽

다시금 의혹 않나니

〈『오등회원五燈會元』 권제4, 영운 지근靈雲志勤〉

一見桃花後
일 견 도 화 후

三十年來尋劍客이여　幾回落葉又抽枝던가
삼 십 년 래 심 검 객　　기 회 낙 엽 우 추 지

自從一見桃花後로는　直至如今更不疑러니
자 종 일 견 도 화 후　　직 지 여 금 갱 불 의

복사꽃은

법계法界의 꽃이다. 연기緣起의 꽃이다.

법계연기의 역력함을 노래하는 꽃이다.

어느 꽃이라고 아니 그러하랴?

그 날 거기 영운에게는 복사꽃이었다.

30년 전에인들 복사꽃을 아니 보았으랴?

10년 전에인들, 그 언제인들 아니 보았으랴?

그때 거기서 검객 영운의 연기꽃이었다.

가을비에
-혜정慧定

구월의 금강산에
쓸쓸히 비 내리는데

비는 내려도 나무에 잎 없으니
가을 소리도 내지 않네

십 년이나 홀로 앉아
소리 없는 눈물 흘렸거니

가사만 적시면서
부질없이 시름겨워한다

秋雨
추 우

九月金剛蕭瑟雨한데　　雨中無葉不鳴秋로다
구 월 금 강 소 슬 우　　　우 중 무 엽 불 명 추

十年獨下*無聲淚로니　　淚濕袈衣空自*愁로다
십 년 독 하 무 성 루　　　누 습 가 의 공 자 수

*獨下(독하): 혼자서 지내다. 하下는 '다다르다', '지내오다' 정도의 뜻.
*空自(공자): 부질없이. 괜스레. 공연히. 자自는 어기조사로써 형용사나

부사 뒤에 연용되어 자연스럽게 어조를 고른다. 유자猶自·본자本自·상자
尙自·단자但自·역자亦自·상자常自 등의 용례가 있다.

'자기 자신'이라는 명사성이나 '스스로'라는 부사어로 보지 않으며, 굳이
해석하지 않는다.

• 이 시의 격율格律은 측기식仄起式 칠언절구七言絶句로써 전경후정前境後情
의 표현을 하고 있으며, 압운押韻인 추秋·수愁는 평성平聲 우운尤韻에 속
한다.

여적

예전 역법으로 구월이면 늦가을이다.
북녘 산간의 이때는 일찌감치 잎이 지고 만다.
그런 차에 가을비가 세월을 재촉하듯 하니
쓸쓸하기가 그지없다.
거기다가 크게 분심을 내어
금강산에까지 들어 정진하기를 십년인데
깨달음의 성취는 아니 되고
시절은 저 비처럼 소리 없는 눈물 흘리며
또 안타까운 한 해를 보내고 있다.
이 도량을 언제나 박차고 나갈는지
처연悽然한 심정이다.

적막한 산중에 소리 없이 내리는 금강산의 가을비에 우의寓意한 납승
작가의 쓸쓸한 심사가 잘 드러나고 있다.

강북에서는 탱자 강남에서는 귤

-야보 도천冶父道川

바른 사람이 그른 법法을 말하면

그른 법도 다 바른 법으로 돌아가고

그른 사람이 바른 법法을 말하면

바른 법도 다 그른 법으로 돌아간다

강북에서 탱자 되고 강남에서 귤 되면서도

봄이 오면 모두 다 한 가지로 꽃을 피운다

江北成枳江南橘
강 북 성 지 강 남 귤

正人說邪法하면   邪法悉歸正하고
정 인 설 사 법   사 법 실 귀 정

邪人說正法하면   正法悉歸邪토다
사 인 설 정 법   정 법 실 귀 사

江北成枳江南橘도 春來都放一般花로다
강 북 성 지 강 남 귤 춘 래 도 방 일 반 화

정正과 사邪,
남南과 북北은 관념의 변견邊見이다.

그때그때 조건 따라 생멸 변화하는 생태계의 일은
상의상존相依相存하는 명백한 상대적 세계다.

상호 연기緣起의 안목이 명철한 행자는
그물을 뚫고 나온 금린金鱗처럼 몰량한沒量漢이라서
취사取捨에 구애되지 않는다.

하여 양변처兩邊處에서도 자적自適한다.

속리산

도는 사람을 멀리하지 않는데

사람이 도를 멀리하며

산은 세속을 여의지 않는데

세속이 산을 여읜다

俗離山
속 리 산

道不遠人人遠道하며
도 불 원 인 인 원 도

山非離俗俗離山이로다
산 비 이 속 속 리 산

조주趙州 선사의 삼전어三轉語

철불은 용광로를 지나가지 못하고
목불은 불구덩이를 지나가지 못하고
토불은 강물을 지나가지 못하고
진정한 부처는 (마음) 안에 앉아 계시다

〈『조주록趙州錄』 권중 시중示衆〉

金佛不度爐하고　　木佛不度火하고
금 불 부 도 로　　　목 불 부 도 화

泥佛不度水하고　　眞佛內裏坐로다
이 불 부 도 수　　　진 불 내 리 좌

"보리菩提나 열반涅槃이나 진여眞如나 불성佛性이라 해도,
모두 다 몸에 걸친 옷처럼 번뇌라고 한다.
묻지 않는다면 번뇌든 진실이든 어디에 두겠는가?
치우친 한 생각이 일지 않으면 세상은 아무 허물이 없다."

옥당평

가립假立은 가립이지만, 가립에 매이지 않으면
그 가립을 통해서 진실眞實한 경계로 들어간다.
뗏목을 타고 저쪽 언덕으로 건너가듯이….

가을의 달 봄의 꽃이여

-야보 도천冶父道川

떨어지는 물방울 얼음 되는데
소식은 거기 있으니

푸른 버들 향긋한 화초
색깔이 무성하기만…

가을의 달 봄의 꽃이라
뜻도 무한함이여

자고새 우니는 소리
한적하게 듣노라니 거리낌없네

〈『금강경오가해』 무법가득분無法可得分 제22 야보송〉

秋月春花
추 월 춘 화

滴水成氷信有之로니   綠楊芳草色依依러라
적 수 성 빙 신 유 지   녹 양 방 초 색 의 의

秋月春花無限意여   不妨閑聽鷓鴣啼로다
추 월 춘 화 무 한 의   불 방 한 청 자 고 제

*鷓鴣(자고): 산과 들에 사는 꿩과의 새로써 메추리와 비슷하다. 우리나라

와 만주, 중국, 동유럽 등지에 분포한다.

옥당평

거리끼지 않고
한적하게 바라보노라면,
계절이 교차하며 형성되는
한량없는 연분緣分이려니
실로 미묘한 소식이다.
만면에 가득 찬 저
화조花鳥의 웃음노래여!

십이시가十二時歌

-조주 종심 趙州從諗(778~897)

닭이 우는
축시丑時에

일어나 보니
형편없는 꼬락서니란

군자裙子도 편삼褊衫도
무엇 하나 없고

가사조차도
변변치 않다

허리 없는 장방이
가랑이 너덜대는 고의

머리에는 검푸른 비듬
서너 말은 될 거라

깜냥대로 수행해서
제도중생하려 했건만

누가 알았겠나

이러히 칠칠치 못한 꼬락서니가 될 줄

*축시丑時: 새벽 1~3시.

*군자裙子: 허리에 둘러 입는 아래옷. 주름이 있어 치마와 같다.

*편삼褊衫: 웃옷. 지금의 장삼은 군자와 편삼을 붙여서 만든 옷.

*잠방이: 가랑이가 무릎까지 내려오게 지은 짧은 남자 홑바지.

*고의袴衣: 남자의 여름 홑바지.

十二時歌
십 이 시 가

鷄鳴丑에
계 명 축

愁見起來還漏逗타
수 견 기 래 환 루 두

裙子褊衫箇也無하고
군 자 편 삼 개 야 무

袈裟形相些些有로다
가 사 형 상 사 사 유

褌無腰袴無口하고
곤 무 요 고 무 구

頭上靑灰三五斗라
두 상 청 회 삼 오 두

比望修行利濟人이언만
비 망 수 행 리 제 인

誰知變作不唧溜임을
수 지 변 작 부 즉 류

새벽녘
인시寅時에

황량하고 쓸쓸한 마을
절은 헐고 형편없어 말도 안 된다

아침 죽粥에 밥알갱이라곤
구경조차 할 수 없다니

물끄러미
창틀에 비치는 먼지나 바라본다

그저 참새만 짹짹대고
가까이엔 사람도 없고

혼자 있으려니
나뭇잎 지는 소리만 스산히 들린다

뉘 말했느뇨
출가승은 증憎·애愛를 끊는다고

생각할수록
나도 모르게 눈물이 나 손수건 적시느니

*인시寅時: 새벽 3~5시.

*아침 죽: 예전 사원에서는 아침에 죽을 먹고 사시에는 정찬을 먹었다.

*증애憎愛: 증은 증오憎惡, 애는 친애親愛로서 미워하고 사랑하는 양변兩邊 의 심리작용을 이른다.

平旦寅에
평 단 인

荒村破院實難論이로다
황 촌 파 원 실 난 론

解齋粥米全無粒타니
해 재 죽 미 전 무 립

空對閑窓與隙塵하도다
공 대 한 창 여 극 진

唯雀噪勿人親하고
유 작 조 물 인 친

獨坐時聞落葉頻이로다
독 좌 시 문 낙 엽 빈

誰道出家憎愛斷한다고
수 도 출 가 증 애 단

思量不覺淚沾巾커니
사 량 불 각 루 첨 건

해 뜰 무렵
묘시卯時에

청정청정하면
오히려 번뇌가 되지

유위有爲의 공덕이란
객진客塵에 묻히는 법

하여 무한전지無限田地는
소지掃地한 적 없는 거라

눈살 찌푸릴 일 많고
마음에 드는 일 적거니

배겨내기 힘든 일은
동촌東村의 까무잡잡한 황 노인이라

공양供養이라곤
해보지도 않은 주제에

나귀를 풀어 내
우리 절 앞 풀만 뜯어 먹인다

*묘시卯時: 오전 5~7시.

*유위有爲: 인연의 화합에 의해서 조작造作되어진 현상.

*객진客塵: 매우 미세한 티끌 먼지가 항상 떠돌아다니며 다른 것에 부착하여 그것을 오염시키므로 번뇌를 상징한다. 진로塵勞, 속진俗塵, 진세塵世라고 도 한다.

*무한전지無限田地: 한계를 정할 수 없는 본래의 청정한 면목.

日出卯에
일 출 묘

淸淨却翻爲煩惱라
청 정 각 번 위 번 뇌

有爲功德被塵幔이로다
유 위 공 덕 피 진 만

無限田地無曾掃라
무 한 전 지 무 증 소

攢眉多稱心少커니
찬 미 다 칭 심 소

叵耐東村黑黃老라
파 내 동 촌 흑 황 로

供利不曾將得來하며
공 리 부 증 장 득 래

放驢喫我堂前草로다
방 려 끽 아 당 전 초

아침 먹을 때
진시辰時

인근 마을 집들
밥 짓는 연기나 헛헛하게 바라본다

만두와 찐 떡은
작년에 이별하곤 그만이라

오늘은 생각만 해도
괜시리 군침만 넘어간다

정념正念은 잠깐이고
푸념만 잦다

한 백 가구나 되는 마을에
착한 사람 없고녀

으레 와 봐야
차 좀 마셔 보자고 타령하다가

얻어먹지 못하면
돌아가면서 성질부린다

*진시辰時: 오전 7~9시.

*정념正念: 수행의 요체를 일관되게 기억하며 집중하며 잊지 않는 것.

食時辰에
식 시 진

煙火徒勞望四隣하노라
연 화 도 로 망 사 린

饅頭餬子前年別이라
만 두 퇴 자 전 년 별

今日思量空嚥津토다
금 일 사 량 공 연 진

持念少嗟歎頻하고
지 념 소 차 탄 빈

一百家中無善人토다
일 백 가 중 무 선 인

來者祇道覓茶喫타가
내 자 기 도 멱 다 끽

不得茶噇去又嗔하고녀
부 득 다 당 거 우 진

오전午前인
사시巳時에

삭발하고 나서
이 신세 될 줄 누가 알았겠나

그저 맡아보라는 바람에
시골 중 되었더니

굴욕적인 굶주림
그저 죽을 맛이다

턱수염 난 장張 씨네와
까무잡잡한 이李 씨네

조금만큼이라도
나를 공경한 적 없으면서

좀 전에
느닷없이 와서는

기껏 한다는 말이
차茶 좀 꿔달라 종이 좀 꿔달란다

*사시巳時: 오전 9~11시.

*장씨·이씨: 중국에는 장張 씨와 이李 씨가 제일 흔하다.

禺中巳에
우 중 사

削髮誰知到如此뇨
삭 발 수 지 도 여 차

無端被請作村僧하였더니
무 단 피 청 작 촌 승

屈辱飢悽受欲死로다
굴 욕 기 처 수 욕 사

胡張三黑李四는
호 장 삼 흑 이 사

恭敬不曾生些子면서도
공 경 부 증 생 사 자

適來忽爾到門頭코는
적 래 홀 이 도 문 두

唯道借茶兼借紙로다
유 도 차 다 겸 차 지

해가 남중南中에 오는
오시午時에

차건 밥이건
탁발에는 정해진 법이 없다

남촌으로 돌다가
북촌으로 들르노라니

정말로 북쪽 집에서는
공손하지도 꺼리지도 않는다

씁쓸한 돌소금에
구수한 보리식초지게미

수수밥에 상치김치
차려내고서

한다는 소리가
'공양은 등한히 해선 안 되고

화상和尙은 도심道心이
굳건해야 한다'나

*오시午時: 낮 11~1시.

*탁발: 승려가 집집마다 방문하여 식량을 보시 받는 일. 붓다 재세시부터
 행하던 음식을 얻음에 일곱 집 이상을 돌지 못하는 엄격한 규정이 있다.

*돌소금: 산에서 캐는 암염巖鹽이며, 잘게 빻으면 사염砂鹽이라 한다.

*도심道心: 붓다의 가르침으로 수행하는 마음.

日南午에
일 남 오

茶飯輪還無定度로니
다 반 윤 환 무 정 도

行却南家到北家한데
행 각 남 가 도 북 가

果至北家不推註로다
과 지 북 가 불 퇴 주

苦沙鹽大麥醋에
고 사 염 대 맥 초

蜀黍米飯薑萵苣하고는
촉 서 미 반 제 와 거

唯稱供養不等閑하고
유 칭 공 양 부 등 한

和尙道心須堅固란다
화 상 도 심 수 견 고

해 기울 녘인
미시未時에

이쯤에서는
한낮의 바깥 나다니지 않으리

예부터
한 번 배부름에 갖은 배고픔 다 잊는다고

오늘
이 내 처지가 딱 그렇네

좌선도 않고
도리道理도 따지지 않고

해진 포단 깔고서
낮잠 즐기누나

저 상계上界의
도솔천은 어떨까

이렇듯
등어리 뜨시게 해 줄 햇볕 없으리

*미시未時: 오후 1~3시.

*도솔천: 욕계6천欲界六天의 제4천. 내원內院과 외원外院이 있다. 외원은
　일반 천중天衆의 욕락처이고 내원은 미륵보살의 정토淨土이다. 미륵보살
　이 여기에서 남섬부주에 하생할 시기를 기다리고 있다고 한다.

日昳未에
일 질 미

者回不踐光陰地하리라
자 회 불 천 광 음 지

曾聞一飽忘百飢라고
증 문 일 포 망 백 기

今日老僧身便是라네
금 일 노 승 신 변 시

不習禪不論義하고
불 습 선 불 논 의

鋪箇破席日裏睡하누나
포 개 파 석 일 리 수

想料上方兜率天하니
상 료 상 방 도 솔 천

也無如此日炙背리라
야 무 여 차 일 자 배

저녁나절인
신시申時에

그래도
향 사르어 예배하는 사람 있고녀

다섯 노파 중에
세 사람은 혹부리

두 사람은
거무튀튀한 얼굴에 주름 밭고랑

웬 호마차胡麻茶 공양이뇨
희한도 하다

금강역사라도
애써 힘줄 일 아닐세

내년에
양잠 보리 농사 잘만 된다면

라훌라 나한님
한 푼어치쯤은 공양하리다

*신시申時: 오후 3~5시.

*호마차胡麻茶: 참깨 기름을 가미한 토속차.

*금강역사: 금강저金剛杵를 들고 불법佛法을 수호하는 천신.

*라홀라: 16나한 혹은 18나한 중 한 분.

晡時申에
포 시 신

也有燒香禮拜人이로다
야 유 소 향 예 배 인

五箇老婆三箇瘦이요
오 개 노 파 삼 개 영

一雙面子黑皴皴일세
일 상 면 자 흑 준 준

油麻茶實是珍이러니
유 마 다 실 시 진

金剛不用苦長筋일세
금 강 불 용 고 장 근

願我來年蠶麥熟하면
원 아 내 년 잠 맥 숙

羅睺羅兒與一文하리다
라 후 라 아 여 일 문

해 질 무렵인
유시酉時에

날빛 스러지고
황량함에 다시 무얼 지키랴

운수雲水라
훤칠한 장부는 없고

절 거쳐 가는
사미만 끊이지 않는다

출격出格의 한 마디
입에 담은 적도 없으면서

그저 그렇게
붓다의 뒤나 좇아가서야 원

명아주로 만든
지팡이 하나

산에 갈 때 짚지만
개도 때린다

*유시酉時: 오후 5~7시.

*운수雲水: 스승을 찾고 도를 물어 방방곡곡에 돌아다니는 수행자의 행각이
마치 '구름이 흐르듯 물이 흘러가듯 하다'는 행운유수行雲流水에서 온
말이다.

日入酉에
일 입 유

除却荒涼更何守리오
제 각 황 량 갱 하 수

雲水高流定位無하고
운 수 고 류 정 위 무

歷寺沙彌鎭長有러라
역 사 사 미 진 장 유

出格言不到口하고
출 격 언 부 도 구

枉續牟尼子孫後커니
왕 속 모 니 자 손 후

一條拄杖龗楜藜로써
일 조 주 장 추 랄 려

不但登山兼打狗라네
부 단 등 산 겸 타 구

황혼 무렵
술시戌時에

횡뎅그렁하니
깜깜한 밤 단칸방에 홀로 앉았노라니

오롯이 타오르는
등불 본 지도 오래

눈앞은
순전히 칠흑 같은 밤

종소리도 못 듣고
또 하루 보내는데

묵은 쥐들
어지러이 찍찍대는 소리만…

무엇을 의지해서
감정은 일어나드뇨

생각 끝에
바라밀波羅蜜이나 염한다

黃昏戌에
황 혼 술

獨坐一間空暗室하자니
독 좌 일 간 공 암 실

陽焰燈光永不逢인지라
양 염 등 광 영 불 봉

眼前純是金州漆이로다
안 전 순 시 금 주 칠

鍾不聞虛度日한데
종 불 문 허 도 일

唯聞老鼠鬧啾唧이로다
유 문 노 서 뇨 추 즉

憑何更得有心情이뇨
빙 하 갱 득 유 심 정

思量念箇波羅蜜하노라
사 량 염 개 바 라 밀

인경 치는
해시亥時에

문전의 명월
누가 좋아하느뇨

방안에서 걱정하는 건
잠자리에 들 때

옷 한 벌 제대로 없어
무얼 입어야 할지다

유 유나劉維那와
조 오계趙五戒

그 입에서
선善을 말하다니 기이한 일이로세

저희 멋대로
내 걸망 비우면서도

묻는 족족
다 모른다고만 하는고녀

*해시亥時: 밤 9~11시. 대표시인 10시쯤에 인경人定을 친다.

*유나維那: 승당僧堂 내의 감독이며, 독경 때 제목이나 회향문 읽는 것
 등을 직무로 한다.

*趙五戒: 재가 5계를 수지한 조 씨 성을 가진 이를 이른다. 절 일을 돕는
 불목하니일 것이다.

人定亥에
인 경 해

門前明月誰人愛하뇨
문 전 명 월 수 인 애

向裏唯愁臥去時라
향 리 유 수 와 거 시

勿箇衣裳著甚蓋로다
물 개 의 상 착 심 개

劉維那趙五戒가
유 유 나 조 오 계

口頭說善甚奇怪로세
구 두 설 선 심 기 괴

任你山僧囊罄空하면서
임 니 산 승 낭 경 공

問著都緣總不會로다
문 착 도 연 총 불 회

한밤중인
자시子時에

마음 일찍이
그쳐 본 적도 없다

생각거니
천하의 납자衲子들 중

나처럼 사는
살림 몇이겠느뇨

맨흙바닥 침상에는
떨어진 돗자리에

느릅나무 목침뿐
이부자리는 아예 없다

불전에는
안식향安息香도 사르지 않아

향로에서 내리는
쇠똥 같은 냄새나 맡느니

*자시子時: 밤 11~1시.

*안식향安息香: 향료의 하나. 범어 구구라(guggula)의 번역어.

半夜子에
반 야 자

心境何曾得暫止로다
심 경 하 증 득 잠 지

思量天下出家人에
사 량 천 하 출 가 인

似我住持能有幾어뇨
사 아 주 지 능 유 기

上榻床破蘆簾요
상 탑 상 파 로 폐

老楡木枕全無被로다
노 유 목 침 전 무 피

尊像不燒安息香하여
존 상 불 소 안 식 향

灰裏唯聞牛糞氣로라
회 리 유 문 우 분 기

소 찾는 노래를 읊다

-경허 성우鏡虛惺牛(1849~1912)

1. 소를 찾아 나서다

본디 잃어버리지 않았거늘
무얼 쓰려고 다시 찾는가

다만 이 찾으려는 놈이
비로자나의 스승이건만

녹수청산에
꾀꼬리 울고 제비 지저귀며

산천의 두두물물頭頭物物이
죄다 누설하다니
쯔쯧!

尋牛
심 우

本自不失何用更尋가
본 자 불 실 하 용 갱 심

祇這尋底毘盧之師어늘
지 저 심 저 비 로 지 사

山靑水綠鶯吟燕語하며
산 청 수 록 앵 음 연 어

頭頭漏洩타니 咄!
두 두 누 설   돌

2. 소 발자국 흔적을 발견하다

저 봄 경치 오묘하다 해도
백화 만발한 데 있는 것만은 아니로고

아름답기로야
둥지 노랗고 귤 푸른 시월 상달

좋구나 좋아
노래부르세

발자취 있으면 소가 있다는 거라
무심의 길에서나 가차이 가기 쉽네

좋구나 좋아
노래부르세

옛 묘당의 향로요
가을 들판의 맑은 시냇물이라

좋구나 좋아
노래부르세

見跡
견 적

韶光之妙不在白花爛熳이요
소 광 지 묘 부 재 백 화 난 만

最是橙黃橘綠이라
최 시 등 황 귤 록

好好哥哥로세
호 호 가 가

跡在牛라 還在無心道易親이라
적 재 우 　 환 재 무 심 도 이 친

好好哥哥로세
호 호 가 가

古廟裏香爐요 澄秋野水라
고 묘 리 향 로 　 징 추 야 수

好好哥哥로세
호 호 가 가

3. 소를 보다

할!

이르노니,

"마치 '신령스런 광명이 저 홀로 빛나 하늘을 덮고 땅을 덮었다'고 한다면 오히려 뜨락의 주변머리 없는 놈이 혼령을 놀린답시고 부산을 떠는 것이다. 도깨비 장난을 하지 말라!"

"좋구나. 자! 말해 보라. 도대체 무엇을 보았다는 것인가?"

할! 하고 한소리 내지르다.

見牛
견 우

喝云하노니 得如靈光獨曜하여 盖天盖地로라 猶是階下漢이
할 운   득 여 영 광 독 요   개 천 개 지   유 시 계 하 한

弄精魂脚手라 莫魑魅魍魎하라 好라 且道하라
롱 정 혼 각 수   막 이 매 망 량   호   차 도

見箇甚麼오 喝一喝!
견 개 심 마   할 일 할

4. 소를 얻다

'보고 얻음'이 곧 없지는 않지만, 어찌 할까? (진즉에) 삼천포로 빠지는 격〔第二頭〕이니. 보고도 얻지 못한 자는 얻게 하고, 얻은 자는 외려 잃어버리게 하라. 게다가 깨달아 얻은 자들은 길이 깨달아 얻게 하고, 잃어버린 자는 길이 잃어버리게 하라.

그렇다면 정당한 얻음〔得〕일까?

주장자를 한 번 치고 이른다.

　　한 줄기 버들가지 잡아 둘 수 없으리니

　　바람 부는 대로 옥난간에 두어라.

得牛
득 우

見得卽不無한데 爭奈리오 爲第二頭라
견 득 즉 불 무　　쟁 내　　위 제 이 두

未見得者는 令得見케하라
미 견 득 자　　령 득 견

已見得者는 却令迷失케하라 又却令悟得者는 永悟得케하고
이 견 득 자　　각 령 미 실　　우 각 령 오 득 자　　영 오 득

迷失者는 永迷失케하라 還正當得也未오
미 실 자　　영 미 실　　환 정 당 득 야 미

以柱杖打卓一下云하다
이 주 장 타 탁 일 하 운

一把柳條收不得하니 和風塔在玉蘭干하라
일 파 류 조 수 부 득　　화 풍 탑 재 옥 난 간

5. 소를 치다

선과 악이 다 마음이니,

닦는다느니 끊는다느니 할 수 없다.

이는 마치 독기가 가득한 마을을 지나는 것 같아서,

물 한 방울도 축여서는 안 된다.

이 마음은 별 다른 마음이 아니다.

탐심이거니 음심이거니 해서 끊어버릴 마음도 아니다.

이는 지금 시절인연을 마친 마치 죽은 사람과 같아서,

눈이 있다고 해도 험한 길이라서 요해처에 갈 수 없지 않은가.

자! 말해보라.

무엇이 옳은지? 9×9는 81이라지만 쓸데없구나.

용천 선사는 40년이나 분주했고,

향림 선사는 40년 만에 계합하였다.

아하! 얻기는 쉬우나 지키기는 어렵다.

자! 조금 얻은 것으로 만족하지 말고

선지식을 참례하여 담금질해야 비로소 이룰 것이다.

牧牛
목우

善惡俱是心이니 不可以修斷이로다
선 악 구 시 심　　　불 가 이 수 단

是如過蠱毒之鄕이어서 水也不得霑着一滴이로다
시 여 과 고 독 지 향　　　수 야 부 득 점 착 일 적

是心無異心하니 不斷貪婬하고
시 심 무 이 심　　　부 단 탐 음

是及盡今時如死人이라 眼是俱라도 是險路여서 不可以行이로다
시 급 진 금 시 여 사 인　　　안 시 구　　　시 험 로　　　불 가 이 행

且道하라 如何卽是九九八十一이라도 又椀達邱로다
차 도　　　여 하 즉 시 구 구 팔 십 일　　　우 완 달 구

龍泉四十年이나 尙有走作하고 香林四十年에 打成一片하였다
용 천 사 십 년　　　상 유 주 작　　　향 림 사 십 년　　　타 성 일 편

吁라 得易守難토다
우　　　득 이 수 난

且! 莫得少爲足하고 須參知識鑪鞴多方始得이로다
차　　막 득 소 위 족　　　수 참 지 식 로 비 다 방 시 득

6. 소를 타고 집에 돌아오다

육도六途 사생四生에서 신산한 삶을 숱한 세월 지냈다지만
어찌 고향집에서 한 걸음인들 떠났겠는가?
껄껄! 젓대소리는 가던 구름도 멈추는 〈알운곡遏雲曲〉이라,
동정호심洞庭湖心이요 청산각靑山脚일세.
비록 그러하더라도, 이렇게 이른다면 감히 내가 보증하건대
노형은 여전히 귀가歸家하지 못했다 하겠소.
아시겠는가? 나한 계침 선사의 ("모든 대지가 불법을 깨닫는 사람을
알아본다"는) 도리를.

騎牛歸家
기 우 귀 가

六途四生에 歷劫辛酸이었어도 何曾一步移着家鄕하였는가
육 도 사 생   역 겁 신 산   하 증 일 보 이 착 가 향

呵呵로니 笛聲遏雲曲이라 名洞庭湖心이요 靑山脚일세
가 가   적 성 알 운 곡   명 동 정 호 심   청 산 각

雖然如是라도 敢保컨데 老兄은 猶未歸라하리
수 연 여 시   감 보   노 형   유 미 귀

會麽아 桂琛道底를
회 마   계 침 도 저

달을 보고는 손가락을 잊다

토끼를 잡고 올무를 잊어버리는
묘용妙用이 있는 것은,

손가락에 집착하여 달을 보지 못하는
미망迷妄이 없는 것이다.

〈『고존숙어록』 권제22 황매동산(법)연演화상어록〉

見月忘指
견 월 망 지

有得兎忘蹄之妙는
유 득 토 망 제 지 묘

無執指爲月之迷로다
무 집 지 위 월 지 미

여적

"통발은 물고기를 잡으려는 데 있기 때문에
물고기를 잡고 나면 통발은 잊게 마련이고,

올무는 토끼를 잡으려는 데 있기 때문에
토끼를 잡고 나면 올무는 잊게 마련이다.

말도 뜻을 전하려는 데 있기 때문에

뜻을 전하고 나면 말도 잊게 마련이니,

나는 어떻게 말을 잊은 사람을 만나서 그와 더불어 말해 볼까."

筌者所以在魚, 得魚而忘筌;
전 자 소 이 재 어   득 어 이 망 전

蹄者所以在冤, 得冤而忘冤;
제 자 소 이 재 토   득 토 이 망 토

言者所以在意, 得意而忘言;
언 자 소 이 재 의   득 의 이 망 언

吾安得夫忘言之人而與之言哉.
오 안 득 부 망 언 지 인 이 여 지 언 재

〈『장자』잡편 외물外物 제23 13단〉

*執指爲月(집지위월): 『능가경楞伽經』 권제5 찰나품에 보인다.

如愚見指月하며
여 우 견 지 월

觀指不觀月이로다
관 지 불 관 월

어리석은 사람이

달을 가리키는 손가락을 보면서

손가락만 보고

달을 보지 못하는 것과 같다.

연기緣起를 보지 못하는 자
굳은 관념의 변견邊見에 매여
일상 경계의 사실을 사실대로 보지 못한다.
그때 번뇌도 생겨난다.

손가락도 달도 잊으면
거기 해탈인 들 일 있을까.

차나 마시게

조주趙州 선사가 두 사람의 신참 학승이 오자 묻는다.

"상좌는 전에 여기 온 적이 있는가?"

학승: "온 적이 없습니다."

조주: "차나 마시게."

또 다른 학승에게 묻는다.

"여기 온 적이 있는가?"

학승: "전에 왔었습니다."

조주: "차나 마시게."

(옆에서 지켜보던) 원주가 물었다.

"큰스님께서는 온 적이 없는 학승에게 '차나 마시게' 한 것은 그렇다 치고 전에 온 적이 있는 학승에게도 '차나 마시게' 한 것은 왜 그런 겁니까?"

조주가 "원주!" 하고 불렀다.

원주: "네" 하고 대답하자

조주: "차나 마시게."

〈『조주록』 459화〉

喫茶去
끽 다 거

師問二新到,"上座曾到此間否?"云:"不曾到."師云:"喫茶
사 문 이 신 도   상 좌 증 도 차 간 부   운   부 증 도   사 운   끽 다

去!"
거

又問那一人,"曾到此間否?"云:"曾到."師云:"喫茶去!"
우 문 나 일 인   증 도 차 간 부   운   증 도   사 운   끽 다 거

院主問:"和尙! 不曾到敎伊, 喫茶去卽且置, 曾到, 爲什麼敎
원 주 문   화 상   부 증 도 교 이   끽 다 거 즉 차 치   증 도   위 십 마 교

伊喫茶去?"
이 끽 다 거

師云:"院主!"院主應諾, 師云:"喫茶去!"
사 운   원 주   원 주 응 낙   사 운   끽 다 거

간시궐乾屎橛

운문 선사에게 한 납승이 묻는다.

"부처란 무엇입니까?"

선사 : "말려 놓은 밑씻개다."

雲門, 因僧問. "如何是佛?" 門曰 : "乾屎橛!"
운 문　인 승 문　여 하 시 불　문 왈　간 시 궐

〈『無門關』제21칙〉
　무 문 관

시비是非

조주 선사가 대중에게 일렀다.

"잠깐이라도 옳고 그름을 따지면, 얽히고설켜서 본마음을 잃고 만다고 했다. 과연 대답할 말이 있겠는가?"

어떤 납승이 나와 사미의 뺨을 한 대 치고는 획 나가버리자, 선사도 방으로 돌아갔다.

다음날 시자에게 물었다. "어제 그 납승은 어디 있느냐?"

"그때 그대로 가버렸습니다."

"30년이나 말을 부렸건만, 뭐야 나귀 같은 놈에게 나동그라지다니."

〈『조주록趙州錄』 341화〉

是非
시 비

師示衆云: "纔有是非, 紛然失心. 還有答話分也無?"
사 시 중 운   재 유 시 비   분 연 실 심   환 유 답 화 분 야 무

有僧出將, 沙彌打一掌, 便出去. 師便歸方丈. 至來日,
유 승 출 장   사 미 타 일 장   변 출 거   사 변 귀 방 장   지 래 일

問侍者: "昨日者師僧, 在什麼處?"
문 시 자   작 일 자 사 승   재 십 마 처

侍者云: "當是便去也."
시 자 운   당 시 변 거 야

師云: "三十年弄馬騎, 被驢子撲!"
사 운   삼 십 년 롱 마 기   피 려 자 박

한시 작법 격율론 일부

춘망 春望

-두보杜甫(712~770)

나라는 망해도
산하는 그대로 있어

성에 봄이 드니
초목만 짙어진다

시절이 비감함에
꽃 피는 데도 눈물 뿌리고

이별에 한스러워하자니
새 소리에도 놀라는 마음이다

봉화불이 타올라
석 달이나 이어지니

고향 집에 부치는 편지는
만냥어치에 비길 만하다

흰 머리카락은
긁을수록 더더욱 적어져서

온전하게

비녀도 꽂지 못할 성싶구나

春望
춘 망

國破山河在하고　　城春草木深하다
국 파 산 하 재　　　성 춘 초 목 심

感時花濺淚하고　　恨別鳥驚心토다
감 시 화 천 루　　　한 별 조 경 심

烽火連三月하니　　家書抵萬金이라
봉 화 연 삼 월　　　가 서 저 만 금

白頭搔更短하여　　渾欲不勝簪쿠나
백 두 소 갱 단　　　혼 욕 불 승 잠

• 압운押韻 '심深·심心·금金·잠簪'은 평성 침운侵韻에 속한다.

• 한시의 평측법에서 절구絕句든 율시律詩든 첫째 자는 평성과 측성이 다
  가능하다.

• 오율五律 측기식에서는 제2구·제3구·제6구의 셋째 자도 평성과 측성이
  가능하다.

이로 볼 때

제3구의 첫째 자 평성 자리에 측성〔상성: 感韻〕이 온 경우이며,

제5구의 첫째 자 측성 자리에 평성〔평성: 冬韻〕이,

제7구의 첫째 자 평성 자리에 측성〔입성: 陌韻〕이,

제8구의 첫째 자 측성 자리에 평성〔元韻〕이 온 경우이다.

화석정花石亭

-이율곡(1536~1584)

숲속 정자에는
가을 색이 저물어가는데

시인은
감회가 끝이 없네

멀리서 흘러오는 강물은
하늘에 잇닿아 푸르고

서리 맞은 단풍은
햇빛에 붉기만 하다

산山은
둥근 달 하나 토해 내고

강江은
길게 이는 바람을 품누나

변방의 기러기는
어디로 가는가

울음소리는

저물녘 구름 속에서 사라지는구나

花石亭
화 석 정

林亭秋已晚한데 임 정 추 이 만	騷客意無窮토다 소 객 의 무 궁
遠水連天碧하고 원 수 연 천 벽	霜楓向日紅하네 상 풍 양 일 홍
山吐孤輪月하고 산 토 고 륜 월	江含萬里風하네 강 함 만 리 풍
塞鴻何處去오 새 홍 하 처 거	聲斷暮雲中코나 성 단 모 운 중

*晩(만):저물다, 늦다, 저녁. 騷(소):떠들다, 시부詩賦, 풍류.

騷客(소객):시인, 문사文士. 碧(벽):푸르다. 吐(토): 토하다.

含(함):머금다. 塞(새):변방, 국경지대, 성채.

鴻(홍):기러기, 큰기러기. 暮(모):저물다, 해질녘.

주注

압운押韻인 궁窮·홍紅·풍風·중中은 평성 동운東韻에 속한다.

제3구와 제4구, 제5구와 제6구는 대련對聯으로 짓는다.

율시에서는 대체로 이 네 구를 두 개의 대련으로 짓는 것이 정격이다.

원수遠水와 상풍霜風은 관형어가 수식하는 명사의 대우對偶요,

연連과 향向은 동사의 대우고, 천天과 일日은 명사의 대우며,

벽碧과 홍紅은 형용사의 대우다.

472

산山과 강江은 명사의 대우요, 토吐와 함含은 동사의 대우며,
고륜월孤輪月과 만리풍萬里風은 관형어가 수식하는 월月과 풍風의 명사
대우다.

제2구의 첫째 자 측성 자리에 평성(호운豪韻)이 온 경우며,
제5구의 첫째 자 측성 자리에 평성(산운刪韻)이 온 경우고,
제7구의 첫째 자 평성 자리에 측성(대운隊韻)이 온 경우며,
제8구의 첫째 자 측성 자리에 평성(경운庚韻)이 온 경우다.

절구絶句든 율시律詩든 첫째 자는 평측의 변환이 가능하며,
〈오율 평기식〉에서는 제4구의 셋째 자와 제8구의 셋째 자도 변환이 가능하
다. 〈오율 측기식〉에서는 제2구의 셋째 자와 제3구의 셋째 자와 제6구의
셋째 자도 변환이 가능하다.

• 절구絶句에서 각 구의 명칭은 기구起句·승구承句·전구轉句·결구結句로
  표현하기도 하며, 율시律詩에서는 제1, 2구를 두련頭聯 또는 수련首聯,
  제3, 4구를 함련頷聯, 제5, 6구를 경련頸聯, 제7, 8구를 미련尾聯으로 표현하
  기도 한다.

진헐대眞歇臺

-나옹 혜근懶翁惠勤(1320~1376)

진헐대에서 보는
경치가 몇몇 풍경인데

첩첩한 연봉들이
다 이 안으로 드누나

대臺 앞에도 뒤에도
맑은 바람 불어 대니

그늘은 엷다가 짙다가
종일토록 한가하네

납승들은 짝을 지어
왔다가는 돌아가고

새들도 짝을 지어
날아갔다가는 돌아오는구나

바위에 앉아 깊이 선정에 드니
통철通徹하여 가로막힘이 없고

474

물빛과 산빛은

담을 씻어 내듯 서늘하구나

眞歇*臺
진헐 대

眞歇臺中景幾般한데
진헐대중경기반

群巒皆向此中間하누나
군만개향차중간

臺前對後淸風拂하니
대전대후청풍불

陰薄陰濃永日閑하네
음박음농영일한

衲子雙雙來又去하고
납자쌍쌍래우거

靈禽兩兩去猶還하놋다
영금양양거유환

幽巖宴坐*通無礙하고
유암연좌 통무애

水色山光洗膽寒코나
수색산광세담한

주注

*진헐眞歇: '제대로 쉬다'의 뜻이다.

굳은 관념, 곧 변견邊見의 치우친 경계를 넘어선 자유자재한 경계다.
오고 감〔來去〕에 얽매임이 없으니, 목전의 낱낱한 일들이 다 명료하여
거동이 활발발하다는 것이다.

• 압운押韻인 '반般·간間·한閑·환還'은 평성 산운刪韻에 속하며,
한寒은 평성 한운寒韻이다. 산刪과 한寒은 통운通韻이다.

*宴坐(연좌): 몸과 마음을 고요히 하여 좌선하다.
『벽암록碧巖錄』제6칙에 나온다.

"豈不見이뇨 須菩提가 巖中宴坐하자 諸天이 雨花하여 讚歎하였음을: 어찌
보지 못하는가? 수보리가 큰 바위에서 좌선하자 하늘님들이 꽃비를
내리며 찬탄하였음을."

*水色山光은 山色水光으로 단어가 구사되어야 하는데,
　●●○○　○●●○

표시와 같이 평平은 측仄에 측仄은 평平에 대장對杖시키는 염대粘對의
규칙에 어긋나기에 위치를 서로 바꾸어 운을 맞추었다.

　幽巖宴坐
　○○●●

　水色山光
　●●○○

476

십현담/심인心印

-동안 상찰同安常察(?~961)

그대에게 묻는다
심인心印은 어떤 모습이뇨

심인, 어느 누가
감히 전한다고 하는가

숱한 세월을 지내도
다른 성색聲色이 없어

심인이라고 부른다면
애초에 헛소리

알아야 하리
본디 허공 같음을

비유하거니
화롯불 속의 연꽃이라

무심無心이 도道라고
이르지 말라

무심도 여전히

한 겹의 관문關門이 막히고 있나니

心印
심 인

問君心印作何顏이뇨　心印何人敢授傳가
문 군 심 인 작 하 안　　심 인 하 인 감 수 전

歷劫坦然無異色하니　呼爲心印早虛言이라
역 겁 탄 연 무 이 색　　호 위 심 인 조 허 언

須知本自虛空性하나니　將喩紅爐火裏蓮이라
수 지 본 자 허 공 성　　장 유 홍 로 화 리 련

莫謂無心便是道하라　無心猶隔一重關커니
막 위 무 심 변 시 도　　무 심 유 격 일 중 관

주注

• 평기식 칠언율시로써 압운押韻인 안顏·관關은 평성 산운刪韻에 속하고,
전傳·연蓮은 평성 선운先韻에 속하며, 언言은 평성 원운元韻에 속한다.
산운刪韻·선운先韻과 원운元韻 일부는 통운通韻이다.
제2, 4, 6, 8구의 압운은 정격正格이고,
제1, 2, 4, 6, 8구의 압운은 변격變格이다.
제1구의 첫째·셋째 자, 제2구의 첫째 자, 제3구의 셋째 자,
제4구의 셋째 자, 제6구의 첫째 자, 제8구의 셋째 자에서 '평측平仄'의
변환이 이루어졌다. 변환이 가능한 위치다.

* 心印(심인): 불심인佛心印. 본심本心. 심월心月. 마음의 요지. 마음의 깨달
음처. 변견邊見을 넘어선 마음자리. 관념에 어둡지 않은 마음.

* 君(군): 그대. 당신. 이인칭대사.

478

*授傳(수전): '전수傳授'여야 하는데 평측平仄과 압운押韻을 조율하기 위하여 위치를 바꾸었다. 한시에서는 이러한 이동이 허용된다.

*聲色(성색): 눈앞에 존재하는 인식 대상인 '색色·성聲·향香·미味·촉觸·법法'의 현상.

*須知(수지): 알아야 한다. 알지 않으면 아니 된다. 앞서 몇 차례 주석한 조동사 '수須'의 용법을 새긴다.

*本自(본자): 본디. 본래. 자自는 어기조사로써 형용사나 부사 뒤에 연용되어 자연스럽게 어조를 고른다. 굳이 해석하지 않는다.

*將(장): 어기조사. 가볍게 어조를 늦추는 역할을 한다. 해석하지 않는다.

*紅爐(홍로): 번뇌의 비유로써 다음의 네 가지 경우를 상정할 수 있다.

   ① 탐진치貪瞋癡--삼독심三毒心

   ② 탐진치만貪瞋癡慢--사혹심四惑心

   ③ 탐진치만의貪瞋癡慢疑--오둔사五鈍使

   ④ 탐진치만의악견貪瞋癡慢疑惡見--육번뇌六煩惱

*莫(막): 부정부사. 동작이나 행위의 금지를 나타낸다. '…하지 말라', '…해서는 안 된다' 등으로 해석한다.

*便(변): 즉卽과 같다. 부사로써 두 일이 시간적으로 매우 가까움을 나타낸다. '바로', '곧', '즉시', '그야말로' 등으로 해석한다.

*猶(유): 부사. 원래의 상황이 변화가 없음을 나타낸다. '여전히', '더욱이나', '아직도', '그래도', '의연히', '그렇다고 하더라도' 등으로 해석한다.

*無心(무심): 공성空性에 대한 무심無心의 고정 관념.

고평孤平의 회피

고평(●○●)은
성조聲調의 부조화로 하여 장율長律이나 율절律絶이나
다 회피한다. 사곡詞曲 등 악부류樂賦類에서도 고평을 피한다.

전제한 평측平仄 염대粘對의 보기 자료로 올린 '평기식 칠율'인 고려조
나옹 선사의 시게詩偈 일부 연구聯句의 예문에서 그 사실을 살펴본다.

　첩첩한 산중은
　적막함에 조용한데

　올연兀然히 앉으니
　구름과 소나무에 일마다 쉰다

　납자들이 한가하면
　대臺에 와서 구경하고

　속인들도 길 없으면
　여기 와서 한가하게 노닌다

〔두련〕 ●○○●●○○
萬重山裏靜寥寥한데
만 중 산 리 정 료 료

●●○○●●○
兀坐雲松事事休노라
올 좌 운 송 사 사 휴

〔함련〕 ●●●○○●●
衲子有閑來賞翫하고
납 자 유 한 래 상 완

●○○●●○○
俗人無路到優遊로다
속 인 무 로 도 우 유

여기서 평기식 칠율의 평측 형식을 제시하고,
첫 자 평성을 '요拗'하여 오는 고평 ●○●의 '重○'을 '구救'하여 고평을
회피하는 제1구의 실례를 살펴본다.

표준형 → ○○●●●○○

제1구 → ●○○●●○○
　　　　　萬重山裏靜寥寥

'만중萬重'에서 만萬은 거성去聲 원운願韻에 속하기 때문에
평측 형식은 ●○●●○○이 된다.

하여 평성 산운刪韻의 산山(山裏○●)을 써서
'重○'의 고평(●○●)을 회피하였다(●○○●)
셋째 자는 변환이 가능한 위치다.

[함련]의 제4구에서도 보인다.

표준형 → ○○●●●○○

제4구 → ●○○●●○○
　　　　　俗人無路到優遊

마찬가지로 제3구 '衲子'의 대對로써 '俗人'을 쓰니, 입성 옥운沃韻인 '속俗'으로 하여 평측 형식은 ●○●●○○이 된다.

때문에 제3구 '有閑'의 대對로써 평성 무운無韻(無路○●)을 써서 '人○'의 고평(●○●) 을 회피하였다(●○○●).

[미련]의 제8구에서도 보인다.

표준형 → ○○●●●○○

제8구 → ●○○○●○○
　　　　　不離九夏便三秋

여기서도 '불不'이 측성으로 변환하는 바람에 '리離'가 고평이 되었다. 하여 구하九夏의 '九(＝鳩: 모일 구. 평성 우운尤韻)'를 써서 〈고평고평孤平〉을 회피하였다.

삼하三夏여도 되겠으나 뒤에 오는 삼추三秋의 '三'과 중복을 피하기 위하여 구하九夏를 쓰기도 했다. 이러한 일이 율시 작법의 묘용妙用인 것이다.

示俊清師
시 준 청 사

月色窓間白하고 　　**松聲枕上淸**토다
월 색 창 간 백 　　　　　송 성 침 상 청

此中多意趣로대 　　**難與世人評**일세
차 중 다 의 취 　　　　난 여 세 인 평

준청 스님에게

달빛은

창가에서 밝고

솔바람 소리는

침상에서 맑다

이 살림살이

몇 가지 맛이겠으나

세간 사람과

말하기 쉽지 않네

주注

• 압운인 청淸과 평評은 평성 경운庚韻에 속한다.

• 제3·제4구 첫째 자에서 평측이 변환되었다.

오언절구五言絶句 〈평기식〉

만해 용운 스님의 '견월見月'과 '완월玩月'에서 평기식 오언절구를
새겨 본다.

〈평측의 염대〉

평평/평/측측　○○○●●

측측/측/평평　●●●○○

측측/평평/측　●●○○●

평평/측측/평　○○●●○

* / 표식은 절주점節奏點을 나타낸다.

見月
견 월

○○●●●
幽人見月色하니
유 인 견 월 색

●●●○○
一夜總佳期러라
일 야 총 가 기

○●○○●
聊到無聲處에서
요 도 무 성 처

●○●●○
也尋有意詩로다
야 심 유 의 시

484

달을 보노라니

저 외진 데서
달을 보노라니

한밤중
내내 좋은 시절

애오라지
말길조차 끊어진 자리에서

또 다시 찾는다
뜻 있는 시구를…

주注

• 압운인 기期와 시詩는 평성 지운支韻에 속한다.

• 제3, 4구의 첫 자에서 평측을 변환하였다

• 제4구 첫 자를 측성 야也(거성 마운禡韻)로 변환〔요拗〕하고는 셋째 자를
  평성으로 '구救'하지 아니 하여 '也尋有●○●'은 '고평孤平'이 되었다.
  제4구 셋째 자는 변환〔救〕이 가능한 위치다.

• 제1구의 셋째 자는 평성이 와야 하는데 측성 견見(거성 산운霰韻)을 써서
  평측 염대粘對에 어긋나고 있다. 볼 관觀(평성 한운寒韻)을 쓰면 해소되겠다.

玩月
완 월

○ ○ ○ ● ●
空山多月色커늘
공 산 다 월 색

○ ● ● ○ ○
孤往極淸遊로다
고 왕 극 청 유

○ ● ○ ○ ●
情緖爲誰遠이뇨
정 서 위 수 원

● ○ ● ● ○
夜闌杳不收로다
야 란 묘 불 수

달구경하는데

공적空寂한 산

달빛 교교히 흐르거늘

홀로 거닐어

흠뻑 젖는다

정情은 풀려 나와

그 멀리 누굴 그리뇨

밤 늦었건만

아련하여서 거두지 못한다

주注

• 압운인 유遊와 수收는 평성 우운尤韻에 속한다.

• 제2, 3, 4구의 첫 자는 평측을 변환하였다.

• 제4구 첫 자를 측성 야夜(거성 마운禡韻)로 변환(요拗)하고는 셋째 자를
평성으로 구救하지 아니 하여 '夜闌杏●○●'가 '고평孤平'이 되었다.

평측平仄의 염대粘對

대법對法에서
평성平聲에는 측성仄聲을 대장對杖시키고,
측성仄聲에는 평성平聲을 대장시킨다.

이 대장이 율시 평측의 기본인 〈염대粘對〉의 규칙이다. 때문에 대장구對杖句에서 평측은 대립對立하는 것이다.

*염粘의 표준 훈독은 '끈끈할 점' 또는 '붙을 점chan'이다.
 본음은 '념nien'인데 염대는 본음을 쓰고 있는 것이다.
 '끈기가 많고', '차져서 잘 달라붙다'의 뜻을 나타낸다.

율시律詩에서는
이에 의거하여 두 가지 대련對聯만을 형성하게 된다.

〈오율五律의 대對〉
측측평평측 ●●○○●
평평측측평 ○○●●○
평평평측측 ○○○●●
측측측평평 ●●●○○

〈칠율七律의 대對〉

평평측측평평측 ○○●●○○●

측측평평측측평 ●●○○●●○

측측평평평측측 ●●○○○●●

평평측측측평평 ○○●●●○○

〈염대粘對〉는

평성은 평성에 맞추고 측성은 측성에 맞추는 뜻이다. 곧

후련後聯의 출구出句 둘째 자의 평측은

전련前聯 대구의 둘째 자와 같아야 한다.

제3구와 제2구, 제5구와 제4구, 제7구와 제6구에서

각 둘째 자를 같은 평측으로 맞추어야 한다는 것이다.

염대의 조율은

단순한 성조聲調의 배열을 방지하고

음율音律을 다양화하는 것이다. 하여

장율長律의 시도 제1구의 평측만 알면 전편全篇의 평측을 알 수

있게 된다.

앞에 보충 자료로 올렸던 나옹 혜근(1320~1376) 선사의 선시로

살펴본다.

新臺
신 대

●○○●●○○　　●●○○●●○
萬重山裏靜寥寥한데　　兀坐雲松事事休노라
만 중 산 리 정 료 료　　올 좌 운 송 사 사 휴

●●●○○●●　　●○○○●●○
衲子有閑來賞翫하고　　俗人無路到優遊로다
납 자 유 한 래 상 완　　속 인 무 로 도 우 유

○○○●○○●　　●○●○●●○
臺前臺後凉風拂하고　　山北山南碧水流러라
대 전 대 후 량 풍 불　　산 북 산 남 벽 수 류

●●○○○●●　　●○○●●○○
徹骨輕淸禪味足커니　　不離九夏便三秋로세
철 골 경 청 선 미 족　　불 리 구 하 변 삼 추

새로 세운 누대

첩첩한 산중은
적막함에 조용한데

올연兀然히 앉으니
구름과 소나무에 일마다 쉰다

납자衲子들이 한가하면
대臺에 와서 구경하고

속인들이 길 없으면

490

여기 와서 한가히 노닌다

누대 앞에도 뒤에도
시원한 바람이 불고

산 북녘에도 남녘에도
푸른 물이 흐른다

뼛속까지 사무쳐
선미禪味도 족하거니

한여름을 여의지 않고도
그대로 가을일세

옥당음玉堂吟 〈봉군逢君〉에서 평기식 오절五絶의 염대를 보고, 조화묘용造化妙用하는 연기緣起의 님을 살펴본다.

逢君
봉 군

○○○●●   ●●●○○
逢君隨處得커니   遇世去來云하리
봉 군 수 처 득   우 세 거 래 운

●●○○●   ○○●●○
設是其然矣라도   今非也彼君일세
설 시 기 연 의   금 비 야 피 군

님 만나거니

님을 만난다
가는 데마다 만나거니

세간에서 만난다
가나오나 만난다고 이르리

설령
그렇다고 해도

지금은
그 님이 아니다

492

• 압운인 운云과 군君은 평성 문운文韻에 속한다.

  제2구와 제4구에 운각韻脚을 두는 것은 정격正格이라고 하였다. 평측의

  대우對偶(염대)가 잘 이루어졌다.

평한다

어딜 가나 님을 만난다.

산길, 들길, 강변, 해변, 저잣거리에서도 만난다.

그렇더라도 오늘 만나는 님은 그때 그 님이 아니다.

아니면서 아닌 님도 아니다.

역력한 연기緣起의 조화 묘용이 드러날 뿐.

나로 하여 님 있고, 님으로 하여 나 있으려니.

그렇게 세계世界도 있지 않은가?

강에는 눈 내리고

-유종원(773~819)

산에는

새들 날지 않고

길마다

인적이 없네

배 한 척에

도롱이 걸치고 삿갓 쓴 노인

혼자 낚시하는

추운 강에는 눈이 내리고…

江雪
강 설

○○●○●　　　●●●○○

千山鳥飛絶하고　萬徑人蹤滅이네
천 산 조 비 절　　　만 경 인 종 멸

○○○●○　　　●●○○●

孤舟蓑笠翁이　　獨釣寒江雪하고
고 주 사 립 옹　　　독 조 한 강 설

자유시 一

그래도 세상에는 꽃 피고지고

수월水月도량

성곽城郭 북쪽
혜화문 지나노라니
성북천 어드메뇨

반야월般若月 고즈넉할 즈음
인경人定 울렸음직한 때
대비주大悲呪 외는 소리
나모 라다나 다라야야…

미리내 되어 흐른다

삼매여
청경관음靑頸觀音이여
-2007년 4월

초파일 단상斷想

하루는
새벽녘
효성曉星, 일순에 사람의 정수리에 꽂혀들다
만고 광명萬古光明 움직일 리 없으련만
무명無明으로 하여
광휘光輝 들날리누나

다시 암명暗明 더불어 스러질 즈음

뉘 알았으랴
오랑캐꽃 함초롬한 입술
우주의 입구인 줄

이사무理事舞여
사사무事事舞여
-2007년 5월

간화看話

온갖 법法이 한 법으로 돌아간다는
'만법귀일萬法歸一'의 한 마디는 헛소리지요
왜냐고요?
'그렇다면, 그 한 법은 어디로 돌아가느냐(一歸何處일귀하처)'는
생각을 불러내어 괜시리 선자禪子의 심로心路에
평지풍파를 일으키려는 수작이기 때문이지요
이환위리以患爲利라
번뇌로 보리를 삼는다
단적으로
외줄다리 하나 시설해 놓고
건너기만 하면
여지없이 흔들어 대는
사가師家의 친절함이지요
-2007년 6월

칠월설악七月雪嶽

한송寒松 낙락落落한 산등성이
길 없다 말 마소
첩첩한 줄기마다 쏴아 좌아
거기 천봉千峰에 풍운風雲의 길 본래 있으니

기암奇巖 첨첨尖尖한 골짜기
웬 길 있으랴 말 마소
구절양장九折羊腸 골골마다 수왈 쑤왈
거기 만 갈래 녹수綠水 길 흐르나니

번민煩悶하는 마음 깊디깊은 밤
길 없다 말 마소
진흙 밭 연잎 위에 청개구리 개굴개굴
오리무중五里霧中에도 길은 역력하다고
-2007년 8월

가늠

법안法眼 선사가 각覺 상좌에게 묻는다.
"배 타고 왔는가? 뭍으로 걸어왔는가?"
"배 타고 왔습니다."
"배는 어데 있는가?"
"강에 있습니다."

각 상좌 나가자 시자에게 물었다.
"딱 떨어지게 말해 보거라.
저 운수가 안목을 갖췄는가, 못 갖췄는가?"

반야도량의 법려法侶 대중은 어떠시오?
-2007년 9월

길

막막한 바다
등대燈臺 빛 머얼리서 번득여
길 없는 길 보이느니
남북동서로 지나갔으리
항행航行 항행
기관 고동보다 더 두근거리는 가슴 쓸어 안은
밀항선도 반겨 지나갔으리

고즈넉한 숲속
오랜 이정표 조용타
오로지한 길 가리키느니
추동춘하에 흘러들 갔어라
산행山行 산행
새들조차 푸드득거릴까 맘 졸이는
쫓기는 자도 반겨 지나갔으리

-2007년 11월

오늘 새로운데

지난 일 붙들어다가
오늘에 대지 않고
오잖은 일 끌어다가
오늘에 놓지 않는다
오늘이사
오늘 일 할 뿐
그래서
새로울 오늘

볼 데 보고
보잖을 데 아니 본다
오늘
그리 할새
그래서
새로울 오늘
-2009년 1월 해를 열며

한 오십 년

역말에서
한터 가는 길께
매봉재 너머 들판이었다
거긴

댕기머리 누나가
땔나무 한 동 거뜬히 이고서
아, 빨간 댕기머리 나비처럼 날듯 가다가는
슬며시 앉았다
나무 동이 내려 놓고
머릿수건 풀어설랑
서얼렁 하늘로 날아 홰액 내리더니
쌀잠자리 한 마리 쥐어 주었다

지금은
마차길 간 데 없고
독구리 지나 개패 갈 때 지나던
거긴
도곡동 타워팰리스
-2011년 6월 하지夏至에

소 리

백설白雪
소리 없이 내린다고 하지 마소
사르락 사르락 하는 거기에도
강산江山에
진동하는 소리 있고

천둥
구름 속 나와
우르루 무서이 내질러도
바다로 들어간
예전의 이우泥牛 잠깨지 않느니

봄날
꽃닢 벌는 소리에도
온 산천山川 소란스럽고
가을녘
낙엽 툭 이목離木하는 소리에
만년萬年의 적음寂音도 깔린다
-2011년 7월 27일 연이틀의 폭우 속에서

허위허위

여긴
쓸어낼 낙엽 없고
한천寒天엔 빈 나뭇가지 우는 소리
까악 깍 갈가마귀 여운 멀어지고
절간은 그저 휑뎅그렁하기만

밖엔
뼛속부터 미국美國의 소리에 상응相應하는
왜곡된 정보가 미장되고
마군魔軍의 권속은
큰 꿀통만 채우느라
주권도 내팽개치느니…

'반대를 무릅쓴다'는
허울 좋은 주장은
누구의 번민이 될까
-2011년 12월 신자유주의 FTA를 보며, 약사암에서

일념만춘 一念萬春

만춘萬春도 찰나에 들락날락 걸리적거림 없고
그렇게 통해 있으니 무슨 빠른 시간 더딘 세월 있으랴
괜시리, 사람이 마음이 그렇게 꾸겨 놓은 거이지
붓다의 육신 산화함은 그 옛적 일이라도
그분의 말씀은 시절을 잊고 여전하다
이理와 사事의 입장 모르면
하, 부려져 덧없고 알면은 부려서 여실如實하다
천차만별의 무차별도 거기서 호시절

-2012년 1월 육십 임진壬辰세의 정월을 바라보며

친절한 노래

부처를 만나면 부처를 죽이라 하네
아라한을 만나면 아라한도 죽이고
부모를 만나면 부모도 죽이라 하네
단하丹霞, 불상에 올라타니
그 미소 더 천진한 터에
냉골방에 목불 빠개 군불 때니
사리는 어데 가고 야단친 주승 눈썹만 빠졌다더라

노파심은 아직도 절절히 흐르건만

국가니 민족이니,
우파니 좌파니 대립의 산물은 무엇이드뇨
장막 안에서 천리를 지휘하다니
아하 흙덩이를 쫓는 개가 되려는가
주인공主人公이여

그물에서 벗어나면 사해四海는 일가一家
부처 아라한 부모도 거기 계시다
국가니 민족이니 우니 좌니 거기서 분명타
-2012년 8월 육십 임진 중복날 단상

영주 부석사에 오르노라니

저만치
높다라이 솟아서는
중생들 거두어들이려는 팔작지붕 안양루보다
만고의 광명을 밝히려는
석등보다
고려국 맞배지붕 목조의 미학
무량수전이라 배흘림기둥보다
비원悲願, 비원
소조 아미타여래보다
부석浮石
바위가 어떻게 공중에 뜨는지 궁금해 한다

의상義相 스님이
중중무진한 법성法性 바다에 띄우는 반야선보다
선묘 아가씨
애잔한, 바다에 몸 던진 사랑 얘기를 궁금해 한다

사람들은
-2012년 12월 임진년壬辰年 입동절立冬節 소백산 자락 여행길에

여래향실如來香室(Gandhakuti)

법향法香 따라서
천축天竺에 갔다
오오백년五五百年의 성쇠여
그래, 물색物色이란 소멸되기 마련
기원정사
간다꾸띠

눈 감으니 일순一瞬
여래如來 그 자리 여전하시고
법문法門 여실히 울린다

월인천강月印千江의 곡조는
항하恒河, 갠지스에 너울거리고…
-2014년 1월 19일 반야에 스라바스티에서

싯달타

무명無明의 막을 벌고
연자蓮子로 나오시다

청정한 생명의 약동은
남북동서南北東西로 진화해 갔다
이천오백 성상星霜 만연히 나아감에
사자후 울리고
천둥 번개도 울었거니

오늘 다시 그 탄생의
일대사一大事를 본다

옴 마니 파드메 훔
ー불기 2558년(2014) 사월 초파일 앞에서

모란은…

오월
우주를 향해
모란이 열리고
꽃술은 먼 고적孤寂, 광막한 세계에서 오는
소식 받아
씨방에 넣어 둔다

그 소식에
지금 꽃 피우는 일도
초신성 참다못해 터져 버린 일에서 말미암는다고
그렇게 이른다

까마득한 옛적 일들이
바로 오늘 일이라고 바람결도
수런거린다

붓다의 일지一指도
그렇게 가리키거니…

절간 저 켠에서는

모란도 끄덕이고 있다

-2015년 5월

군말

초파일 앞서 성북동 약사암 뜨락 구석에 모란 포기가 붉게 물들었다. 화왕花王이라던가? 매화부터 앞선 십일홍十日紅들 피고지고, 저쪽에서는 흰 철쭉도 맑다. 산비둘기도 구구대는 틈에 한 순간 전삼삼후삼삼前三三後三三의 전후제단前後際斷의 경계라. 시공時空은 어드메던가. 그래도 세상에는 꽃 피고지고 여전하잖은가? 여실如實하잖은가?

사모곡思母曲 1

사람은 없고
꽃들만 있는 밤중
어머니와 나 마주하는 사이에
적막강寂寞江이 흐르니이다

촉루囑累 새도록 밝혀
열반길목 이정표
장조長照하는데
꽃은 웃는가 우는가

티벳 니승尼僧의 찬가 듣고
아미타불께 귀의하고
인로왕보살 따르면
저 삼도천三途川 잘 건너실까

이쪽 나루에
피안彼岸에 건너갈 반야선般若船 놓았으니
금강반야바라밀 착안하여
노자로 삼으소서

이전의 어머니 것
어머니의 것 아니오이다
무엇이 어머니 것이것소
아무것도 없지 않소

금강반야바라밀은
바로 이 말씀 명료하오니
떠나실 바로 그때
착안하여 즉입卽入 하소서
-2016년 8월 24일 새벽녘 이연離緣의 축시丑時 즈음에

사모곡思母曲 2

북당北堂이시여
별리別離의 송사送辭를 들으시고
삼일 눈물 받아서는
단숨에 삼키니이까

동토에 뿌리옵는
하도 설운 눈물을
마음에 새기시려고
그냥 그리 젖어 가십니까

마냥 설워 우닌들
난 서방西方길만 질척거리게 할 뿐인데
불여귀不如歸도 이러할까
십만억 국토를 이러히 따를까

아, 사바세계의 몸 버리는
청계淸溪의 노로爐路, 거기
일진한풍一陣寒風 일으킨 님 있어
청련靑蓮을 놓으시는구나

뜨거운 눈물바다

하, 연꽃 바다 되다니

푸른 연꽃배에 오르시어

한 줄기 빛을 따르시더이다

그렇게 홀연히 떠나셨소

어머니여

그렇게 가셨구나

어머니는

−2016년 8월 25일(음7. 23) 새벽녘 인묘시寅卯時에

매월梅月을 읊다

파랑波浪도 곱지만은 않은
여름 강江 건너고
눈도 채 녹지 않은
겨울 산山 타고 넘어
저 마을의
옛집에 들었다

뜨락엔 매화 고목에
새로 난 가지도
햇수 꽤 되었건만
보는 이 없은 지도 오래
집은 헐고, 외려
꽃망울은 기운 낸다

울타리는 성기고
산골짜기 미끄러진 바람
아직도 잔설의 한기寒氣
살을 에는데
틈새 거침없이 스며들어
매화 잎을 어룬다

하늘도 여전히
구름 찌뿌듯하고
설한雪寒이 칼바람처럼
잎새에 파고들어도
동풍의 향기 불러내는
소식을 어찌하랴

꽃 잎사귀 하나 내어
술잔에 띄우는데
진눈깨비는 어이 내리는가
금풍金風도 일어
진객塵客을 내모는가
진즉에 춘첩春帖을 받았거늘

한 잔 드세그려
청한靑寒의 향훈香薰에 취하거니
나는 나
너는 너 분명한 즈음
멍석 옆 매화 가지 거기에
달이 걸렸다
-2017년 정월 28일에 소휘당에서 짓다

사월 초파일에 즈음하여

반푼의 지견知見은
괜히 평지풍파를 일으킨다

춘산春山을 살피거니
진달래·철쭉·산수유·생강나무
눈으로 입으로 보면서
봄철 노닐다 보면
눈물겹도록, 오가는 사실 새뜻하지 않겠나
그때 일언一言과 묵언默言의 계곡에서
봄노래를 부르지 않겠나

개구리 울음
논길에서 나드는 시절
그 시절 새삼스러워하며
정유丁酉해 사월 초파일 즈음에
법계法界의 객사客舍에서
님을 긔룬다
-2017년 4월

사월 초파일 꽃

지난 해 이맘때
담장 곁에서
모란이 붉었는데
올해도 그 자리에서
여전히 숙연하다

사월 초파일
부처님오신날 무렵
화왕花王, 모란도 핀다
기품 서린 저 꽃은
어디서 오는 걸까

-2017년 5월

군말

왔다고 한들 온 곳이 없고, 갔다고 한들 간 곳이 없다. 땅속을 파 본들
그 속에도 있을 리도 없지. 이맘때면 모란은 그 모습을 나툰다. 거기에는
그저 분명한 인연의 조화, 법계의 일 있을 뿐이거니…

눈소[雪牛] 이야기

예전 천축국 바다에

설산의 눈소〔雪牛〕가

크게 우짖고〔大哮吼〕 걸어 들어가더니

그대로 바다가 되었다

그리고는 파도 거품이 되었는데

바람결에 공중空中에 올라가서

구름이 되었지

히말라야의 기운 타고

동쪽으로 동쪽으로 떠 와서는

오대산 문수도량에 이르러

담뿍 빗줄기로 내렸다

우로雨露는 우통수于筒水에서 스며나더니

해마다 한강물이 되어 흐른다

-2017년 12월

야인野人

들녘을 가는 이

꽃이 이르면
색을 본다

새가 이르면
소리를 듣는다

허공에서 빚어지는
성색聲色의 미묘함 나툴 적에
그 사이에 노니는
바람의 일
제 모습 없이
꽃의 자태를 발보이고
새의 가락을 실어 주는
청풍을 본다

저마다의 인연사라
야인의 눈길이여
-2018년 8월

녹야원의 노래 지금도 메아리치고

삶의 풍파, 괴로움〔苦〕의 사실들
그 일들, 사실대로 보시다니

마음에서 일어나는 사실들〔三毒心〕
그 마음들〔集〕을 말미암아서라고

이 괴로움의 저쪽에 있는
니르바나, 안락한〔滅〕 사실도 분명하여서

눈 떠 혜안〔正見〕이 확립되면
피안에 이르는 길들〔道〕 역력한 사실이라고
-2019년 11월

군말

삶은 생로병사의 점철로 볼 수 있다.
이 일에는 삶의 조건들이 연계되고 있다.
그 조건들이란 '부모·형제·자매·질손의 가족'과
'집안이나 사업체의 도우미'와 '갖가지 식음료'와
'자동차 등 생활 편리수단'과 '화폐 등의 경제 수단' 등이다.

이 조건들이 적절히 갖추어지면 삶은 평생에 걸쳐 안락하고,
부족하면 번뇌가 생겨나 괴로운 삶이 될 것이다.

하여 이 조건들은 집착의 대상이 되는데,
지나치게 집착하면 〈욕심〉이 되고,
내 맘에 차지 않으면
〈화〉를 내게 된다.
두 가지 마음이 치성하면 혜안은 가려지고
〈어리석음〉만 치대게 된다.
당연히 괴로운 삶을 잇게 된다.
생로병사에 걸쳐서 우비고뇌憂悲苦惱가 나들락할 뿐이다.

때문에 번뇌 없는 삶을 찾게 되니,
거기는 바로 〈괴로움이 소멸된〉 그 자리이다.
눈앞에 두고도 '피안彼岸'이라 하여 저쪽을 가리킨 것은
그저 중하근의 사람들을 위한 방편일 뿐이다.
눈앞에서 역력하게 드러나고 있는
괴로움의 연기적 조건들을 어떻게 보고
그 괴로운 사실들을 어떻게 소멸시켜
니르바나를 성취할 것인가.

관념화된 연기의 사실을 사실대로 보아야 할 것이다.
〈관념에서 관념화된 사실을 사실대로 보는 것이리.〉
그러기 위해서는 생각이나 언어 등등의 생활에서

위의 사실을 〈잘 새기고〉 〈다스려〉
마음 작용의 비움과 채움에서 변견邊見을 쓰되 변견에 치우치지 않고
외려 적시에 활발발하게 쓸 수 있다면
〈번뇌의 소멸〉을 성취할 수 있지 않겠나.

한 발자국도 움직이지 않고, 바로 그 자리에서.

붓다가 되고 부른 해탈가려니

"숱한 삶을 전전하며
집 짓는 자를 찾았건만 찾아내지 못했느니
거듭되는 생존은 괴로움이었네

저 집 짓는 자여
너를 찾았노라
다시금 집을 짓지 못하리
너의 기둥은 다 쓰러지고
서까래도 지붕도 무너졌도다

마음은 유위有爲에서 벗어났으며
갈애渴愛는 스러졌노라"

법구경이 전하는 이 소식을 상기하며
보드가야의 통연한 깨달음을 찬탄합니다

마하보리 대탑이여
이름보다도 더 커 보이도다
숱한 나라, 나라에서 오는 순례행렬들
갖은 마음들은 보리수 아래로 들고…

보리 대탑으로 들고…
경배 경배 찬탄 찬탄
탑 밖에는 돌고 돌며 석가모니 석가모니불이여

도량을 장엄하여
어산魚山으로 찬탄하니이다
정각 도량에 천상의 악기를 내어
북을 두드려 바라 치고 징을 울린다
태평소 불어 백련白蓮의 가무를 내리니
'재앵 챙' 깨달음을 즐겨 받자옵니다
'나모 라아…' 나비춤 추어 올려 찬탄하옵니다

슬며시 움직여 연꽃을 내려 잡사와
법향을 흩으옵니다
법法은 시방세계에 흘러나고
법고가 가슴 울려 정각에 사무치올 제
합창 음곡도 화음을 어울으고
뭇 새들도 날아 우짖어 기뻐하니다
아으, 깨달음이여 붓다여
-보드가야 마하보리 대탑에서 2019년 11월 1일

대열반, 내 이제 누워야겠다

케사리야 탑 유허지, 거기는
성을 나와 머리카락 분연히 잘라 버린 곳
축발지에서 최후의 법문法門 세우시니
대반열반경을 설하신 곳, 거기서
쿠시나가르에 도착하셨다

고뇌의 세찬 강 물결에서
자신을 섬으로 삼고
법法을 섬으로 삼으라셨다. 그리고
세상은 변한다
부지런히 정진하라셨다

부다가야에서 보리도를 밝히시어
사제四諦로 무아無我로 연기緣起로
니르바나 행 이정표를 만드시고
싯달타 왕자 붓다를 이루시더니
고해苦海에 반야선들을 띄우셨도다

항해사도 선장도 기르고 키우시어
사방으로 무소의 뿔처럼 홀로 가라셨다

반야선을 저어 고해로 피안으로…

옴 마니 파드메 훔
길에서 길로, 번뇌는 보리라
일에서 일로 문제를 해결하사
목마름, 갈애渴愛에 감로를 축이고
법우法雨를 뿌리셨으니
세월의 등성이 넘고 넘어서
오늘날 다시 오셔도
그 말씀 그대로 역력하시리이다

중생의 님이시여
그예 사라수 사이에 팔 베고 뉘시니
진속眞俗의 일 다 마치셨다
온 데 없이 오셔서는
간 데 없이 가시도다
찬탄 찬탄하니이다
원적圓寂이여
-2019년 11월 2일에 쿠시나가르 열반당에서

룸비니의 환희여

탄생의 첫소리가 울렸드나
꽃비는 내리고
어디 천상天上의 소리
바라 소리가 '재앵 챙' 하늘을 열더니
나비들 날아서 산들산들 춤춘다
움직이는 듯 아닌 듯
정중의 동으로
팔은 벌려 드리우고
여명에 스며나와
고깔 속 미소로 흐르거니…
청정한 울음은 탄생의 환희
나뭇가지들 일깨워 흔들고
꽃잎들도 깨어 웃는다

아으, 하늘님 무악舞樂을 놓아
찬탄 찬탄 찬탄하노니
바라의 춤사위 허공에 나닌다
연화손 고이 들어 합장하여 풀고
나비춤 웃음 띠워 법향을 흩는다

번뇌의 세간마다 날아
보리의 춤 되어 전할사
이천오백 성상을 이었어라
룸비니의 환희여

태평소도 징도 울리니이다
찬탄하노이다 탄생이여
싯달타여

-2020년 4월 룸비니 동산에서

시절인연이라

부처님
아기로 나신 봄철

노란 꽃 붉은 꽃 하얀 꽃 꽃들이
벌나비를 만난다 비바람을 만난다

벌나비가 비바람이
노란 꽃 붉은 꽃 하얀 꽃 꽃들을 만난다

하늘에는
햇님도 달님도 별님도 웃지요

자연의 생존이여 물물의 관계여
과실을 맺어 가느니…

하, 부처님 아기로 나신 봄철
시절 인연이여

-2020년 5월

따비밭 일구려

산길은 돌길
경사 급하고
낙엽 속에 미끄럽기도

행각길 투덕투덕
비탈길도 만만찮고
산기슭 일구는 데
돌도 하도할샤
거르고 걸러내도
자꾸만 나온다

그렇다고 아니 할까
미끄러진다고 아니 갈까
부딪치는 데
외려 거기 길 있고

돌무지 들어내는 맛도 있으려니
맘 걸고 가지 않으면
따비밭 언제 일구랴
-2022년 6월

유식唯識

남국의 푸르른 바다
햇살 받아 금빛 은빛으로 한량없고
망해望海의 주인
가며오며 청람靑藍의 색채에 물들 듯
심해心海에 사무치는가
드넓은 바다에 퍼지는 설렘의 눈길이여

하얀 포말 해조음海潮音으로 이른다
그대는 젖어들지 못하느냐고

객은 눈길 돌려 해송海松을 봄에
하아 푸르름의 건강함
둔덕의 풀더미에 초록의 짙은 힘
바닷바람의 기운도 넘치거니
눈빛에 손길에 파르라니 사무쳐 든다
보고 또 보아도 그렇다 저 색채

이러할까
망해의 설렘
-2023년 3월

남해南海의 찬가

전하고 전해 온 고래의 노래러니
백팔십만 년이나 되던 그때
그 오랜 하고한 날 동안
안으로 안으로 애끓이다가
그예 터뜨리고 말았더이다

폭발 대폭발
우주의 본래 소식이었지
그렇듯 터져 오르더니
숱한 별들의 번뜩임을 흩뿌리더니
다시 움켜 거두려는가
한라漢拏여

풍운風雲, 온 곳 없이 와서는
쉼 없이 재촉터니
울리고야 마는구나 해조음으로

"호오이! 누가 바다를 노래하느냐?"

저 깊은 데서 옛힘 그대로 넘실넘실

진동하는가 푸르른 밀물이여
앞다퉈 와 쓰다듬고 삼키려느냐
성산城山의 해저에서 꿈틀대는 동력으로
우도牛島의 소처럼 와 엎디더니만
광치기 해궁에 들었고녀
해녀海女여
남해의 쪽빛에 사무쳤어라

두려움은 이미 끝없는 찬가
처얼썩 철썩 한없이 밀려 오르느니
바닷속 대폭발의 전율
그 오랜 아픔의 환희

해녀, 그렇게 저리도록
희푸른 매질, 몸매로 받고 나서야
그대로 끊임없는 물질, 바다가 되었다
진동의 물결 넘치는 파도드나
넌출대는 백치의 격동이드나
아련한 추억 망망한 그리움으로 터지다니

남국의 오늘로 여전타
"호오이!" 물질 해녀여
-2019년 가을

님 그리자와 우니노라니

아으,
저 님으로 하여 사랑도 일었거니
애하愛河에서 넌출 대며
갈잎 노래에
사랑 조율하였드래도
때 아닌 바람 불어 쳐
뜨거운 눈물
강江 파랑에 보탠 적 한두 번이드나
긴 한숨 내어
바람 드세게 보태기는
또 몇 번이드나

사랑도 원망도
님을 두고
거기서 찾으려 했구나

아니!
님도 내게서 찾았드나
날로 하여
하 많은 밤 가슴 아렸겠구나

538 자유시

나를 보고 님을 본다
님을 보고 나를 본다

다시는 님에게서 찾지 않으리
당신 아니면 사랑인들 어디 있겠냐마는
님에게서 구할 일 아닐세

사랑 사랑 하면
하면 할수록 번뇌인 걸 알겠네

이제는 님을 두고 사랑 않으리

웬 일로 서풍西風은 불어
마음밭을 쓸어
검불을 다 날리는가

월영月影 한적할 즈음
내 그림자가 묻는다
"어떠세요"

"사랑은 그저 내 일일세"

십현담十玄談의 이정표길에서

—김두선 백연화 법우의 "분명한 사랑은 미움이 따르지 않음을, 눈꼽만큼
의 그것이 제거되지 않았을 때는 사랑에도 그 힘이 약해지거나 주저하게
되거나 접게 되거나…"

에 부쳐 어언語言의 징검다리를 놓는다.

−2023년 8월

아으, 저 옛길이여

욕심 내리고
성냄 버리면 어둡지 않아
세상에서 으뜸가는 마음 일이라
붓다께서 바라는 청정심일세

청정 청정 하면 그 청정
외려 병통 된다는
선지식의 노파심도 있었지만은
욕심 내리고
성냄 버리면 어둡지 않아
살림 사는 우리들 마당에
붓다의 빗자루
무에 그리 쓸 일 있을까

아으, 저 옛길이여
청소할 마당에 다시 들지 않으리
-2023년 5월

파환향곡破還鄉曲, 한매寒梅의 기운이여

'다르다'는 것과 '같다'는 것은 상대적인 값이다
'틀리다'는 것과 '옳다'는 것도 상대적인 값이다

이 두 값은 관념에서 설정되는데
인연因緣 지어 형성되는 사상事象에 대한
'존재〔有〕'에의 판단이나 '인식〔識〕'에의 판단이다

이러한 판단은 털끝만큼의 차이 없는
'조건에 의거함'이 있을 것이고
'관념에 의거함'이 있을 것이다

우리 공부는
물리적 사상事象이든 심리적 사상事想이든
역력한 연기緣起 현상임을 명백하게 보고
이 일은 '관념(sañña·想·相)으로 드러나고 있음'을
여실하게 보자는 것이다

목전의 현상에서
호리불차한 연기의 생멸 변화임을
여실하게 보는 이는

혜안慧眼이 열려 문제 해결을 빠르게 성취하고
변견의 대립적 굳은 관념으로 보는 이는
암둔한 견해에 갇혀
일마다 문제를 부풀려 번뇌를 촉진시킬 것이다

'다른 것'을 보고 '같은 것'을 보고
그 연기성緣起性을 명백하게 아는 이는
힘이 있다 (1차적 논리의 근본 견해)

그리고 나서
'다른 것'은 다른 대로 '같은 것'은 같은 대로
취사取捨를 분명히 한다
취하기도 하고 버리기도 하는데
풍파가 없다 (2차적 실천의 보편 견해)

이 통철한 연기의 견해로 행하는 이에게는
그 어떤 외풍外風도 영향을 끼치지 못할 것이다

이 사상事相의 근본 연기를 명료하게 보는 이는
사회의 보편 연기인 역사와 정치나 사회도 명료하게 본다
하여 이익과 불이익에도 지나치게 좋아하거나 성내지 않는다
다 하지 못함에 부끄러움 없고
내가 함에 누가 긍정하지 아니해도 탓하지 않는다

'다름'이 있고 '같음'이 있는 것은
상대적 가치의 분명함이다
물리적이든 심리적이든 한량없는 연기의 관계에서 나온다

〈현담도량〉에서 주의注意하는 것은
'여래'니 '고향'이니 '본래면목'이니
그렇게 추구하면서도 끝내 관념의 울타리를 부정하고
부정해 오지 않았던가

미세한 관념의 흔적조차 말끔하니 닦아 내고 나서야
명월당明月堂 앞의 한매寒梅 피어
역연함이 사무칠 적에
선善도 악惡도 명철明徹해질 것이다

'선'도 분명히 하고
'악'도 분명히 함에
마음에 거리낌이 없는 이때가
행자들이 착안할 오늘이 아니겠는가

만해 한용운 스님은
역사 현실의 삼일 만세 법정에서
'일본을 일본인을 미워하지 않는다'고 하였다
망국 조선의 무력한 정치 인연을 자탄하고

조선을 침탈한 일본의 정치인과
그 침탈한 정치 행태를 서슬이 시퍼렇게 질타하였다

나라 잃은 조선국 독립지사로서
자신의 연기緣起를 긍정하였고
자신을 논죄하는 일본국 검사의 '연기'를 긍정하였다
때문에 독립지사로서의 굳은 의지는
한매寒梅보다 더 시리도록 붉었다

-2023년 9월

주석 | 징검다리 또는 뗏목이려니

I. 화두선의 본원 대혜종고의『서장』새겨보기

  1. 송대宋代 사대부들과 교류하던 대혜大慧 선사의 선풍　549

  2. 깨달음과 선禪의 논리 또는 사상　　　　　　　554

  3. 대혜 선사의 선지禪旨, 변견邊見의 초탈처여!　560

  4. 정전백수자화庭前柏樹子話의 통찰　　　　　566

  5. 수산 성념의 죽비자화竹篦子話　　　　　　　572

  6. 조주의 방하착放下著과 운문의 수미산須彌山 화두　579

  7. 마조의 일구흡진서강수一口吸盡西江水 화두　584

  8. 개[狗子]의 불성佛性 화두1　　　　　　　　590

  9. 개의 불성 화두 2　　　　　　　　　　　　596

  10. '간시궐乾屎橛 ― 말려 놓은 밑씻개' 화두　602

  11. 마삼근麻三斤, 삼 서 근의 화두　　　　　　608

  12. 동산수상행東山水上行 화두　　　　　　　614

  13. 간화, 대혜선사의 의지意旨　　　　　　　619

II. 금릉보지 화상의 대승찬 10수 선해

I. 화두선의 본원 대혜종고의 『서장』 새겨보기

1. 송대宋代 사대부들과 교류하던 대혜大慧 선사의 선풍

(『서장書狀』을 중심으로)

선禪은 산스크리트 드햐나dhyāna의 음역인 '선나禪那'의 음략이다. 구역에서는 선정禪定으로 번역하고 신역에서는 정려靜慮로 번역한다. 불교 학인이라면 신역의 정려를 통해서 사제四諦의 도리를 정견正見할 수 있을 것이며, 선禪 수행자라면 달마達摩 대사를 초조로 하여 오파 분류五波分流로 번성한 중국 선종禪宗에서의 깨달음은 무엇인지 요지了知할 수 있을 것이다. 여기서 당시 선 수행의 주류였던 묵조선默照禪의 형식주의에 치우친 행자들을 비판하며 화두선話頭禪을 제창한 대혜 선사의 의지를 『서장』에서 짚어 보려 한다. 그 전에 먼저 선종 형성의 초기 등사燈史를 검토하고 선 사상의 맥락을 확인하고 본론에 들어가려고 한다.

1) 초기 선등사禪燈史 검토

선종의 맹아萌芽는 고승전이다. 남조의 양梁 혜교慧皎가 편찬한 『양고승전梁高僧傳』(519)을 이어 『속고승전』(645)이 나왔는데, 당나라의 서명사西明寺 도선道宣의 편찬이다. 양나라 천감 원년(502)부터

당나라 태종 정관貞觀19년(645)까지 144년간 활약하였던 고승들의
사적을 기록하였다.

선종의 초조로 추앙되고 있는 보리달마는 권제16의 '습선習禪' 초에
'제업하齊鄴下 남천축승보리달마전5'로 소개되고 있다. 바로 이어
'제업중齊鄴中 석승가전6'으로 일명 혜가惠可를 소개한다.

그는 "도적을 만나 팔을 잘렸는데 법法으로써 마음을 다스려 고통을
느끼지 않고 잘린 부위를 불로 지져 지혈하고 천으로 싸매고서는
전과 다름없이 걸식하였으며, 다른 사람에게 말하지도 않았다"고
전한다.

제3조 승찬僧璨은 『속고승전』에 소개되지 않았다.

다만 권제35의 감통편感通篇의 맨 끝인 석법충전의 기사 내용에
"可禪師後 粲禪師…"라는 극히 편린만 보일 뿐이다. 이 편린을 가지고
두비가 지은 선종 최초의 역사서인 『전법보기傳法寶記』(713)에서
'석승찬釋僧璨'으로 이어받고, 『속고승전』에서 산견되는 유관 자료
를 수집하여 선종 제3조로써의 전기를 창작하게 된다.

2) 동토 육조東土六祖의 태동

『전법보기』는 그야말로 고승전의 '습선편'을 벗어나 『능가경』을
소의경所依經으로 하는 '동위東魏의 석보리달마-북제北齊의 석승가
일명 혜가惠可-석승찬-석도신-석홍인-석법여-석신수'에 이르는 계
보가 기전체紀傳體의 형식으로 선종사에 여명처럼 등장하였다. 이로
부터 기이하게도 전후로 선종 등사燈史의 맥락이 불교사에 현창하게
된다. 『전법보기』와 별 시차 없이 정각正覺 편찬의 『능가사자기楞伽

師資記』(716)가 또 다른 시각으로 초기 선종사를 구축하고 있다.『전법보기』가『속고승전』'석법충전'의 "口說玄理 不出文記: 말로는 현묘한 이치를 설하였으나 문장 기록으로는 내놓지 않았다"는 기사에 근거하여 교외별전敎外別傳의 입장을 취한 데 비해,『능가사자기』는 반야사상般若思想을 바탕으로 하는 보리달마의 소작으로 알려진『이입사행론理入四行論』을 승계하여 능가사楞伽師들에 의한 새로운 선 사상을 불교사에 천명한다. 그 지취旨趣의 전승 계통을 보면 1.송宋 구나발타라-2.위魏 보리달마-3.제齊 혜가-4.수隋 (승) 찬-5.당唐 도신-6.당 홍인-7.당 (신)수·(현)색·(노)안·보적·경현·의복·혜복 등 유송劉宋 이래 대덕 선사 대대로이었음을 기록하고 있다.

이러한 추세에서 '한 벌의 가사〔一領袈裟〕로써 법신法信을 삼아 전법을 이었다'는 〈전의설傳衣說〉로 전등사傳燈史를 왜곡 날조한 신회神會는『전법보기』의 설을 취해 보리달마를 초조로 하여 제5조 홍인까지의 전등 계보를 수용하고, 제6조는 당대의 추세인 법여와 신수·현색과 제7조 보적의 경향을 배척하며, 선맥의 정통 법계는 1인 1대임을 주장하고 '제6대조에 혜능慧能이 정통임'을 천명한다.

3) 서천 28조

선종 전등설의 확립은 당시 불교 제 종파에 독자성을 내외에 밝히는 것이다. 그러하기 위해 신회는 동토에서 거슬러 올라가 석가모니불로부터의 전등을 대기 위해 서천 조통설祖統說을 창안하게 된다. 그렇지만 신회의 의지에 비해, 터무니없는 오류를 거쳐『역대법보

기』(774)에서 위작偽作으로 사료되는『부법장인연전』의 '23대'와
『달마다라선경』의 '7대'를 합쳐 조통 '29대'설을 완성시킨다. 이런저런 조정기를 거쳐 '28조설'로 돈황본『육조단경』(790)으로 전승되지만, 놀랍게도 "初傳授(受)七佛 釋迦牟尼佛第七: 처음 일곱 부처께서 전해주었는데 석가모니부처가 일곱 번째다"고 하면서 느닷없이 여섯 부처의 이름은 없이 '7불'을 태두에 얹어서 '서천 28조·동토 6조설'을 제창한다.

이 돈황본『육조단경』의 28대 법통설은 다시 신회의 여래선如來禪 주장의 대척점에서 조사선祖師禪을 주장하는 마조도일馬祖道一 계통의 사람들에 의해 편찬된『보림전寶林傳』(801)에서 잇고 있으며, 이『보림전』에 와서는 석가모니불과 삼삼조사卅三祖師 곧 서천 28조 동토 6조의 '전법게傳法偈'가 개별적으로 시설되어 법통을 잇는 증명으로 제시되고 있다. 이는 신회가 제시하고 그를 발전시킨 전의설傳衣說을 전법게로 대치하는 전환을 보이는 것이다.

이후로 전등설은『보림전』의 전등 계보를 이으면서『조당집』(952), 『경덕전등록』(1004)·덕이본『육조단경』(1290)·조계원본『육조법보단경』(1472) 등으로 전승되어 오늘에 이르고 있다. 거기에다가 『조당집』에서는 돈황본『육조단경』에서 제창한 과거 7불과 삼삼조사의 '전법게'까지 창작 부가하여 『종경록』(961)·『경덕전등록』(1004)으로 전승되어 전해진다.

4) 신회神會의 육조 혜능 현창 운동

신회(684~758)는 어려서(13세경) 양양 남쪽 인근의 옥천사로 가서

신수神秀 문하에 입적하여 3년간 수학한다. 구족계를 받는 23세쯤에는 조계의 혜능 회상에서 스승이 입적 때인 30세(713)까지 한 11년 정도 참학한다.

이때쯤에 동산법문東山法門이 전통 의식을 고취하려는 『전법보기』(713)의 7대설과 『능가사자기』(716)의 8대설 등이 유포되자, '방계에 처한 혜능'을 직계로 하려는 신회가 드디어 '남돈북점南頓北漸'의 선 사상禪思想 논쟁의 불을 지핀다. 현종 개원開元 20년(732) 그의 나이 63세에 〈전의설傳衣說〉을 위작하여 육조 조통설祖統說로 남종의 기치를 내세우는데, 그 내용은 『보리달마남종정시비론菩提達摩南宗定是非論』(732)으로 찬집되어 전해지고 있다.

이후의 선문은 분등分燈하여 묵조선류默照禪流로 간화선류看話禪流로 흘러 육조혜능-청원행사-석두희천石頭希遷의 일로에서 위앙종과 조동종과 운문종이, 육조혜능-남악회양-마조도일馬祖道一의 일로에서 임제종과 법안종이 순차로 형성되었다.

훗날 임제종은 양기파와 황룡파로 분파하였으며, 대혜大慧 선사는 마조 하 15세로 출세하여 임제 양기파의 선로에서 '간화선看話禪'을 제창하게 된다.

2. 깨달음과 선禪의 논리 또는 사상

최초기의 선등사禪燈史인 『능가사자기楞伽師資記』에서 보리달마의 가르침으로써 『이입사행론理入四行論』을 제시하여 '자교오종(藉敎悟宗: 경전의 뜻을 빌려 종지를 깨달음)'의 지취旨趣를 살려 한 줄기 선 사상禪思想의 문을 열고 있다.

또 다른 선등사인 『전법보기傳法寶記』는 『속고승전』「법충장法忠章」의 소론인 "가可 선사 후 찬粲 선사… 옥玉 법사 등은 현리玄理를 말은 하였으나 문장 기록으로는 남기지 않았다"는 기록을 근거로 하여 '교외별전(敎外別傳: 경전 밖에 별도로 전함)'의 다른 한 갈래 선 사상의 흐름을 터놓는다. 실로 달마達摩 이래로 신수神秀 혜능惠能 신회神會에 이르는 선종 초기에는 확실히 〈자교오종〉의 선로禪路를 보인다.

1) 신수와 혜능이 보인 자교오종의 예

○제4조 도신道信의 〈오문선요五門禪要〉와 제5조 홍인弘忍의 〈수심守心의 도〉를 순숙시킨 신수神秀의 〈대승오방편문〉인 수선요심법修禪了心法으로써 조직화한 예를 본다.

제1문에서는 총창불체總彰佛體로써 『기신론』에 의거하여 불교의 당체를 밝히고 있으며,

제2문에서는 개지혜문開智慧門으로써 『법화경』에 의거하여 개시오

입開示悟入의 지혜문을 열고 있다.

제3문에서는 현부사의문顯不思議門으로써 『유마경』에 의거하여 부사의 해탈문을 열고 있으며,

제4문에서는 명제법정성문明諸法正性門으로써 『사익경』에 의거하여 모든 존재 현상과 그 성향을 밝히고 있다.

제5문에서는 요무이문了無異門으로써 『화엄경』에 의거하여 범성凡聖, 생사열반生死涅槃 등이 다 차별 없는 무애의 해탈도임을 요지了知하는 문을 열고 있다.

○혜능의 『육조단경』에서의 예문을 본다.

제9단의 예문: "오조五祖께서 한밤중 3경이 되어 나를 조사당 안으로 불러들여 『금강경』을 설하셨습니다. 나는 한 번 듣고 말씀이 끝나자마자 바로 깨닫고, 그 밤에 법法을 받았는데 다른 사람들이 다 알지 못하였습니다."

제14단의 예문: 『정명경淨名經』에서 "직심直心이 도량이요, 직심이 정토다"라고 이르고 있다.

제17단의 예문: 『유마경』에 "밖으로는 모든 법상法相을 잘 분별하고, 안으로 첫 번째는 부동不動이다"라고 하였다.

제28단의 예문: "다만 『금강반야바라밀경』 한 권을 수지하면 그대로 자기 자신의 본성本性을 볼 수 있어서 반야삼매에 들 수 있다는 것이다."

제30단의 예문: 『보살계경』에서 "우리의 본원은 청정하다"고 이른다.

고 하여, 경전의 주요 내용을 들어 '선禪의 요지'를 설명하는 수단으로 차용하고 있음을 어렵지 않게 볼 수 있다. 이후 창작된 삼처전심화三處傳心話에 근거하여 마조馬祖 석두石頭 하의 분등 선로分燈禪路에서 〈교외별전〉의 길로 뻗었음도 역력하게 볼 수 있다.

여기서 전자는 여래선如來禪으로 후자는 조사선祖師禪으로 명칭의 전이도 이루어지며, 상대적으로 조사선 우위의 담론이 형성되기도 한다. 그렇더라도 그러한 우열優劣의 견해는 선 논리의 본분 견지에서 볼 때 헛된 변견邊見에 천착한다고 해도 과언은 아닐 것이다.

훗날 조사선류는 문어귀에 비친 그림자만 얼추 본 이들에 의해 '깨달음의 신비화'만 점증되어 간화看話의 담화가 동문서답東問西答한다는 비아냥거림까지도 듣게 된다.

2) 깨달음, 그 명료함을 살펴본다

도대체 '붓다께서 정각正覺을 이루셨다'는데 무엇을 깨달으셨다는 것인가? 이 물음은 붓다의 제자로서 붓다의 정각이나 대각大覺에 대한 막연함에서 궁극적인 의정疑情을 품을 자리이고, 의정을 타파하고 역력하게 자증自證을 성취할 자리다. 통철히 짚으면 '4제四諦의 법리法理를 명료하게 깨달았다'는 것이다.

'현실의 삶은 괴롭다〔苦諦〕'는 것을 깨닫고,
'괴로운 삶의 발생〔集諦〕'에 대해 깨닫고,
'괴로운 삶의 소멸〔滅諦〕'에 대해 깨닫고,

'괴로운 삶의 소멸을 성취하는 길〔道諦〕'을 명료하게 깨달으신 것이다.

이 사실을 통찰해 본다면, '4제'의 이로理路는 상대적 조건에 따르는 오취온五取蘊의 변화로 하여 '괴로운 삶'이 생성되고 소멸되는 근본법法(오위 75법 또는 100법)과 파생되는 심소법心所法으로써 알려지고 설명되고 있다. 때문에 가설 가립假設假立될 수밖에 없기에 〈논리적〉으로 보면 '제법諸法은 무아無我'임을 정견正見할 수 있게 된다. 무아인 이상 관념적인 변견邊見에 의해 형성된 갈래가 다양한 범부 중생의 갈애渴愛하는 삶에는 충족이란 없기 때문에 '일체一切는 개고皆苦'라고 알려지게 된다. '상대적 조건에 따르는 오취온의 변화로 하여 생성되고 소멸된다'고 하였으니, 수연隨緣하여 짓는 심사心事에서 생멸하는 행·불행行不行에서 '제행諸行은 무상無常함'이 증득된다.

'4제四諦'에서 추구하는 명제命題인 '괴로운 삶의 소멸'이라는 해탈의 성취는 이 세 갈래 법인法印을 명징하게 통찰하여 저 '4제'의 명료한 깨달음을 논리적으로 자증함으로써 관념의 너머에서 붓다의 근본 가르침을 확립하게 된다. 부연하면 오취온五取蘊의 범주로 드러나는 모든 '무상無常함의 시간성'은 연기적 관찰로 확인되며, 삶에서 생기하는 '괴로운 사상事相'도 연기적 관찰로 실체 없음이 확인되며, 변화하며 존재하는 모든 법이 '무아無我인 공간성'도 연기적 관찰로 확인된다. 바로 여기서 막연하게 인식되던 깨달음이, 신비하게 알려

지던 깨달음이 눈앞에서 안개가 걷히듯이 통연 명백洞然明白하게
드러날 것이다.

3) 화두에서 드러나는 깨달음에서의 통찰 요소

무엇을 개달을까? 무엇을 깨닫는가?

삶의 현실에 투영된 붓다의 초전법륜初轉法輪인 4제의 상대적인
인연因緣의 과果를 명백하게 보는 것이 바로 통찰의 요소이며, 시간
적 무상성無常性과 공간적 무아성無我性이 매우 주요한 요소며, 상호
연기의 관계로 형성되는 무자성無自性의 공성空性과 심리적 법성法性
역시 통찰해야 할 근본 요소다.

이러한 성향을 통찰하여 자증自證하게 하는 〈연기법緣起法〉이야말
로 세제世諦의 뗏목과 같은 피안행 반야선의 요소며, 이와 같은
근본 사실을 사실대로 보지 못하고 착각하는 관념에 매인 마음
작용이 있지만 또한 번뇌에서 그대로 보리를 성취케 할 요소다.

붓다의 근본 가르침을 깊이 새기고, 붓다처럼 보고 붓다처럼 생각하
며, 붓다처럼 말하기를 마음에 두고서 명쾌한 해결을 위하여 간절하
게 행함이 수행일 것이다.

간경看經의 수행에서도 간화看話의 수행에서도 〈깨달음에서의 통찰
요소〉가 오도悟道니 견성見性이니 증도證道니 정견正見이니 하는
자증自證의 내용이 된다. 막연성이나 신비성을 벗어나 청명하게
진흙 밭에 피어 난 연꽃이듯 한 역력한 요소인 것이다.

깨달음, 그에 대한 명징한 답처다.

이 일은 다음부터 소개하는 대혜 보각 선사의 노파심절한『서장書
狀』에서 함께 새겨 보고자 한다. 대혜 선사까지의 전등로를 새기면
이렇다.

제6조 혜능 → 남악 → 마조(709~788) → 백장 → 황벽 → 임제
→ 흥화 → 남원 → 풍혈 → 수산 → 분양 → 자명 → 양기 →
백운 → 오조 → 원오 → 대혜종고(1089~1163)까지 맥동하였다.

3. 대혜 선사의 선지禪旨, 변견邊見의 초탈처여!

갈등葛藤의 절단처여

선禪 수행을 한다는 것은 앞에서 제시한 '번뇌(苦)'를 소멸하여 자유자재한 삶을 성취하려는 원력을 굳게 세우고 정념正念으로 정진함'에 있다고 본다. 이 행을 구체화하면 "사상事相의 인식 과정에서 굳게 관념화된 치우친 생각들을 쉬고〔止〕, 심리적이고 물리적인 모든 법法의 연기적 관계성으로 드러나는 '관념'의 무아無我요, 무자성無自性인 공성空性을 명료하게 자증自證함〔觀〕"이라고 말할 수 있다. 이 지취旨趣를 대혜 선사의 서한에서 추려 본다.

〈답증시랑천유答曾侍郎天游(2)〉에서의 예문

평전平田 화상이 말했다. "신령한 광명이 어둡지 않아 만고에 좋은 도道라. 이 문門에 들어올진댄 헤아려 앎을 두지 말라(入此門來 莫存知解)!"고. 또한 법융法融 선사도 일렀다. "이 일은 유심有心으로써 찾을 수 없으며, 무심無心으로도 얻을 수 없다. 어언語言으로 지을 수 없으며, 적묵寂默으로 통할 수도 없다"고 말이다.

그야말로 진창에 들어가 흙탕물을 뒤집어쓴다고 하며 지나치리만치 상세하게 설명을 더한 노파심의 말이건만, 때로는 참선 수행자들이 다만 이런 정도로만 기억하고 지나쳐 버리며 전혀〔殊〕 이것이 무슨 (변견邊見의 갈등) 도리인가를 자세히 살펴보지 않는다.

만일 기근機根 있는 사람이라면 제시하는 것을 언뜻 듣고 (노파심을 떠난) 그 자리에서 금강왕보검으로써 단칼에 이 '유有 무無 어언語言 적묵寂默'의 네 갈래 갈등葛藤을 절단한다면 생사生死의 길도 끊길 것이며, 범성凡聖의 길도 끊길 것이며, 계교 사량計較思量의 길도 끊길 것이며, 득실得失 시비是非의 변견들이 다 끊어져 당사자의 본래면목本來面目은 청정하여 아무것도 잡을 수 없을 것이니 어찌 통쾌하지 않고 어찌 시원하지 않겠는가?

(발췌: 옥당일휴 역주. 정우서적 재판본)

천차만별의 본래면목이여

유심有心과 무심無心은 양극단으로 치우친 관념화된 변견邊見이다. 어언語言과 적묵寂默도 마찬가지다. 마음 작용의 과정에서 형성되는 상대적 값으로 드러나고 있다는 것이다.

심리적으로 인식되는 존재나 물리적으로 존재하는 사물이나 그때그때 관계되는 조건들에 의해 주어지는 일시적인 분명한 값일 뿐이다. 삶의 죽음이요, 죽음의 삶인 상호 연기적인 값이다. 삶이 없으면 죽음도 없다. 하여 죽지 않으면 생겨 날 일도 없는 것이다.

이러할진대 범부가 없으면 성인 또한 어디에 있겠는가? 얻는다거니 잃는다거니 함이나, 옳거니 그르거니 하여 따져 주장하며 대립하고 충돌하는 것 역시 어언語言의 일로써, 갈등葛藤이라 하고 계교 사량計較思量이라 하는 것이다.

본디 근경식根境識의 삼사 화합三事和合으로 형성되는 낱낱의 마음은 조건에 따른 그때그때 정해진 소통 수단으로써 확립되고 작동된다. 그렇기 때문에 일마다 문자로 나투던지 숫자로 나투던지 기호로 나투던지 천차만별로 드러나는 본래면목本來面目의 작용일 따름인 것이다.

그런데 마음이 작용할 때는 상황에 따른 상대적 값으로 매겨져 기억에 저장되고, 외경을 재인식할 적에는 추리하며 착각하기도 하는 것이 마음 작용의 특징이기에 눈앞에 전개되는 사상事相에 대한 고정 관념의 변견들이 대립과 충돌을 부르고 번뇌를 양산하기 마련이다.

대혜 선사는 이러한 마음의 형성과 작용에 대하여 명쾌하게 통찰하고 있기에 일반적 선문禪門에서 극히 꺼리는 '말'을 써서 당대의 지식인인 증시랑 천유에게 본분사本分事에 이르는 언질을 주고 있다. 이 일을 두고 본문에서 "그야말로 진창에 들어가 흙탕물을 뒤집어쓴다고 하며 지나치리만치 상세하게 설명을 더한 말"이라고 하고 있는 것이다.

〈양보지화상대승찬십수梁寶誌和尙大乘讚十首〉 제1수의 예문

大道常在目前한데	雖在目前難覩로다
若欲悟道眞體라면	莫除聲色言語하라
言語卽是大道여서	不假斷除煩惱로다
煩惱本來空寂한데	妄情遞相纏繞일뿐이다

대도大道는 언제나 눈앞에 있는데

비록 눈앞에 있더라도 보기는 쉽지 않네

도道의 진수를 깨치려 한다면

눈앞 현상을 표현하는 관념적 언어를 없애지 말라

말(하여 소통)하는 것이 그대로 도道여서

번뇌라 하여 끊어 버림을 빌려 쓸 일이 없다

번뇌(의 체體)는 본래 공적空寂한데

관념의 변견〔妄情〕으로 서로 얽매일 뿐이다

(『경덕전등록』 권제29 대정장 제51권 449중)

『신심명信心銘』 제22화의 예문

夢幻虛花라   何勞把捉하리요

得失是非는   一時放却하라

꿈 같고 허깨비 같고 허공꽃 같은데

어찌 애써 움켜잡으려는가

얻는다거니 잃는다거니 옳거니 그르거니 함은

한꺼번에 놓아버리라

(一休 역주. 정우서적 재판본)

한나라 개는 흙덩이를 쫓거니

대혜 선사는 암두 전활嚴頭全豁의 말을 빌려 말하고 있다. 눈앞의 경계를 인식하는 굳은 관념인 "객관客觀을 물리치는 게 상근인上根人이고 객관을 좇는 게 하근인下根人이다"고.

고봉 원묘高峰原妙는 『선요禪要』 개당보설에서 "사자獅子는 사람을 물고, 한韓나라 개는 흙덩이를 쫓아간다"고 말하고 있다. 이는 지혜인의 일과 어리석은 사람의 일을 두고 하는 말이다. 문제는 무엇을 지혜라 하고, 무엇을 어리석다고 하는가이다.

이 답을 정하기 위해 앞에서 제시한 초전법륜과 시간적 무상성無常性과 공간적 무아성無我性과 무자성無自性의 공성空性과 심리적 물리적인 법성法性을 깨달음에서의 근본적인 요소로 제시한 것을 새겨본다.

이를 전제로 하여 '이러한 성향을 통찰하여 자증自證하게 하는 연기법緣起法이야말로 세제世諦의 뗏목 같은 피안행 반야선의 요소임'을 명료하게 알면 〈지혜〉라 할 만하고, 이와 같은 근본 사실을 사실대로 보지 못하고 착각하는 관념에 매여 작용하면 그대로 〈어리석음〉이라고 하겠다.

상호 연기하여 알려지는 관념의 세계는 상대적 관계성의 양변심兩邊心으로 매겨지기 때문에, 이 사실을 모르면 대개 변견을 쓸 수밖에 없게 된다. 현실 삶에서는 개인 간이건 사회 간이건 국가 간이건 마음 작용이 대립하고 충돌하여 각각의 삶의 주체에 번뇌의 파고를

높이게 된다.

대혜 선사는 이 변견을 통연명백하게 통찰하고 초탈하였기에 노파심절로 제2기第二機에 수순하거나 선원에서 운수를 제접하거나 변견을 씀에 걸리고 가림이 없다. 15년의 적소謫所 생활에서도 정치적 상황의 관념에 매이지 않았다. 외려 어언語言을 써서 서장書狀 도량을 건설하고 피안행 이정표를 설치하고 뗏목을 엮어 반야선을 놓기도 하였으니, 진정한 납승이요, 사승師僧이 아니면 할 수 없는 상쾌한 일이었다.

4. 정전백수자화庭前柏樹子話의 통찰

이참정李參政 한로漢老의 회득

남송 고종高宗 때 상서우승尙書右丞·참지정사參知政事에 오른 탈공거사脫空居士 이병李邴은 〈정전백수자화庭前柏樹子話〉의 의정疑情을 해소하고 행주좌와의 일상생활에서 자재할 수 있었다. 이 일을 대혜 선사에게 내어 보이고 있는 〈답이참정한로〉의 문서問書를 들어 이 화두話頭의 생성과 지향처를 새겨 숱한 행자들 그 화자나 청자나 간에 다양한 말을 하면서도 느끼는 '언어言語의 길이 끊기는 막연함'에서 깨달음의 통찰 요소로 제시한 '물리적으로 심리적으로 연기緣起하여 형성되는 관념'을 열쇠 말로 활발발하게 적용해 회득을 도우려 한다.

한번 웃는 가운데 의정疑情이 풀리니

"병邴이 저번에 방장 스님을 찾아 뵀을 적에 삼가[伏] 제 어리석음에 대한 자상한 꾸짖으심[蒙激發]에 새삼스레[忽] 반성하였습니다. 생각건대 마음이 우매하여 그동안 배우고 안 것이 다 정식情識에 떨어진 견해여서, 하나를 취하면 하나를 버림이 마치 누더기 솜옷을 입고 거친 가시밭길을 가다가 스스로 얽혀 버린 것 같았습니다.

이제야 (어처구니없어) 한번 웃는 가운데 대뜸 확 풀렸습니다. 기쁘고 다행함이 여간 아닙니다. 대종장大宗匠의 찬찬하고 자상한[委曲]

마음쓰심이 아니었다면 어떻게 여기까지 이르렀겠습니까?

집〔泉州城〕에 돌아오고 나서부터는 옷 입고 밥 먹는 일이나 자식이며 손주며 품고 노니는 일이나 여러 가지 일상사에 그저 고로古路를 따르니, 오래지 않아 얽고 얽혔던 정식情識이 스러지고 또한 초인적인 특별한 생각도 하지 않습니다.

그밖에 오래 훈습熏習되어 묵은 장애도 또한 가벼워지고 있습니다. 하직할 때 신신 당부하신 말씀은 감히 잊지 못하겠습니다. 다시 생각해 보니 비로소 법문法門에 (한 걸음) 들일 수 있었습니다만, 진정한 법法은 아직 밝히지 못하였기에 (공부의) 기회에 응하고 사상事相을 접하는 데 매사에 장애가 없지는 않습니다. 원컨대 거듭〔更〕가르쳐 주시어서 마침내 (깨달음에) 도착함이 있게 하신다면, 아마도〔庶〕법석法席을 욕되게 함은 없을 것입니다."

회득會得의 격발처여

실로 수행자의 완곡한 마음 자리이다. 심전心田을 일구어 농사다운 수확을 거두었음에도 스스로 가행하여 청익請益을 더하는 행자이다. 〈자상한 꾸짖음을 받았다는 '몽격발蒙激發'의 일화〉를 부른 인연의 담화인 '정전백수자화庭前柏樹子話'의 회득처會得處는 『오등회원五燈會元』 권제20의 참정이병거사參政李邴居士 조에 보인다. 그 전문을 새겨 본다.

"참정 이병 거사는 자字가 한로漢老인데 조사선도祖師禪道에 관심을 갖고 심취한 지 여러 해 되었다. 그 즈음에 대혜 선사가 '묵조默照는 사선邪禪이어서 배척한다'는 말을 듣고 (대혜 선사의 공부를) 의심하고 (그에 따른) 분노가 함께 일었다. 하루는 (운문암雲門菴에서) 대혜 선사가 시중示衆하는 걸 들어 보았는데, 조주趙州 선사의 '정전백수자화'를 제시하였다.

'뜨락의 측백나무라! 오늘 삼가 새로이 하느니. 조주의 관문을 타파하고서 새삼스럽게 말을 찾는구나. 대중에게 묻는다. 이미 조주의 관문을 타파하였는데 어째서 새삼스럽게 (사량의) 말을 찾는가?' 잠깐 있다가 말한다.

'당초에 다만 띠풀의 길고 짧음만 말했는데, 불에 다 타고 나니 그제야 땅이 평탄치 않았음을 알겠구나!'

이병 거사가 (언하에) 깨치고서 대혜 선사에게 말했다.

'선사의 뒷말씀이 없었으면 (제가) 하마터면 어긋날 뻔했습니다.'"

이 인연으로 하여 이참정이 〈몽격발蒙激發〉하였다고 한 것이다. 문서問書의 내용은 바로 이 글에 이어진 전문이다. (中華書國 點校本 五燈會元 1352쪽)

화두話頭의 요처를 잡다

이와 관련하여 각 서한에서 '화두話頭'의 참구를 권장하는 구문 중 하나인 〈6. 답증시랑천유(5)-2〉의 한 구문을 새겨 본다.

"공은 이미 화두의 요처를 잡았습니다. 이미 요소를 파악하고 있다면 〔欛柄在手〕'방편문方便門을 버리지 않고서 도道에 든다'는 따위가 무슨 걱정이겠습니까? 다만 여기서처럼 (방편문을 빌려서 그로써 도道에 든다면 괜찮겠지만 그 방편을 고수하면서 버리지 못한다면 병이 된다고 한 말처럼) 공부하십시오. 경전의 말씀과 아울러 옛사람의 어록이나 갖가지 언구言句들을 볼 때도 여기서처럼 공부하고, 수미산화須彌山話나 방하착화放下著話와 구자무불성화狗子無佛性話와 죽비자화竹篦子話와 일구흡진서강수화一口吸盡西江水話와 정전백수자화庭前柏樹子話 같은 따위에도 역시 여기서처럼 공부하십시오. 그 밖에 다른 특이한 견해를 내거나 다른 도리를 찾는다거나 다른 기량을 지어서는 아니 됩니다. 공公이 번뇌의 급류 속에서도 때마다 당연히 그처럼 공부를 챙김에도 도업道業이 성취되지 않는다면 붓다의 법法이 영험 없는 것입니다. 아무쪼록 잊지 마시길….″

노파심절老婆心切한 선사의 가르침이어도 추기樞機의 한 마디 없이 그저 화두를 제시하여 참구參究하기를 제언하는 처지다. 아직 심로心路가 안개 속의 산길에서 옷섶이 이슬에 젖어 드는 정도리니, 더 명료함을 보기 위하여 '정전백수자화'가 생성되던 『조주록趙州錄』 제12화의 시절 인연처를 살펴본다.

조사서래의와 정전백수자의 맛

조주 선사가 상당上堂하여 대중에게 말했다.

이 일대사一大事는 너무나도 분명하여 출격出格의 장부라 해도 (웬만해서는) 여기서 벗어날 수 없다. 내가 위산潙山에 갔을 적에 어떤 납승이 (위산 선사에게) "조사가 서쪽에서 온 뜻은 무엇입니까〔如何是

祖師西來意]?" 하고 묻자, 위산 선사는 "내게 의자를 가져다주게!"
하였다. 종사宗師라면 모름지기 관념에 매이지 않는 자리[本分事]에
서 납자를 제접해야만이 깨닫게 할 것이다.

그때 어떤 학승이 조주에게 물었다.
"조사가 서쪽에서 온 뜻은 무엇입니까?"
조주: "뜰에 있는 측백나무의 일이다."
학승: "화상께서는 경계境界*를 가지고 사람들에게 보이지 마십
　　　시오!"
조주: "나는 경계를 가지고 사람들에게 보이지 않는다네!"
학승: "(도대체) 조사가 서쪽에서 온 뜻은 무엇입니까?"
조주: "(저) 뜰에 있는 측백나무의 일이다!"
*경계[境]: 관념적인 말.

쾌연快然한 해탈처라

'뜨락의 측백나무 화두'에 내재된 지취旨趣는 무엇인가?
이병 탈공 거사는 이 화두의 무슨 추요樞要로써 회득會得하였는가?
여기서 깨달음의 통찰 요소로 제시한 '연기緣起 작용처의 관념화'와
'관념의 연기 성향'을 견처의 요소로 삼아 추침椎砧*의 묘용으로
쓰자면 이렇다. '조사祖師가 서래西來한 행위'와 '측백나무가 뜰에
서 있는 일'은 갖은 조건들이 시공간時空間에서 관계하며 드러나고
있는 일로서, 우리에게는 관념적으로 알려지고 있는 사실이다. 이
사실을 사실대로 전체의 법성法性을 통찰하면 깨침의 자증自證이요,

지엽의 관념에 매여 벗어나지 못하면 범부의 칠통 같은 정식情識에 머무는 것이다.

*추침椎砧: 선방에서 대중을 깨우기 위하여 방망이〔椎〕로 팔각기둥〔砧〕을 쳐서 소리를 내는 것.

"당초에 다만 띠풀의 길고 짧음만 말했는데, 불에 다 타고 나니 그제야 땅이 평탄치 않음을 알겠구나!"

라고 한 대혜 선사의 법어法語에서 언하에 깨친 이참정 탈공 거사의 일은 '길다 짧다〔長短〕는 이견二見의 굳은 관념'을 타파한 쾌연快然한 해탈처인 것이다.

5. 수산 성념의 죽비자화竹篦子話

특이한 견해나 기량도 아니 되거니

수산 성념首山省念(926~993)은 중국 오대五代~송초宋初 시기의 선사로서 임제종 스님이다. 임제臨濟의 선풍을 크게 거양하였다. 〈죽비자화〉를 제시하기 전에 앞에서 거론한 대혜 선사의 노파심절한 〈답증시랑천유(5)〉의 일문을 다시 본다.

"공公은 이미 화두話頭*의 요처要處[欛柄]를 잡았습니다. 이미 요소를 파악하고 있다면[欛柄在手] '방편문方便門을 버리지 않고서 도道에 든다'는 따위가 무슨 걱정이겠습니까? 다만 여기서처럼 (방편문을 빌려서 그로써 도에 든다면 괜찮겠지만 그 방편을 고수하면서 버리지 못한다면 병이 된다고 한 말처럼) 공부하십시오. 경전의 말씀과 아울러 옛사람의 어록이나 갖가지 언구言句들을 볼 때도 여기서처럼 공부하고, 수미산화須彌山話나 방하착화放下著話와 구자무불성화狗子無佛性話와 〈죽비자화竹篦子話〉와 일구흡진서강수화一口吸盡西江水話와 정전백수자화庭前柏樹子話 같은 따위에도 역시 여기서처럼 공부하십시오.

그 밖에 다른 특이한 견해를 내거나 다른 도리를 찾는다거나 다른 기량을 지어서는 아니 됩니다. 공公이 번뇌의 급류 속에서도 때마다 당연히 그처럼 공부를 챙김에도 도업道業이 성취되지 않는다면 붓다의 법法이 영험 없는 것입니다."

간화看話·화두話頭의 진의

화두話頭는 고칙古則이라고도 하며, 공안公案이라고도 한다.

'공안'의 원뜻은 '공부公府의 안독案牘'으로써 관청에서 시행해야 할 법령法令을 말하는데, 선문禪門에서 붓다의 근본 가르침을 깨달으려는 수행길에서 이정표로 삼을 만한 사승師僧들이나 학인들의 문답인 일정한 담화談話를 말한다.

중국 당송唐宋 시기에 형성된 선문답을 기록한『경덕전등록』의 선승 1701명의 고칙古則에서 유래하여 '1700공안'이라고 불린다. 이 공안을 구어 '화두'로 칭함에는 그 요처가 문답의 담화談話에 있음을 표하는 것이다. 그래서 '화두'는 이 1700화에 속하고 있다.

화두話頭의 '두頭'는 접미사로써 특정한 성질이나 형태를 가진 것을 나타내는 명사 뒤에 연용되며, 형용사 뒤에 연용되어서는〔明頭·暗頭〕 명사화하는 역할을 한다. '머리'라고 해석하지 않는다. 하여 화두에서는 이 '화話'의 추요樞要를 살펴봄에 '간화看話'한다고 한다. 이에 근거하여『무문관無門關』제43칙 수산 성념 선사의 '화두'인〈죽비자화〉를 살펴본다.

무문관無門關의 죽비자화竹篦子話

수산首山 화상이 죽비를 집어 들고 대중에게 보이며 말했다.

"여러분! (여기 이것을) 죽비라고 부르면 저촉되는 것이며〔若喚作竹篦
則觸〕, 죽비라고 부르지 않으면 등지는 것이다〔不喚作竹篦則背〕.
여러분! 자, 말해 보라. 뭐라고 부를 것인가?"
무문無門이 (평하여) 말한다.

"죽비라고 부르면 저촉되고 죽비라고 부르지 않으면 등지는 것이니,
말로 할 수도 없고 말로 하지 않을 수도 없다. 자! 빨리 말하라.
빨리 말해."
게송偈頌으로 이른다.

"죽비를 집어 들고〔拈起竹篦〕
'죽이라 살리라'의 명령을 행하였다〔行殺活令〕.
'등질 것이냐 저촉할 것이냐'로 숱하게 공격 받으면〔背觸交馳〕
부처도 조사도 살려달라고 빌 것이다〔佛祖乞命〕."

이 '죽비자화'의 제시는 '이름〔名〕'을 들어 깨달음의 요소로 제시된
'관념과 연기緣起'의 명백한 사실을 통찰하여 자증함으로써 행자들에
게 굳은 관념의 틀 속에서 해방되기를 강하게 권하고 있다.
살펴보자! 근根·경境·식識의 삼사 화합三事和合으로 우리 '마음'이라
하는 의식이 형성되어 인식 경험을 통하여 대상을 '이름〔名〕'으로
정보화하여 기억하게 된다. 이러한 마음 작용의 범주를 5온五蘊에서
12처十二處로 18계十八界로 확장하여 볼 수 있다. 이렇게 형성되는
사람의 인식 곧 우리가 쓰고 있는 마음 작용은 추리推理하고 상량商量
함을 특징으로 하고 있다. 언어 문자로 전해져 소통하는 정보들은

관념화되지 않을 수 없다. 변화하는 시간과 공간의 한계 속에서 유지되는 삶에 관한 갖가지 정보는 경우에 따른 조건에 따른 〈상대적 값〉으로 정해지게 마련이다. 상황에 따라서는 그 정보를 일정하게 공유하게 된다. 다양한 조건하에서 명사나 동사나 형용사 등으로 그 값도 다양하게 매겨지게 되는데, 이러한 지점이 소통과 조율의 융화처 또는 대립과 갈등의 문제처가 되기도 한다.

'죽비'를 한번 잡아 보자

죽비는 앞에서 '18계'로 언급된 마음 작용으로 형성된 갖은 정보들 중의 하나로, 선원禪院에서 예불하거나 좌선할 적에 손바닥을 쳐서 일의 시작과 끝을 알릴 때 사용하는 기물의 하나다. 이 죽비의 용도를 경험한 학인은 누구나 다 안다. 죽비를 치켜들고 '이것을 뭐라고 부르느냐?'고 묻는다면 누구나 '죽비'라고 대답할 것이다. 그런데 "죽비라고 부르면 (법法에) 저촉되고, 죽비라고 부르지 않으면 (법法을) 등지는 것이다"고 저 수산 노사는 긍정도 부정도 다 막아 놓고 답을 내놓으라 하고 있다. 거기다가 무문 선사는 "말로 할 수도 없고 말로 하지 않을 수도 없다"며, "자! 빨리 말하라. 빨리 말해 보라"고 직하直下에 답하라고 더욱 다그쳐 댄다.

'죽비'를 경험하지 못한 사람에게는 그저 대나무를 짧게 잘라서 가운데를 쪼개 놓아 소리를 내게 하는 그 무슨 물건인 것이겠다. 하니 '죽비'라고 모르는 이에게는 질문조차 성립이 되지 못한다. 필자는 서너 살짜리 어린아이에게 경책의 매로 사용한 적이 있었는데, '죽비'를 모르는 그 아이에게는 당시의 경험에 의거하여 소리가 엄청 무섭게 나는 '매'로 기억되었을 것이다.

문제처는 학인들이다. 무아無我나 무자성無自性이나 공성空性 등에 대한 붓다의 근본 가르침인 교리를 학습한 이들에게 한 정중한 압박이요, 노파심절한 점검인 것이다. 과연 '이름[名]이라는 관념'에서 자유로운지 아니면 굳게 매여 있는지 간파하려는 것이다.

물리적이든 심리적이든 연기緣起하여 변화하는 존재인 어떤 일이나 모양에 지어지는 명칭은 상대적으로 가명假名되거나 가립假立되게 마련이다. 그런데 이러한 사실을 모르게 되면 그 이름에 대한 절대화가 자기도 모르는 사이에 형성되고 만다. 그 결과 남들과 여러 차원에서 대립과 갈등을 야기하여 끝내 삶에서는 갖은 번뇌를 유출시키게 된다.

시是와 비非, 금강경의 길

'이것은 선원의 〈죽비〉다'고 말하면서, '이것은 어린아이의 〈매〉다'고 말했다고 하자. '무아無我'요, 무자성無自性의 공관空觀에서는 조건에 따른 가명假名일 뿐이기에 진정한 답은 되지 못한다. '이것은 〈죽비〉가 아니다'고 말해도, '이것은 어린아이의 〈매〉가 아니다'고 말해도 관념적인 긍정[是]에 따른 부정[非]이기 때문에 역시 진정한 답이 되지 못한다. 왜냐하면 이름이나 어떠한 상태를 표현할 때는 상대적인 조건에 따른 한정된 값이 매겨져 기억되기 때문에서다. 이러함에 관념의 어언語言을 쓰면서 과연 언어 문자의 관념성에 매이지 않을 수 있겠는가? 여기서 『금강반야바라밀경』의 〈여리실견분如理實見分제5〉에서 설해지고 있는 일단의 법문法門으로써 〈죽비자화〉의 답처를 구하는 이정표로 삼아 본다.

"凡所有相은 皆是虛妄하다 若見諸相非相하여야 卽見如來리라: 무릇
(32)대인상大人相으로 존재하는 한은 다 (실체가 없는) 거짓된 것이다.
(32)대인상을 보고 (그 대인상이) 진실상이 아님을 보아야 여래를
본다고 할 것이다."

이 법문을 근거로 하여 〈장엄정토분제10〉의 "莊嚴佛土者는 卽(則)非
莊嚴하여야 是名莊嚴이니다: (관념적으로) 불국토를 장엄한다는 것은
곧 (여실한) 불국토 장엄이 아닌 것(임을 보아야), 이것을[是] 장엄이라
이름할[名] 것입니다"를 비롯하여 21회에 걸쳐 대체로 '卽非~是名'
의 틀을 써서 '이름(名)의 관념성과 그를 여읜 진실성'을 주지시키고
있으니, 새삼 연계하여 새겨봄직하다.

還無白竹篦子人麽아
有喚作非竹篦者麽아
用筊子兮不離筏하면
畢竟不登彼岸去리니

그야말로 〈죽비〉라고 말할 이는 없는가?

〈죽비〉가 아니라고 말할 이는 있는가?
뗏목을 쓰되 뗏목을 버리지 않으면
끝내 언덕에 오르지 못하리니…

直入放下妙用時여
卽是卽非每一事로다

곧바로 방하放下에 드는
묘용妙用의 시절이여!

그대로 긍정하든〔卽是〕 부정하든〔卽非〕
매양 하나의 일일세.

6. 조주의 방하착放下著과 운문의 수미산須彌山 화두

해탈의 단서

관념을 쓰면서 관념의 연기적 사실을 직시해야 한다. 처음 법륜法輪을 굴리신 붓다의 깨달음인 사제四諦를 보면, 사람들의 삶은 이 일 저 일에 괴로움이 수반되기에 편치 못하다고 거시한다.

이는 지나친 욕심[貪]과 분노[瞋]의 발산과 그 심리의 작용으로 하여 형성된 어리석음[癡]의 '근본 고苦'가 원인이 된다고 밝혔다. 이 괴로움에서 벗어난 삶[滅]을 살리면, 사제의 인과성因果性을 사실대로 바로 보아[正見] 스스로 해탈해야 함을 알 수 있다.

그런데 자신을 죽이게 되는 삼독심三毒心은 어떻게 생겨나는가?

앞글에서 "근根·경境·식識의 삼사三事 화합으로 '마음'이라 하는 의식이 형성되고 경험을 통하여 대상을 '이름[名]'으로 정보화하여 기억하게 된다. … 마음 작용은 추리하고 상량함을 특징으로 하고 있다. 언어 문자로 전해져 소통되는 정보들은 관념화되지 않을 수 없다. … 조건에 따른 '상대적 값'으로 정해지게 마련이다. … 이러한 지점이 소통과 조율의 융화처 또는 대립과 갈등의 문제처가 되기도 한다"고 언급한 바 있다.

마음의 형성과 쓰임에서 관념[saññā·想·相]은 절대적 가치가 아닌 연기적 심리心理여서 상대적 가치로 작용하고 있음을 주지하지 못할 때 자신도 모르는 사이에 생각은 고정 관념에 떨어지고 만다. 그 결과 삼독심을 인연한 다양한 파생 심리의 활발한 동력으로 마음 바다는 쉼 없이 출렁거리는 고해苦海가 되고 만다. 때문에 행자라면 누구나 반야바라밀다의 도피안度彼岸을 추구하게 되는 것이다.

도피안! 결국 이 수행을 성취하는 것은 갖은 심리 작용에서 훈습熏習된 관념의 사실을 직시하고 착각한 허망성에서 해방되는 것이다. 선지식의 안내를 받아 마음 곧 관념은 연기적인 무상성無常性이요, 상대적인 변화 존재임을 자증自證하는 것이다. 이를 돕기 위하여 선지식들은 노파심절하게 상황에 따른 촌철 같은 나름의 이정표를 내놓는 것이다.

굳은 관념을 집어내는 그 일련의 화두를 보자.

방하착放下著 화두
조주趙州 선사에게 묻는다.
엄양: "하나도 가져오지 않았을 때는 어떻습니까?"
조주: "내려놓게!"
엄양: "하나도 가져오지 않았는데 도대체 무얼 내려놓으라는 겁니까?"
조주: "그래? 그렇다면 메고 가게나!"
-『종용록從容錄』 제5칙

수미산須彌山 화두
운문雲門 선사에게 묻는다.

학승: "일념一念도 일으키지 않는데 허물이 있습니까?"

운문: "수미산!"

–『종용록』 제19칙

대혜 선사의 시각, 증시랑 천유에게의 당부

"이미 (관념의) 헛것〔虛幻: 無常〕이라고 말한다면 지을 때도 역시 헛것이고, 받을 때도 역시 헛것이며, 알아차릴 때도 역시 헛것이고, 미욱하여 뒤집어질 때도 헛것이며, 과거 현재 미래의 시간도 다 헛것〔관념상의 일〕입니다. 하여 오늘 허물을 알았다면 헛것의 약으로써 헛병을 치료하여 병이 나아 약을 쓸 일이 없어지면 그전처럼 그저 예전의 본분인本分人이라서, 만일 별도의 (깨달은) 사람〔人〕이 있다거나 별도의 깨달을 법法이 있다고 한다면 삿된 외도의 견해인 것입니다. 공이 (그러함을) 깊이 생각하며, 다만 이 같이 고고하게 (한눈팔지 않고) 때맞춰 관념에서 관념을 쉬되〔於靜辦中〕 결코 '수미산須彌山'이나 '방하착放下著'의 두 고칙의 말을 잊지 말아야 합니다. … 이처럼 오래 하다 보면 언제인가는 깨닫지 못할 일도 없을 것입니다."

–3. 답증시랑천유(1)

일 없는 이〔無事人〕의 일

방하착화放下著話와 수미산화須彌山話는 관념에 매여 행하는 일상을 점검하는 고칙이다. '관념'이라는 관문이 빗장 쳐져 있는 한 붓다의 안심 법문安心法門일지라도 나와는 전혀 관계없는 깊은 꿈속의 일이다. 눈앞에서 언제고 만나는 일상에서 이 빗장이 걸려 있는 관문을 나설 수는 없는가?

예전에 『佛教』지의 운영자였던 한용운 스님이 제91호에 기고한
「禪과 人生」의 '禪의 活用'에서 인용된 부분만 요즘 말로 옮겨 소개해
관념에 매이지 않는 일상사의 편린을 들여다본다.

"송宋의 정이천程伊川이라면 누구라도 아는 유명한 학자요, 현인이
었다. 하루는 정이천이 몇 사람의 지인과 같이 배를 타고 강을
건너가게 되었는데 모지라진 메추리처럼 누더기 옷을 입은 한 걸승乞
僧이 동선하게 되었다. 그 배가 중류에 이르자 홀연히 풍파가 크게
일어 배가 제대로 진퇴를 하지 못하고 방향이 없이 표류하여 배가
거의 뒤집힐 지경이 되었다. 이에 동선한 사람들이 놀랍고 겁먹음에
거의 의식을 잃어 엎어지고 자빠지며 사공조차 당황하여 조치를
잘 하지 못했다. 정이천은 물론 상당한 수양이 있기에 다른 사람들처
럼 놀라고 겁먹어 허둥대지는 아니 하였으나 많은 공포를 느껴서
자세를 단정히 하지 못했다. 그런데 동승한 걸승은 그러한 풍랑으로
배가 뒤집힐 뻔한 위험한 지경에 닥쳤음에도 불구하고 본 척도
않으며 무관심한 듯 바람에 기대어 잠든 듯이 있는지라, 아무래도
그의 초인적인 거동을 볼 때 이상한 느낌을 갖지 않을 수가 없었다.
하물며 모든 것이 비범한 정이천으로서는 그의 행동을 두루두루
지나쳐 보지 않고 내심 억측하기를 '그는 수행의 도가 매우 높은
사람이든지 아니면 천치天癡다'라고 추상推想하였다. 그리하다가
배가 다행히 피안彼岸에 도달하여 각각 제 갈 길로 나아갈 때 걸승에게
다가가서 '불의의 풍랑으로 배가 뒤집어질 뻔한 위태롭고 두려운

상황에 처하였음에도 거의 무감각하다 할 만치 태연자약하게 잠자는 듯이 있었던 이유가 무엇이었나?'를 물었다.
그 걸승이 미소 지으면서 말했다.

'아무 이상할 것 없나니. 나는 배를 타고 올 때 처음부터 강물을 보지 아니하였고 또한 배를 보지 아니하였소. 강물과 배를 보지 아니 하였으니, 어찌 풍랑을 보았겠소. 강물과 배와 풍랑을 보지 아니 하였으므로 나의 생사生死를 잊었소이다. 생사를 잊었거니, 무슨 〈위태롭다〉거나 〈두렵다〉거나 하는 데 관심이 있으리오. 태연 자약하니 잠든 듯이 있음이 또한 마땅치 않겠소?'
하였다. 정이천은 그 말을 듣고 스스로 반성反省한 바가 있었다고 한다."

관념을 쓰는 이여

암두嚴頭 선사가 말했다.
"객관客觀(눈앞의 대상)을 물리치는 게 상근인이며, 객관을 좇는 게 하근인이다."
고봉高峰 화상은 『선요禪要』개당보설에서 인용한다.
"사자는 (흙덩이를 던진) 사람을 물고, 한韓나라 사냥개는 흙덩이를 쫓아간다."

관념은 대립과 갈등의 문제처가 되기도 하지만, 관념의 뗏목을 제대로 엮어 쓰게 되면 피안으로 가는 소통과 조율의 융화처이기도 하다.
관념〔想·相〕을 형성하는 연기의 사실을 사실대로 통찰하는 행자여!

7. 마조의 일구흡진서강수一口吸盡西江水 화두

생각에서 생각을 넘어서야

사람들의 삶이 편치 않고 괴로운 살림살이가 많은 것은 붓다께서 처음으로 법法을 설하신, 연기적으로 형성되는 삶에서 사제四諦의 도리를 바로 보지〔正見〕 못한다는 데 있다. 왜 그 해탈의 법문法門을 보지 못하는가?

바로 나 자신〔心身〕이 오온五蘊의 화합체인 무상한 상대적 존재임을 자각하지 못하는 데서 오는 것이다. 상대적 존재라는 것은 그 무엇이든 조건 따라 형성되는 물리적 심리적 존재로써 〈생각〔想: 관념〕〉으로 알려지는 가립假立되고 가명假名된 변화의 존재인 것이다. 바로 이 상대적 사실을 모르면 '나〔我〕'라고 인식하는 자기 자신의 생각〔saññā想·相〕은 매사 굳어지게 마련이다. 이로 하여 견해들이 대립되고 부딪쳐 각각의 살림살이는 번뇌의 괴로움을 수반하게 된다. 붓다께서 이를 명철하게 밝혀 보시고 생로병사의 삶에서, 탐진치 삼독심三毒心의 근본 번뇌처에서 해탈의 길을 여신 것이다. 행자들 스스로 〈생각, 그 굳은 관념의 문〉을 부수고 법法에 대한 상대적 사실을 사실대로 통찰하는 정견正見을 확립하여 불안함을 넘어서서 자재한 삶을 살도록 피안에의 이정표를 놓으신 것이다.

한 입에 서강西江의 물을 다 마신 뒤에 말해 주겠다

『방거사어록龐居士語錄』 제3화를 본다.

방거사가 강서江西로 가서 마조馬祖 대사를 예참하고 물었다.

"만법에 매이지 않는 자는 어떤 사람입니까〔不與萬法爲侶者是什麼人〕?"

마조: "그대가 한 입에 온 서강西江의 물을 마셔 버릴 때를 기다렸다가 바로 말해 주겠다〔待汝一口吸盡西江水, 卽向汝道〕."

(그러자) 거사는 그 말끝에 현묘한 지취旨趣를 대번에 깨달았다. 그때 써 낸 게송에 '마음을 비워 급제하여 돌아간다〔心空及第歸〕'는 구절이 있다.

먹통 같던 관념의 한계를 언하言下에 부수고 해방되자마자 이제는 외려 관념을 자재하게 부려 쓰는 시정市井의 상상기上上機로써 때로는 일 안에서 때로는 일 밖에서 노닐었다.

뗏목의 비유경

다음 『중아함경·권제54』에서 설한 「벌유법筏喩法」의 예화를 들어 위 화두에서 직절直截하게 이르고 있는 중병의 약방문 같은 〈생각 곧 관념의 효용성과 한계성〉을 짚어 본다.

붓다께서 이르신다. "어떤 나그네가 고달픈 여행 중에 산수山水가 깊고 넓으며 빠르게 흐르는 강가에 도착하였다. 그러나 다리도

배도 없어 난감해지자 되는 대로 초목을 모아 덩굴로 엮어서 뗏목을 만들어 타고 거친 물결을 이기고 건너편 언덕[彼岸]에 무사히 올라갔다. 어떠한가? 그때 안온한 언덕에 오른 나그네가 강을 건널 수 있게 한 뗏목이 고맙다고 여겨져 그 뗏목을 머리에 인다든가 어깨에 메고 간다면 유익한 일이겠는가?" 하고 묻자 제자들은 "그렇지 않다" 고들 대답했다.

붓다: "그렇다면 이 나그네가 뗏목을 물가에 둔 채 묶어 놓는다거나 뭍에 끌어 올려놓고 내버려 둔 채 간다면 유익한 일이겠느냐?"고 묻자, 제자들은 "유익하다"고들 대답했다. 그때 붓다께서는 "그대들이 내가 설한 〈뗏목의 비유법〉을 안다면 이러한 법法조차 버려야 하겠거늘 하물며 비법非法이겠느냐?"고 하셨다.

이 법문에는 두 가지 핵심 소식을 전해 주고 있다.

첫째는 연기緣起의 실상을 보여주는 뗏목이다.

뗏목은 여러 개의 나무 등걸이나 덩굴 등으로 엮어 만들어 물에 떠 저어 갈 수 있게 만든 다양한 조건들이 결합되어 형성된 무실체 무자성無自性을 보여주는 물건이다. 그렇듯 형식적인 물건이지만 험난한 강江을 건너는 데는 필수적인 요소다. 삶의 고해苦海에서 피안彼岸으로 온전히 건네는 반야선般若船으로 비유되는 언어 문자로 제시되는 관념적 속수법俗數法인 '연기緣起의 법리法理'나 '팔정도 八正道' 등의 뜻을 중의적重義的으로 나타내고 있다.

둘째는 중병의 약방문 같은 방편의 뜻이다.

피안으로 건네어 차안의 번뇌를 완전히 해결해 주었더라도 역할을 다했으면 강가에 내버려두고 가라는 것이다. 중병에 걸린 사람이 좋은 약방문의 처방으로 복약을 하여 쾌차하고 나서는 약방문이나 남은 약이 더는 필요 없어 버리는 경우와 같다는 것이다.

두 경우와 같이 '붓다의 법문도 마음병의 원천인 삼독심三毒心 등을 다스렸으면 버려야 하겠거늘 하물며 〈치우친 생각〉으로 막연하게 추종이나 하며 관념적인 비법非法을 붙들고 묵색이고 있다면 그런 이에게 피안은 아련한 꿈속의 일이나 마찬가지다'는 완곡한 경책의 말씀이다.

『금강경』의 「정신희유분 제6」에서도 "보살(수행자)이 마음에 고정된 관념을 취한다면 자아에 개아에 중생에 영혼에 집착하는 것이기 때문이다. 법에 대한 고정된 관념을 취해도 바로 자아에 개아에 중생에 영혼에 집착하는 것이기 때문이다. 무슨 까닭인가? 법이 아니라는 고정된 관념을 취해도 바로 자아에 개아에 중생에 영혼에 집착하는 것이기 때문이다. 이런 까닭에 법이라고 하여 취해도 아니 됨은 물론이거니와 법이 아니라는 것도 취해서는 아니 되는 것이다. 이러한 뜻이기 때문에 여래는 늘 설하기를 '그대들 수행자는 내가 말한 법法이란 마치 뗏목과 같다는 것을 안다면 법도 오히려 버려야 하겠거늘 하물며 법이 아닌 것임에랴'라고 한다"고 하여 '진정한 보살(수행자)이라면 〈굳은 관념(치우친 생각: 산냐·想·相)〉을 취하지 말아야 함'에 대하여 주지시키고 있음을 보이고 있다.

무정無情의 설법

굳은 관념에 어둡지[昧] 않으면 온 산천山川의 일이 다 붓다의 일이다. 무자성無自性의 역연함에 눈 뜨고 보면, 성색聲色의 시절 인연도 곁에서 친숙하다. 붓다의 궁극적인 가르침인 〈무아無我〉의 변화무궁한 모습도 어지럽지 않고, 조화로운 연기緣起의 상대적 화음도 아름답다.

조동종曹洞宗의 동산洞山(807~869) 선사가 그의 스승인 운암雲巖 화상과 나눈 〈무정無情의 설법〉에 대한 문답이 시절을 타고 여산廬山으로 흘러 후예인 동림사의 상총常總 선사와 소동파蘇東坡(1036~1101) 거사와의 선리禪理 거량으로 이어졌다. 밤새껏 담론하다가 동파 거사가 문뜩 깨침이 있어 게시偈詩를 냈다.

계곡의 물소리가 그대로 붓다의 법문이라면
산속의 물색物色들이야말로 어찌 청정한 법신이 아니겠는가
밤새 팔만사천 법문을 설하다니
훗날 사람들에게 어떻게 들어 내어 말할까

溪聲便是廣長舌이면
山色豈非淸淨身이랴
夜來八萬四千偈타니
他日如何擧似人하리오

무상無常이나 무아無我나 공空은 그대로 법法의 체성體性이다. 저 법신法身은 일정한 상象이 없겠으나 성색聲色에 응하여 나투니, 이 일은 연기緣起의 법으로써 통찰洞察되고 자증自證된다. 〈관념〉이 천변만화千變萬化하는 성색聲色의 변화에 있으면 '연기緣起하는 법法'은 거기 있고 '통찰의 자증'도 거기 있으니, 대종사 마조馬祖도 방龐 거사도 거기서 허물없이 만난다. 어디서건 만나지만 마조는 마조고 방 거사는 방 거사다.

이 사실을 보는 나 또한 나지만 '너'의 '나'임이 분명하다.

8. 개(狗子)의 불성佛性 화두 1

간화선看話禪의 개시

'구자무불성화狗子無佛性話'는 대혜 선사의 사조師祖인 오조 법연五祖 法演(1024~1104) 선사가 간화看話의 요제로 제시한 이래 이를 주시한 이는 대혜 종고 선사다. 당시는 각종 선어록류를 근거로 하여 묵조默 照 참구하고 문답問答하며 심사방도尋師訪道의 참선 수행으로써 공안 公案에서 시사하고 있는 심요心要를 깨달아 투망금린透網金鱗의 자재 함을 증득하려는 조사 선풍祖師禪風의 시절이었다.

대혜 선사는 조주의 '정전백수자庭前柏樹子', '운문의 간시궐乾屎橛' 등 10여 가지의 '공안'을 제시하여 간화看話할 것을 권하고 있지만, 『서장』에 등장하는 41인 중에서 11인에게 '구자무불성화'를 주지시 키며 완곡하게 간화看話할 것을 권하고 있음을 본다.

'개는 불성이 없다(無)'는 화두話頭

•영시랑 무실榮侍郎茂實에게 제시하다

일찍이 황룡 혜남黃龍慧南(1002~1069)은 심성心性을 자증自證하여 그에 계합하고 나서 거리낌도 없이 설명했습니다.

"볼 때는 천 개의 해가 뜬 것 같아서 만상萬象이 그 형체를 숨길 수 없어야 하고, 들을 때는 저 깊은 계곡과 같아서 크고 작은 소리를 듣는 데 모자람이 없어야 한다."

이 같은 일은 별 다른 걸 빌려서 찾을 일도 아니요, 남의 힘을 빌릴 일도 아닌 것입니다. 구애 없이 인연 조건에 응하는 경계에서의 활발발지活鱍鱍地입니다. 미처 이와 같이 되지 않는다면 우선 이 세간의 '사량思量'하는 마음을 '사량'이 미치지 못하는 데로 되돌려 놓고 시험 삼아 '사량'해 보십시오. 어디가 '사량'이 미치지 못하는 곳인지.

한 학승이 조주趙州 선사에게 물었습니다.

"개에게도 역시 불성佛性이 있습니까〔狗子還有佛性也無〕?"

조주: "없다〔無〕!"

라고 했습니다. 다만 '무無!'라는 이 한 자字에 우선적으로 공公이 어떠한 기량이라도 있다면 부디 안배해 보고 부디 계교計較해 보십시오. 사량하여 안배하고 사량 계교해서 처리할 수도 없고 대뜸 놔버릴 수도 없어서, 그것만으로도 뱃속이 답답하고 마음이 괴로움을 느끼게 될 때 (그때가 그야말로) 마침맞은 시절입니다. 업식業識(제8식에 내재한)도 이어져 행해지지 않을 것입니다. 이와 같은 경계가 느껴질 때 내버려두지 마시고 다만 이 '무자無字'에서 (화두를) 제기하십시오! 제기하고 제기하다 보면 (반야가) 생소한 길은 자연히 익숙해지고, (습기가) 익숙한 길은 자연히 생소해질 것입니다.

-57. 답영시랑무실(1-2)

• 장사인 안국張舍人安國에게 제시하다

달을 볼 적에는 (달을 가리키는) 손가락을 보지 않고 집에 돌아왔을 적에는 노정路程을 따지지 않습니다만, 정식情識이 타파되지 않았다

면 마음의 불길은 선명하게 일 것입니다. 그야말로 이러할 땐(正當恁
麼時) 다만 의단疑團이 된 '화두話頭'로써 (수시로) 이끄십시오. 예컨대
어떤 학승이 조주趙州 선사에게 "개에게도 역시 불성佛性이 있습니까
[狗子還有佛性也無]?"라고 묻자,

조주: "없다[無]!"

고 하였으니, 한결같이 제기하고 거각擧覺하십시오.

여기저기 기웃거리는 것은 좋지 않습니다. 마음먹고 깨달음을 기다
려서도 안 됩니다. 고칙古則을 제기하는 자리에서 즉각 승당承當하려
고 해서도 안 됩니다. 현묘玄妙한 도리를 완전히 알겠다는 생각을
내서도 안 됩니다. 유·무有無의 변견邊見으로 헤아려도 안 됩니다.
진무眞無의 무無라고 추측해도 안 됩니다. 무사無事의 관념에 갇혀서
앉아 있어도 안 됩니다. 전광석화電光石火처럼 재빠르게 회득會得하
려고 해서도 안 됩니다. 마음 쓸 곳이 없고 마음 갈 곳이 없는
그런 결과가 되고 말았다고 느껴질[直得] 때, 공병空病에 떨어지는
건 아닌지 두려워하지 마십시오.

여기야말로 외려 호시절처好時節處입니다. 느닷없이 쥐가 쇠뿔 속
에 들어간 것처럼 (관념의 길이 끊어져) 대번에 견해가 분명해질 것입
니다.

-61. 장사인장원안국(2)

이렇듯이 대혜 선사는 어떻게든 본분사를 향하는 학인의 추구심이
지극히 한정적인 관념의 사량 계교에 끌려들지 않도록 이 자리
저 자리를 다 틀어막아 버리는 노파심절한 이정표를 내놓고 있다.

풍진객風塵客들을 이정표의 화살표 끄트머리로 내몰아 오히려 칠통漆桶 속으로 처박아버리는 친절을 베풀고 있음을 본다. 공안公案의 지난 일화에서 '구자무불성狗子無佛性'의 오직 이 한 자字〈무無!〉로써 오늘 '지금의 일'을 그대로 직증直證하는 활안活眼으로 삼았다. 여기서 '바로 이 한 자〈무無!〉'를 투득透得한 경쾌한 일에 심금心琴을 당겨 본다.

당시 승상이었던 자암거사 장준張浚(1097~1164)의 모친인 제25화의 주인공인 진국태부인秦國太夫人이 '구자무불성狗子無佛性' 화두를 참구하다가 어느 날 한밤중에 맥연히 환희처에 들고 나서 심게心偈 몇 수를 지어 경산사徑山寺로 보냈다. 소흥紹興 10년(1140) 대혜 선사 52세 때의 일이다.

"'아득한 옛적부터 밝히지 못했던 본분사本分事가 환하게 눈앞에 드러나니 남에게서 얻은 게 아닐세! 법희法喜와 선열禪悅의 낙樂은 세간의 낙과 비교할 바가 아님을 비로소 알겠다'고 하셨으니, 이 산승은 국태부인(의 이 말씀) 때문에 하도 즐겁고 기쁜 나머지 며칠 동안 침식을 다 잊을 정도였습니다. …"

대혜 선사는 대중에게 흔쾌하게 공개하여 인가하였다.

꿈에 난새를 타고서

〈제1게시〉

날마다 보는

경전의 구절이

예전에 알던 사람을

만나는 것 같구나

말 많이 하는 게 장애가 된다고
말하지 말기를
한 번 말하면
한 번 새롭거니

逐日看經文함에　如逢舊識人토다
勿言頻有礙하라　一擧一回新커니

〔이 산승이 번번이 그대 법려들에게 말한 것처럼 선禪에 참여하여
요달하게 되면, 무릇 경문經文을 읽고 보는 것도 과거의 제 집안을
거닐다가 만나는 것 같다. 또한 마치 예전에 서로 알던 사람을
만나는 것과 한 가지다. 지금 진국태부인의 이 게송은 손무孫武나
오기吳起에 비견된다. 그대들은 그를 그야말로 여류女流로 보겠지
만, 완연하게 장부丈夫로 살고 있어서 대장부大丈夫의 일을 끝낼
수 있었던 것이다. ─『대혜보각선사어록』 권제14〕

〈제2게시〉
꿈에 난새를 타고서
저 푸른 하늘에 올랐더니
몸소 산 세상이
한낱 주막 같음을 비로소 알았네

돌아오는 한단邯鄲의 길
예전의 길 아니고
봄비 개고 나서
들려오는 산새 소리란…

夢跨飛鸞上碧虛하니　　　始知身世一蓬廬로다
歸來錯認邯鄲路하고　　　山鳥一聲春雨餘여

이 경쾌한 길에서 덕산德山 운수雲水에게 던진 용담龍潭 선사의 물음
을 다시 한번 내걸어 본다.

"그대는 도대체 무슨 도리를 보았다는 거냐〔子見箇甚麼道理〕?"

그야말로 '대문을 두드리는 기왓장 소리'가 들리는가?
'봄비 갠 길에 들려오는 산새 우짖는 일성一聲'에서 그대 행자에게
짚이는 한소식은 과연 무엇일까?

9. 개의 불성 화두 2

무자無字 화두話頭의 연원

참선參禪 수행의 묘리妙理는 『대승기신론』에서 제시하고 있는 '지관
문止觀門의 행법'에 있다고 하겠다. 곧 일상의 행·주·좌·와에서
대경對境에 대하여 마음 씀에 일정하게 훈습된 관념[saññā·想·相]의
작용을 그치고[止], 그 대경의 생멸상生滅相에서 호리불차하게 연기
緣起하는 법法의 통찰[觀]을 말한다. 이 지止와 관觀은 별도의 두
가지 행법이 아니고, '지止에서 추구하는 관觀의 궁극'을 투득透得하
고 '관觀에서 추구하는 지止의 궁극'을 투득하는 지관쌍운止觀雙運으
로 행해지는 것이어야 한다.

이 〈지관쌍운〉의 행법이 중국에서는 참선수행법으로써 취해져 조사
선祖師禪이요, 묵조선默照禪이요, 간화선看話禪 등으로 전향轉向되
었다고 본다. 이 중에서도 선종禪宗에서는 붓다의 궁극적인 가르침
을 깨닫는 방편도로써 오늘날에는 간화看話하는 '화두선話頭禪'을
으뜸으로 치며, 거기서도 '화두話頭는 조주의 〈무자無字 화두〉만이
유일하다'고까지 주장하는 이도 있게 되었다. 하여 오늘날 행해지고
있는 〈무자無字 화두〉의 연원을 살펴보면서 간화의 무자선로無字禪
路를 홀가분하게 비춰 본다.

『조주록趙州錄』의 일화

〔제132화〕묻는다. "개에게도 그야말로 불성佛性이 있습니까〔狗子還有 佛性也無〕?" 조주: "없다〔無〕!" 학인: "위로는 모든 붓다에 이르고 아래로는 개미에 이르기까지 다 불성이 있다고 하였는데 개에게는 어째서 없다는 것입니까?" 조주: "그게 업식業識의 성품이 있기 때문이지."

〔제363화〕묻는다. "개에게도 불성佛性이 있습니까?" 조주: "집집마다 문 앞(의 길)은 서울로 통한다네〔家家門前通長安〕."

『종용록從容錄』제18칙 조주구자趙州狗子

제시한다. 어떤 학승이 조주 선사에게 묻는다. "개에게도 그야말로 불성이 있습니까?" 조주: "있다〔有〕." 학승: "이미 불성이 있다면 어째서 저런 가죽주머니에 들어가 있습니까?" 조주: "그게 (불성이 있다는 걸) 안다손 쳐도 오랜 업보業報 때문이다."
또 어떤 학승이 묻는다. "개에게도 그야말로 불성이 있습니까?" 조주: "없다〔無〕." 학승: "일체의 중생이 다 불성이 있다고 하였는데 개에게는 어째서 없다는 것입니까?" 조주: "그게 업식業識이 있기 때문이네."

『법연선사어록法演禪師語錄』 권하

선사가 상당上堂하여 제시한다.
어떤 학승이 조주 선사에게 물었다. "개에게도 그야말로 불성佛性이 있습니까?" 조주: "없다[無]!" 학승: "일체의 중생이 다 불성이 있다는데 어째서 없다고 하십니까?" 조주: "그에게는 업식業識이 있기 때문이다."

선사가 이른다. "대중 여러분! 그대들은 평소에 어떻게 이해하고 있는가? 이 늙은이는 다만 '무자無字'를 들고 있는 것만으로도 그대로 충분하다[便休]고 하겠다. 이 한 자를 투득透得한다면 천하의 어떤 누구도 그대들을 어쩌지 못할 것이다. 그대들은 어떻게 투득하겠는가? 과연 투득함이 철저한 자가 있는가? 있다면 나와서 본 것을 말해 보라! 나는 그대들이 '있다[有]!'라고 말하기를 바라지 않으며, '없다[無]!'라고도 말하기를 바라지 않는다. 또한 '있다[有]'도 아니고 '없다[無]'도 아니라고 말하기를 바라지 않는다. 그대들은 어떻게 말하겠는가? 조심들 하라!"(『대정장』 제47권 665 중)

『서장』의 부추밀계신(1)

어떤 학승이 조주 선사에게 "개에게도 그야말로 불성佛性이 있습니까?"라고 묻자마자 선사는 "무無!"라고 대답했으니, 이 한 자는 마침내 수두룩한 나쁜 지각知覺을 꺾을 무기지만, '유·무有無의 무無'로는 이해하지 못하며, 도리道理로도 이해하지 못하며, 마음에서 이리저리 따져서도 이해하지 못하며, 눈을 부릅뜨고 죽치고 앉아 있다고 이해할 수 있는 것도 아니며… 문자의 구절에서 깨달으려 한들 깨달을 수도 없는 것입니다. 오로지 밤낮으로 행·주·좌·와行住坐臥에서 "개에게도 역시 불성佛性이 있습니까?" "무無!"를 수시로 제기하고 마주하되[擧覺] 여의지 말고 날마다 운용하십시오. 잠시라도 이처럼 공부하여 살핀다면 얼마 안 되어 바로 깨닫게 될 것이니 (그때 가서는) 군현郡縣의 허다한 공무도 당신을 전혀 훼방하지 못할 것입니다.

『무문관無門關』 제1칙 조주무자趙州無字
조주 화상은 학승이 "개에게도 그야말로 불성佛性이 있습니까?"라고 묻기에 "무無!"라고 하였다.

무문 혜개가 평한다. "선禪에 참여하려면 조사祖師의 관문을 뚫지 않으면 안 된다. 미묘한 깨침은 심로心路가 끊어지는 경험을 궁구해야만 한다. …"

"자, 말해 보라! 조사의 관문이란 무엇인가? 오직 이 하나의 〈무자無字!〉, 이거야말로 종문宗門의 단 하나뿐인 관문이다. 이름하여 선종무문관禪宗無門關 — '무無'라는 문의 관문 — 이다. (이 관문을) 뚫을 수 있는 자는 조주趙州 선사를 친견할 뿐만 아니라 그대로 역대 조사들과 손을 잡고 함께 가며 이마를 맞대고, 같은 눈으로 보며 같은 귀로 들을 수 있게 된다. 어찌 경쾌하지 않겠는가? 이 관문을 뚫기 바라는 자는 없는가? (있다면) 삼백육십의 뼈마디와 팔만 사천의 모공을 가지고 온몸으로 하나의 의문 덩어리가 되어서 외곬으로 〈무無〉를 참구하여 낮이건 밤이건 놓치지 말기를."

"'허무虛無의 무無'로 이해하지 말고[莫作虛無會],

'유·무有無의 무無'로도 이해하지 말라〔莫作有無會〕!

한 개의 뜨겁게 달군 쇠공을 삼켜 버린 것처럼 토해 내려 해도 토해 낼 수 없던 종전의 나쁜 지각知覺을 싹 없애 버리고, 시간을 두고 순일하게 익히면 자연히 안팎〔主客〕이 하나로 될 것이다. 마치 벙어리가 꿈을 꾼 것 같아서 다만 자기 자신만 알 뿐이다. (여기서) 갑자기 '무無!'가 폭발하면 하늘을 놀라게 하고 땅을 뒤흔들 것이다. 마치 관우 장군의 큰 칼을 빼앗아 손에 든 것 같아서, 부처를 만나면 부처를 죽이고 조사를 만나면 조사를 죽여 생사의 경계에서 대자유를 얻어 미욱한 육도 사생六道四生의 삶 속에서도 삼매三昧의 길에서 노닐게 된다."

"자! 어떻게 문제를 제시할 것인가? 한평생 기력을 다하여 이 하나의 '무자無字'를 들어 보자! 끊기지만 않는다면 그야말로 법法의 등촉燈 燭 같아서 한 번 점화로 대번에 확 켜질 것이다."

게송으로 이른다.

"개의 불성〔狗子佛性〕

부처의 바른 명령, 온통 드러내 보였다〔全是正命〕
잠깐이라도 '유무有無의 견해'로 건넌다면〔纔涉有無〕
즉시 목숨을 잃고 말 것이다〔喪身失命〕"

조주 선사는

'무無'와 '유有'라는 변견邊見의 관문을 시설하고서는

그로써 일마다 등장하여

번뇌를 유출하는 굳은 관념을 스스로 타파하도록

학인들을 유인해 들였다.

종용암從容庵의 굉지 선사도 그랬다.

오조산 법연 선사가

간화看話에서 유무有無의 상대적 값을 넘어선

〈무無〉에 방점을 찍은 이래로

대혜 선사가 승속을 떠난 삶의 현장에서

실천적인 수행의 요지로써 그 값을 순숙純熟시켰지.

무문 혜개 선사에 이르러서 그야말로 〈무자無字 화두〉

간화선 체계로 정착시켰다.

고려高麗 초기에 대혜의 『서장』에서

수선의 지남을 확립한 보조 지눌,

진각 혜심으로 간화선의 수행 체계가 흘렀고,

요즘에도 이 간화선법, 거의 그대로 행해지고 있다.

10. '간시궐乾屎橛—말려 놓은 밑씻개' 화두

화두, 문답의 즉흥성卽興性과 즉시성卽時性

참선參禪은 선禪에 직접 참여하는 것인데 '심사방도尋師訪道 곧 선지식을 찾아 도道 혹은 법法을 묻는 것'으로 말해지고 있다. 당대의 선지식이나 사승師僧을 만나거나 대참大參 소참小參 법문 뒤나 청익講益할 적에나 채소밭 김맬 때나 길을 걸으면서도 문답이 이루어지게 마련이다. 붓다의 가르침이나 붓다 그 자체나 눈앞에 현행하고 있는 사상事相의 본질 등에 대한 의단疑團을 해결하려는 학인의 물음에 사승이 답변하는 '즉문즉답卽問卽答'의 담화로 행해진다. 문답에서는 관념을 넘어서려는 기봉機鋒으로 행해진다.

문답의 즉시성을 잘 보여주는 게 바로 '간시궐乾屎橛: 말려 놓은 밑씻개 화두'다. 뒤를 보고 뒷간에서 나오고 있는 노사老師에게 불교에 관련하여 본질적인 것을 묻는다면 어떻게 답할 것인가?

『운문광록雲門廣錄』 상권에 나온다.

학인이 묻는다. "무엇을 석가모니부처의 본질〔身〕이라 합니까〔如何是釋迦身〕?"

운문: "씻어 말려 놓은 밑씻개다〔乾屎橛〕."

『무문관無門關』 제21칙에도 나온다.

운문雲門 선사에게 한 학승이 묻는다. "무엇을 부처라 합니까〔如何是

佛]?"

운문: "씻어 말려 놓은 밑씻개다."

이 담화가 문답의 전부다. 학인이 되묻지도 않으니 실로 짤막하다. 이를 거들기 위해 앞에서 언급한 "문답에서는 관념을 넘어서려는 기봉機鋒으로 행해진다"고 한 논지를 『서장』에서 대혜大慧 선사의 의지를 짚어 본다.

"사事나 법法이나 비유譬喩나 경계境界나 마치 둥근 고리가 처음과 끝이 없어 비롯하는 곳도 없고 끝나는 곳도 없는 것 같아서 다 불가사의한 법입니다. … 그렇다고 적멸寂滅의 경계에 머물러서는 안 됩니다. 만일 적멸의 경계에 머물게 되면 저 '법계法界를 인식하는 관념의 그물[量]'로부터 관섭을 받게 됩니다. 경전[敎]에서는 그것을 법진法塵 번뇌라고 이릅니다. (하여) 법계를 인식하는 지식[量]을 버려 두고, 남달랐던 생각들도 한꺼번에 내버리십시오. 그리고는 본격적으로 정전백수자庭前柏樹子와 마삼근麻三斤과 간시궐乾屎橛과 구자무불성狗子無佛性과 일구흡진서강수一口吸盡西江水와 동산수상행東山水上行 등(의 공안)을 잘 살펴보십시오. 문득 한 구절에서 꿰뚫어 버리면 비로소 그것을 법계로의 무량한 회향이라고 하겠습니다." -27. 답장제형양숙-6

"변화함은 너무나도 빨라서 백 년 세월이 번개의 섬광 같으니, 바로 뿌린 대로 결과를 거두어들이는 시절이 들이닥칩니다. '간시궐乾屎

橛(밑씻개)'은 어찌하고 있습니까? 단서(실마리)를 잡을 만한 것도 없고, 재미도 없고, 마음은 그저 아뜩함을 느낄 때야말로 그대로 좋은 소식처입니다. 무엇보다도 '간시궐乾屎橛'이 제시된 언구言句 (관념)에서 바로 받아들여서는 안 됩니다. 또한 무사無事의 관념 속에서 (망념을) 걸러내려고 해서도 안 됩니다. (간시궐을) 제기할 적에는 존재하다가 제기하지 않을 적에는 없어져도 안 됩니다. 오직 세간사를 사량思量하는 번뇌심을 가져다가 '간시궐乾屎橛'에 돌려놓고서 생각에 생각을 해도 어떻게 처리할 도리가 없고 이런저런 수완이 딱 바닥나면 그 즉시 깨달을 것입니다. 마음먹고 깨달음을 기다려서도 안 됩니다. 마음먹고 깨닫기를 기다린다면 영영 깨달을 수 없게 됩니다."

-35. 답여사인거인3-1

간시궐乾屎橛의 해석에 대하여

'말려 놓은〔乾〕 밑씻개'는 전적으로 필자의 해석이다. 외국어를 내가 모른다고 해서 그 말의 뜻이 없는 것은 아니다. 임하는 이들의 경우에 따라 그저 해석함에 그 말의 본뜻에 얼마나 가까운가의 차이가 있을 따름인데, 이는 간과할 일이 아닐 것이다. 이를 돕기 위하여 몇 사람의 해석을 참고로 제시해 본다.

  *마른 똥막대기 *똥말뚝 *뒷쓰개 작대기 *뒤 훔치는 작대기
  *막대기 모양의 똥 *똥막대기 등으로 제반 번역서에 보인다.

대체로 〈마른 똥막대기〉로 역어를 쓰는 판본이 많았다. 그럼에도

이 뜻을 새김에는 분명치 않았고, 주석을 냄에도 자의적인 해석으로 관념적 사유를 아예 차단시키는 신비성의 장막을 치는 경우도 있다. 그럼에도 자료들을 들추어 보니 〈마른 똥막대기〉에 수반되는 다음과 같은 몇몇의 형용어구를 추릴 수 있었다. '똥을 떨어 버리는 막대기', '똥이 달라붙은 막대기', '횃대처럼 걸어 놓고 쓰는 뒤 닦는 막대기', '똥을 휘젓는 뒷간의 작대기' 등으로 부연 설명이 되고 있으나 이해가 시원치 않다.

필자가 번역한『서장書狀』27. 장제형양숙 주52의 풀이를 소개한다. 시궐屎橛은 치궐厠橛, 치간자厠簡子, 치주厠籌, 치비厠箆라고도 한다. 대변을 본 후 뒤를 닦는 짤막한 대나무 편으로 만든 밑씻개다. 한 번 사용한 것은 '치주厠籌', 사용하지 않아 깨끗한 것은 '정주淨籌'라 함에 비춰볼 때 '간시궐'은 '말린 똥 닦는 막대기'를 말한다. 곧 '씻어서 말려 놓은 밑씻개'라고 할 수 있겠다. 간乾은 정淨과 통한다. 본디는 인도에서 사용된 풍습이었는데, 예전 중국의 어느 지방에서 나무를 주걱 모양으로 깎아서 밑씻개로 쓴 것이 시작이라고 하기도 한다. 이 말이 전환되어 선문禪門에서는 '관념의 구애拘碍가 심한 사람을 신랄하게 매도하는 데 쓰이는 말'이 되기도 하였다. 이러한 견해는 상당히 〈간시궐〉의 실용적 가치에 대하여 부정적임을 느낄 수 있다. 『선원청규禪院淸規』제4 정두淨頭의 소임 중에 "날이 새면 쓰고 나서 수북하게 쌓인 밑씻개〔苏籌〕와 손 닦은 수건을 거둬서 물에 담근다. … (뒷간을 청소한 뒤) 쓰고 난 밑씻개와 손 닦는 수건을 세탁하고…"라는 내용이 보인다.

『장자』 외편의 「지북유知北遊」 11단에 보인다. 동곽자가 장자에게 묻는다. "도道는 어디에 있습니까?" 장자: "있지 않은 곳이 없소[無所不在]. … 똥이나 오줌에도 있소[在屎溺]."

옥당의
노래

뒤를 보고 뒷간에서 나오는데 느닷없이 묻는다.
"석가모니불은 뭣하는 분입니까?"
"도대체 무엇을 부처라 합니까?"
이렇게 들이대면 한 마디 답하지 않을 수도 없잖나!
"아야! 뒤 보고 밑 씻지 않으면 찝찝하지 않든?
뒤 보고 뒷물하면 개운치.
부처도 그렇게 뭔 번뇌든 시원하게 해결해 주는
그런 이가 아니겠나?"

그렇다면 번뇌를 소멸시킬 일착자一著子!
단 이 한 수의 법法은 과연 무엇인가?
말려 놓은 밑씻개, 저 간시궐乾屎橛의 연분緣分에서
통찰의 혜안을 번쩍 뜰 수 있겠는가?

즉흥 즉시의 조주로趙州路 일화

조주 선사가 상당上堂하여 법문하던 차에 학승이 묻는다.
"도대체 달마 조사가 서쪽에서 온 뜻은 무엇입니까[如何是祖師西來

意〕?"

조주: "뜰 앞에 서 있는 측백나무(의 일이)다〔庭前柏樹子〕."

학승: "화상께서는 경계境界를 가지고 사람들에게 보이지 마십
　　　시오."

조주: "나는 경계를 가지고 사람들에게 보이지 않는다네."

학승: "달마 조사가 서쪽에서 온 뜻은 무엇입니까?"

조주: "뜰 앞에 서 있는 측백나무(의 일이)다."

–『조주록』 제12화

학인이 묻는다.

"도대체 달마 조사가 서쪽에서 온 뜻은 무엇입니까〔如何是祖師西來
意〕?"

조주: "앞니에 곰팡이가 슬었네〔板齒生毛〕."

(그런 관념적인 말을 해본 지 오래되었다네.)

–『조주록』 제307화

11. 마삼근麻三斤, 삼 서 근의 화두

사문유관四門遊觀의 현성공안

현성공안現成公案이라는 말이 있다. 우리 눈앞에서 생멸 변화하고 있는 현상들이 그대로 공안公案이라는 말이다. 선문禪門 일반의 일천칠백 공안만이 선 수행의 근본 문제를 해결해 주는 것이 아니라, 일상의 모든 일에 불교의 수행에서 추구하는 궁극적인 문처와 답처를 여실하게 갖추고 있다는 것이다. 선어록禪語錄의 본칙本則들도 실은 일상에서의 일들을 가지고 본질적인 의문을 제기한다고 볼 수 있다.

공안公案 곧 화두話頭란 '갈애渴愛로 얽매이는 삶'의 의문에 대한 선禪 수행이 갈구하는 깨달음을 해결하는 열쇠이기 때문이다. 그 근원은 붓다의 초전법륜初轉法輪인 사제四諦의 도리에 있다고 하겠다. 현실의 삶에 따르는 치성한 괴로움〔苦〕과 그 원인〔集〕과 괴로움이 소멸된 해탈처〔滅〕와 거기에 이르는 방법〔道〕에 대한 인연因緣과 결과 관계를 참구하고, 경험을 통한 견처見處가 붓다의 가르침과 자신의 통찰洞察과 계합되는 자증自證의 성취라면 불교 제일문의 '공안公案'이라 할 수 있다.

왜냐하면 석가모니붓다께서 어린 싯달타 태자 시절부터 '사문유관四門遊觀'으로 알려진 생生·로老·병病·사死에 따르는 자신과 사람들이 살아가는 현실 삶의 근본 괴로움에 대하여 명상하다가 끝내 29세에 출가를 결행하였다. 그리고는 〈6년 수행의 곡절 끝에 고행苦行을

위주로 한 수행을 버리고, 6일간의 치열한 명상 정진을 행하였다.〉
심리적 마군의 치란을 물리치고 중생계의 삶에서 고품가 발생하고
소멸하는 연기적 사실을 여실하게 깨달았다.

그 정각正覺을 자증自證하고 증자증證自證하여 사제四諦의 법문法門
을 시설하셨다. 삶의 마당에 형성된 사고팔고四苦八苦로 대변되는
괴로움〔苦〕과 그에 대한 원인〔集〕인 삼독심三毒心과 삶에서 괴로움이
소멸된 해탈〔滅〕이라는 결과에 대한 원인〔道〕인 팔정도의八正道의
관계가 털끝만큼의 차이도 없이 진행되는 연기緣起의 관계임을 밝히
셨다.

바로 통찰의 반야지로 조견照見하니, 갖은 이름을 걸치고 조건을
따라서 등장했다가는 조건을 따라서 사라지는 괴로움의 번뇌들,
이들은 하나같이 그때그때의 한정적이고 가변적인 존재일 뿐이지
자성自性이 없어 실체가 없음을 명료하게 밝히신 것이다. 이 명철明徹
한 사실이 바로 '무아無我'의 상태인 것이다. 바로 온갖 번뇌의 현장인
현실의 삶에서 가르침의 본질인 '무아無我'를 체험하고 체득함으로써
누구든지 '번뇌의 보리'로써 스스로 해탈의 자재함을 누릴 수 있게끔
하셨다.

부연하여 『60권본화엄경』 권제10 「불승야마천궁자재품 제15」 '유
심게唯心偈'의 "마음과 부처와 중생〔心佛及衆生〕, 이 셋은 차별이 없다
〔是三無差別〕"는 가르침을 새긴다면, 누구든지 간에 스스로 매매하고
있는 꿈꾸는 것 같은 관념에서 벗어날 수 있어서 그대로 주인공이
되는 것이다. 이때에 당도하면 굳이 '무엇을 부처라고 하느냐?'는
질문이 필요하겠는가. 그야말로 붓다의 '초전법륜'을 새기면서 〈마

삼근麻三斤〉화두를 짚어 본다.

삼 서 근의 부처여
어떤 학승이 동산洞山 선사에게 묻는다.
"무엇을 부처라고 합니까〔如何是佛〕?"
동산: "삼 서 근이다."

이 본칙에 대한 『벽암록碧巖錄』의 편찬자인 원오圜悟(1063~1135)
선사의 평창評唱 일부를 새겨 이 화두의 지취를 엿본다.

이 '삼 서 근〔麻三斤〕'은 한결같이 죽 뻗어 있는 한 줄기 장안長安
대로 같아서, 발을 들거나 딛거나 틀림없다. 이 화두는 운문 선사의
'호떡〔餬餅〕' 화두와 한 가지로 이해하기 쉽지 않다. 은사 오조 법연五
祖法演 화상께서 "싸구려 물건 파는 담판한擔板漢, 저울에 삼 서
근을 달아 본다. 매우 오랫동안 묵은 재고품이라 몸 둘 데가 없네'라는
송頌을 지으셨다. 그대가 육근六根 육진六塵이나 의상意想이나 계교
計較나 득실得失이나 시비是非를 쌓게 되었으나 한꺼번에 깨끗이
없애버리면 절로 회득할 것이다.
－『벽암록』 제12칙 동산마삼근洞山麻三斤

단적으로 이른다면 "서 근 나가는 마의麻衣를 입은 그대가 부처다"라
고 직역할 수 있다. 마조도일馬祖道一 선사가 "그대로 마음이 부처다
〔卽心是佛〕"라고 한 말을 잇고 있다.

그렇더라도 붓다[Buddha·佛]란 관념어일 수밖에 없다. '붓다'로되 초월적 신격神格인 '절대적 붓다'는 존재될 수 없다.

하여 조주趙州 선사도 어록 제209화에서 "철불[金佛]은 용광로를 지날 수 없고, 목불木佛은 불길 속을 지날 수 없으며, 진흙불[泥佛]은 강물을 건널 수 없다"는 말도 하여 관념에 떨어지는 수행을 경계하기도 하였다. 저 '초전법륜'의 의상意想과 '60화엄'에서 이른 '心佛及衆生 是三無差別'의 지취旨趣에 천착하여 저 학인의 '무엇을 부처라 하느냐?'는 질문에 대한 적절한 개념을 설정해 본다.

붓다란 "연기緣起'의 사유로써 '번뇌의 무아법'과 지각되고 인식되는 무상無常한 일체법一切法에 대하여 '무아無我'임을 깨달아 밝혀 연설 演說한 이"라고 말할 수 있다.

이 연설로 하여 중생계에서 어느 누구도 인연 따라 반야의 통찰지洞察 智로써 회득하여 연기緣起하는 이 세계의 공성空性과 법성法性을 직하에 깨달을 수 있고, 그 결과 붓다처럼 보고 붓다처럼 생각하고 붓다처럼 말할 수도 있게 되는 것이다.

다시 보면 서 근짜리 마의를 입고 있는 그대도 자기 자신의 마음을 써서 붓다의 일을 자증할 수 있다는 것이니, 굳이 밖으로 찾아 헤매 다닐 일이 있겠느냐는 되물음일 수도 있겠다. 이 자리까지 왔다면 싯달타 태자와 여기 수행자들은 한 자리에서 해탈의 한 길을 가는 도반인 것이다.

다른 처지에서의 하나같은 불사佛事
-방龐 거사의 신통한 묘용妙用

일상사에 별다른 일 없구나
오직 나 스스로 계합할 뿐
무엇 하나〔頭頭〕 취사取事 아니 하여
어디서건 어그러짐 없거니
선한 사람〔朱〕이니 악한 사람〔紫〕이니 누구를 이르는가
본분지〔丘山〕야말로 티 없어 여실하다
신통한 묘용妙用이라면
그저 물 긷고 땔나무나 하는 일이라네
-『방거사어록』 제2화

어떤 학승이 백장百丈 선사에게 묻는다.
"무엇을 신통한 일이라고 합니까〔如何是神通事〕?"
백장: "대웅산에 혼자 앉아 있다는 것이다〔獨坐大雄山〕."
학인이 절하자 선사가 그대로 후려쳤다.
-『백장록』 상당上堂 제2화

사람의 심해心海는 관념의 바다이다.
그 관념 형성의 연기緣起 사실을 사실대로 모르면

사사건건 굳어진 관념들이 대립되고 부딪쳐서
심해가 요란해진다.
개인이건 집안이건 사회건 국가건
풍파가 난리쳐 대는 심한 고해苦海로써
일생一生에 걸쳐 번뇌의 윤회처가 되고 만다.
싯달타 태자의 사문유관, 노老·병病·사死와
출가 사문沙門의 일은
오늘날의 특별한 그 무엇도 아닌
사유하는 내 문제와 다르지 않다.
연기적緣起的 변화의 현실적 존재인
'아무개 마삼근한麻三斤漢'이 가려는 피안행 해탈로의 출발처로써
그때나 이때나 다르지 않다.

이 시대의 선재善財들이여!
고취苦趣와 멸도滅度에 대한 정견正見이 명철明徹해지면
그야말로 그대의 심해心海가
그대로 해인삼매海印三昧의 도량 아니겠나?

12. 동산수상행東山水上行 화두
－동녘의 산이 강물 위로 지나간다－

피·차彼此, 상대적 관념을 넘어서

동산양개洞山良介 선사가 스승 운암雲巖의 회상에서 행각에 나서며 물었다.

"스승님이 입적하신 뒤에 어떤 납자가 스님의 초상화를 그리라고 한다면 어떻게 말해야 되겠습니까?"

"그 사람에게 말해 주게. '이것이야말로 이거다〔這箇是〕!'라고 말이네."

동산은 끝내 이 말이 머리에 불붙듯 하였는데, 어느 날 시냇물을 건너다가 물에 비친 제 그림자를 보는 순간에 '이것이야말로 이거다〔這箇是〕'의 소식을 알아채고 〈과수게過水偈〉로 알려진 이 게송을 내놓는다.

남에게서 찾으려 함은 꿈도 꾸지 말라	切忌從他覓
멀고도 멀어서 나와는 동떨어진 곳	迢迢與我疏
나 지금 혼자 가면서도	我今獨自往
가는 곳마다 그를 만난다	處處得逢渠
그가 지금 바로 나일지라도	渠今正是我
나는 지금 그가 아닐러니	我今不是渠
이렇게 회득해야만	應須恁麽會
비로소 여여如如함에 짝이 되는 것이리	方得契如如

피차彼此의 관념적인 상대성相對性을 넘어서는 노래다.

'산山은 산이요, 물[水]은 물이다'라는 선禪 논리가 어우르는 경계이기도 하다. 우리가 쓰고 있는 마음은 추리推理하고 상량商量함을 특징으로 하고 있다. 마음 작용의 범주를 오온五蘊에서 십이처十二處로 십팔계十八界로 확장하여 볼 수 있겠다. 곧 근根·경境·식識의 삼사三事 화합으로 우리 마음이라 하는 '의식意識'이 형성되어 기억으로 저장된다.

이 경험의 반복에 의해 형성되는 정보화의 주관은 추리推理하고 상량商量하는 과정에서 〈양변심兩邊心〉으로 〈이견二見〉으로 표현되며, 실천하는 현행現行의 경험은 종자種子를 파종[熏]하고 종자의 기억은 현행을 파생[生]시킨다. 목전에 형성되는 사상事相에서 연기적 변화의 사실을 왜곡하기도 하고 확대 재생산되며 갈등葛藤도 야기한다.

이렇듯 우리 마음의 형성과 작용은 조건 따라 섬세하기도 하고 역력함을 보이기도 하면서 번뇌의 길로 들어가든지 깨달음의 길로 나아가든지 한다. 이 생각에 의거하여 운문雲門 선사가 이른 공안公案 〈동산수상행東山水上行〉의 '상대성'을 살펴본다.

동녘의 산山이 강물 위로 지나간다

『운문광록雲門廣錄』 상편에 나온다

학인: "부처님들이 나온 곳은 어디입니까[如何是諸佛出身處]?"

운문: "동녘의 산山이 강물 위로 지나간다[東山水上行]."

화자나 여느 사람들도 다 '산 아래 강이 흘러간다'고들 말한다. 이는 정지해 있는 산의 입장에서만 흐르는 강물을 보는 견해다. 어느 누구도 부정해 본적이 없다. 이 일은 관념의 특징이다. 이는 한쪽으로 치우친 견해인지도 모른다. 화자는 이 깊이 꿈꾸고 있는 견해에 한 동이 얼음냉수를 내리 부은 것이다.

교몽覺夢의 분명한 견해라면 '산의 강이요, 강의 산이다'는 상호 연기하는 여실한 처지에서 자증自證이 될 때 생각의 통찰력도 힘찰 것이다.

어렸을 때를 기억한다.

달 밝은 밤길을 걷자면 '달이 자꾸만 나를 따라온다'는 생각을 한 적이 있음을. 빠른 차를 타고 가로수가 줄 지어선 길을 갈 때 '가로수들이 재빠르게들 지나간다'고 느끼지 않는가?

관찰자는 움직이면서도 일순 정지된 상태로 여겨지고, 상대적으로 정지해 있는 대상이 관찰자에게는 그야말로 주관이 움직이는 속도로 움직이게 느껴지는 관념의 착각에 드는 경계에 머물게 된다. '해가 동녘에 떠올라 서녘으로 진다'는 일은 우주적 왜곡 인식 아닌가? 여기서는 누구든지 착각했음을 어렵지 않게 깨우칠 수 있다. 그렇지만 인식되는 관념은 그때그때의 조건에 따라 이름에 걸맞은 값으로 매겨지기 때문에 사람들은 쉽사리 한정된 틀에 젖게 마련이다. 반복되는 경험에 의해 훈습熏習되는 관념은 업력業力이 증장되어 마치 폭류처럼 흐르게 되니 무슨 힘으로 인식하고 탈출할 수 있겠는가?

붓다의 가르침, 저 반야선般若船에 오르지 않고서 어떻게 폭류에서 나올 것이며, 붓다의 깨달음을 경험한 선지식의 노파심절한 이정표가 아니면 어떻게 숲을 헤치고 붓다의 고성古城에 들 수 있겠는가?

나귀의 우물인가? 우물의 나귀인가?

조동종의 오가어록五家語錄 중 본적本寂 선사의 일화에 나온다. '붓다의 참다운 법신法身은 허공과 같아서, 사물에 응하여 모습을 나투는 것이 마치 물에 달이 비치는 것과 같다'고 하며, 이 도리를 어떻게 말하겠느냐고 강 상좌强上座에게 물었다.

상좌: "(목마른) 나귀가 우물 속을 내려다보는 것입니다〔如驢覰井〕만 큰스님께서는 뭐라 하시겠습니까?"

조산: "나는 우물이 (목마른) 나귀를 쳐다본다〔如井覰驢〕."

시원하지 아니한가? 옳고 그름에 있는 것이 아니다. 관념에서 파생되는 변견을 일순에 타파하여 졸린 눈을 번쩍 뜨게 하는 일구一句가 아닌가?

천고千古에 흐르는 소식, 누가 듣는가?

여기서 상대적 변견에 매이지 않고 정식情識에서 자유로운 태고암주 보우普愚 선사의 무가애가無罣礙歌를 불러보자.

이쪽의 달 흐르지 않노라니	不流遮邊月
저쪽의 구름만 지나가누나	往過那邊雲
천고에 짙푸름 간직한 채	千古藏深碧

꽃잎은 마냥 흩날리고　　　　　　落花謾紛紜 (『태고집』)

또한 붓다께서 『상응부경12 : 20』「조건[緣]의 경」에서 이르고 계신다. "'생生을 조건으로 하여 노사老死가 생겨난다.' 이러한 사실은 여래가 이 세상에 출현하든 출현하지 않든 법法으로써 확립되고 결정된 것이니, 그야말로 〈상의성相依性〉을 말한다. 여래는 이 사실을 깨달아 꿰뚫어 알았기에 이 사실을 가르치고 설하고 드러내어 명백하게 밝힘으로써 '그대들도 보라!'는 것이다"고.

사리불 존자도 『갈대묶음경(蘆經)』에서 "벗이여! 말하자면 여기 두 갈대단이 있는데 이 갈대단은 서로 의지할 적에만 세워져 있을 수 있다"고 연기緣起의 〈상호의존적 관계〉를 말하고 있다.

옥당의
노래

연기하는 세계는 상호의존적이며 상대적이다.
심리心理든 물리物理든 조건 따라 삼엄하게 진행하며
천차만별로 창발創發되고 창출創出된다.
이 사실을 통찰한다는 것,
참으로 상쾌한 일이다.
"연기緣起를 보는 것은 법法을 보는 것이요,
법法을 보는 것은 연기緣起를 보는 것이다."

13. 간화, 대혜선사의 의지意旨

불립문자 언어도단의 길

참선 공부에서 예부터 전해지는 대명제가 있다.

'불립문자不立文字 교외별전敎外別傳', '언어도단言語道斷 심행처멸心
行處滅', '이심전심以心傳心 불립문자不立文字' 등의 어휘다. 이러한
말들로 하여 선로禪路의 한 편에서는 고목선자枯木禪子가 되어 직지
인심直指人心은커녕 30년을 되뇌며 마음 작용을 메말려 버린 이들이
부지기수라고 해도 과언은 아닐 것이다.

말[語言]은 상황의 인식에 따라 형성된 관념의 표현이기 때문에
뜻에 한정적일 수밖에 없다. '깨달음'이라는 궁극적인 문제처에 대한
표현에서는 그 한계에 부딪히지만, 그렇다고 가능한 표현 수단까지
싹 자르듯이 부정한다면 그러한 이는 말이 갖는 미묘한 이치에 어두운
둔한이 되어 저는 물론 남까지도 미로에서 헤매게 하고 만다.

언어 문자는 길을 가로막는 시내를 건너는 징검다리요, 늦은 밤중에
객사의 문을 두드리는 기와 조각 같은 현실적 존재로서 화두話頭의
표전 차전表詮遮詮인 것이다.

깨달음길에서 취할 통찰 요소

간화看話에서 취해야 할 통찰洞察 요소는 무엇일까? 지난 날 살펴본
요소를 다시 새겨 주지해 본다.

무엇을 깨달을까? 무엇을 깨닫는가?

삶의 현실에 투영된 붓다의 초전법륜인 사제四諦의 상대적 인연因緣의 과果를 명백하게 보는 것이 바로 통찰의 요소며, 시간적 무상성無常性과 공간적 무아성無我性이 매우 주요한 요소며, 상호연기의 관계로 형성되는 무자성無自性의 공성空性과 법성法性이 역시 통찰해야 할 근본 요소다.

이러한 성향을 통찰하여 자증自證할 수 있게 하게 하는 '연기법緣起法' 이야말로 세제世諦의 뗏목과 같은 피안행 반야선의 요소이다. 이와 같은 근본 사실을 사실대로 보지 못하고 착각하는 관념에 매인 마음 작용이 있지만 이 또한 번뇌에서 그대로 보리를 성취케 할 요소이기도 하다. 깨달음, 그에 대한 명징한 답처다.

구자무불성화狗子無佛性話로 대혜의 간화看話를 보다

(언제부터인가) 요즘 들어서는 한 부류의 그릇된 사가師家들이 묵조선默照禪을 말하면서, 사람들에게 하루 내내 이 일(달을 보고 손가락을 잊는 둔공부)을 관여치 말게 하고는 그저 '쉬기만 하라〔休去歇去〕'고 합니다. … 제가 구업口業을 무릅쓰고 힘써 이런 병폐를 막고 나서자, 이제야 점점 (정좌靜坐의) 허물을 아는 이들이 생겨나고 있습니다. 다만 의정疑情이 타파되지 않는 곳에서 참학하되 행주좌와에서도 놓치지 마시기 바랍니다. 어떤 납승이 조주 선사에게 물었습니다. "개에게도 역시 불성佛性이 있습니까?" 조주 선사가 말한 "무無!" 이 한 자! 바로 이것은 생사生死(의 양두兩頭)를 타파하는 혜검慧劍입니다. 이 칼자루는 오직 당사자의 손아귀에 있는지라 다른 사람에게

손을 쓰게 할 수는 없습니다. 자기 자신이 직접 손을 쓰지 않으면 안 될 것입니다. 목숨까지도 버릴 수 있게 된다면 비로소 직접 손쓰게 될 것이며, 목숨을 던지지 못한다면 일단 일념으로 의문이 타파되지 않은 곳에서 한눈팔지 말고 밀어붙이십시오. 곧장 가다가〔驀然〕 자연스럽게 신명을 버리게 되면 단 한 번에 바로 끝날 것입니다.

그때서야 비로소 조용한 때가 그대로 소란스런 때인 것이며; 소란스런 때가 그대로 조용한 때인 것이고, 말할 때가 그대로 침묵할 때인 것이며; 침묵할 때가 그대로 말할 때인 것을 믿을 것입니다. (바로 이러한 때라면) 다른 사람에게 물을 것도 없이 자연스레 그릇된 사가師家들의 '제멋대로 떠들어 대는 말'에도 현혹되지 않을 것입니다. −『서장』17. 답진소경계임(1-4)

노병사老病死에 대한 의단疑團, 여기가 근본 화두처

싯달타 태자는 어린 시절 사문유관四門遊觀에서 경험한 인간으로 태어나 '늙고 병들고 죽어 가는 삶'의 안팎에 걸쳐 있는 갖은 괴로움의 현실에 대한 의문을 크게 일으켰다. 그에 대한 의문이 깊어짐에 따라 자연스레 강한 의단疑斷으로 형성되었다. 그 힘이 출가 사문으로의 결단을 이끌어 내 종래의 의문을 타파하고 초전법륜初轉法輪하여 해탈의 궁극적인 답안을 냈으니 '사제四諦'의 법리인 것이다. 그때나 지금이나 사람 사는 형식은 다소 차이가 있겠으나 삶의 본질은 다르지 않다. 괴로운 삶에 전제되는 삼독심三毒心은 관념적 변견邊見에서 온다. 조용함〔靜〕이나 소란함〔鬧〕, 생生이나 사死나 눈앞에서 전개되는 일이나 인식하는 마음 작용은 다 상대적 관계로 상호 연기하는 현실적 존재들인데, 이러한 사실을 사실대로 보지 못하면 착각하며 변견邊見에 떨어져 대립하고 갈등하여 삶에 번뇌를 유출하게 된다.

현성공안現成公案으로도 일컬어지는 현실적 존재인 사상事相에 대한 관념적 변견을 그 연기적 사실을 통철하게 본다면, 그런 이는 소란한 일에서도 조용한 일에서도 자재하고, 사는 데서도 죽는 데서도 자유로울 것이다.

옥당의 노래

吟古路雙徑頌

春蘭秋菊歷歷時에	南橘北枳亦如斯한데
誰何狗口主人漢이뇨	達磨西來隻履歸라고
披毛戴角實妙處라	默照看話無參差러라
從容頌古正覺路요	碧巖雲門普覺時라
水牯牛路宏智去에	咄哉放一大慧兒로다

그 옛길 쌍경雙徑을 읊다

봄철의 난초 가을철의 국화
역력한 시절

회남淮南의 귤 회북淮北의 탱자
또한 그와 같은데,

누구뇨?
마구 떠들어 대는 이

달마 대사 서천西天에서 왔다가
신 한 짝 메고 갔다고.

털 나고 뿔 나는 처지
실로 현묘玄妙한 자리라서

묵조默照도 간화看話도
서로 어긋남이 없고녀.

종용암從容庵 송고처頌古處가
정각正覺의 노정路程이요,

벽암碧巖의 운문암雲門庵은
보각普覺의 시절인연時節因緣.

수고우로水牯牛路에
굉지 선사宏智禪師 가노라니

애달도다! 한 수 늦추느니,
대혜 선사大慧禪師로다.

II. 금릉보지 화상의 대승찬 10수 선해禪解

『대승찬大乘讚』의 징검다리

『대승찬』은 관념(saññā·想·相)과 그 파생품인 변견邊見으로 이리 치고 저리 쳐 놓은 번뇌의 그물을 찢고 투망금린透網金鱗의 주인이 되기를 노파심절하게 말하고 있다.

지은이 금릉보지金陵寶誌 화상은 자칫하면 저가 저에게 속고 마는 마음 작용의 허망한 성향을 넘어서면 언어 문자言語文字 위에서 그대로 길을 찾는다고 누누이 말하곤 한다.

보지 화상은 중국의 남북조南北朝 시기(북위 338~북주 581)의 남조 제齊(479~502)와 양梁(502~557) 무제武帝에 걸쳐 두각을 나타냈다. 『고승전』 권제9 〈신이편神異篇〉에서 소개하고 있다. 이때는 『문선文選』을 편찬하고 『금강경』을 32단으로 분과한 양무제의 소명昭明 태자와 그의 스승 『문심조룡文心雕龍』의 저자 유협劉勰, 『홍명집弘明集』의 편찬자 승우僧祐 화상 등이 함께 하던 때다. 제齊·양梁에 이르러 평平·상上·거去·입入의 4성四聲이 정립되던 때이기도 하다.

함허 득통涵虛得通(1376~1433) 선사의 게시 한 수를 새기면서 선로禪路를 걸어본다.

강상江上에서

강 위에 흐르는 소리
뉘 집에서 부는 젓대 가락인가

물결 이는 맘에 달빛 내리는데
인적은 끊어지고…

얼마나 다행이뇨 이 한 몸
오늘 예까지 와서는

뱃전에 홀로 기대 앉아
푸른 허공을 바라보고 있다니

聲來江上誰家笛가   月照波心人絶跡하고
성 래 강 상 수 가 적   월 조 파 심 인 절 적

何幸此身今到此하여   倚船孤坐望虛碧타니
하 행 차 신 금 도 차   의 선 고 좌 망 허 벽

한문학당의 창랑객蒼浪客이여!
학인은 어인 일로 오늘 이 창발創發의 도량 〈대승찬〉의 이정표 끄트머
리까지 오셨는가? 가려는 곳은 어디온가?

제1수의 1

大道常在目前컨만
대 도 상 재 목 전

雖在目前難覩로다
수 재 목 전 난 도

若欲悟道眞體하면
약 욕 오 도 진 체

莫除聲色*言語하라
막 제 성 색 언 어

대도大道는

언제나 눈앞에 있건만

비록 눈앞에 있더라도

보기 어렵네

도道의 진체眞體를

깨치려 한다면

감각적 대상〔聲色〕이나 어언語言을

피하지 말라

주注

• 압운押韻: 도覩는 상성上聲 우운麌韻에 속하고, 어語는 상성 어운語韻에

속한다. 우虞·어語는 통운通韻으로 측성각仄聲脚이다.

• 이 찬시는 6자구로써 대체로 두 개의 음절 곧 두 글자를 하나의 절주節奏
단위로 삼는다. 그대로 성율聲律 단위이며 시詩의 절구節句가 된다. 6자(율)
구의 평측 절주는 다음과 같다.

　측측 평평 측측

　평평 측측 평평

이러한 평측의 대구는 당송 무렵에 이르러 정립된다. 대승찬의 남북조
시기에는 대체로 측성운각을 자유롭게 함께 사용하는 고풍의 압운押韻이
행해졌다.

*雖(수) : 비록. 설령. 비록… 하더라도… 하다. 覩(도) : 보다. 환히 알다.
睹와 같다. 莫(막) : …하지 말라. 除(제) : 덜다. 없애다. 면제하다 →
피하여 면하다.

*聲色(성색) : 눈앞에서 생멸 변화하는 사상事相으로써 관념의 감각적 대상.

옥당평

눈앞에 등장하는 도道라는 것은
일체법一切法으로 말해지는
마음 작용의 인식과 활동이다.
이 본모습은, 털끝만큼도 차이가 없이
조건 따라 언제 어디서나 출몰한다.
이 일이 대도大道다.

제1수의 2

言語卽是*大道러니
언 어 즉 시　대 도

不假斷除煩惱로다
불 가 단 죄 번 뇌

煩惱本來空寂한데
번 뇌 본 래 공 적

妄情*遞相*纏繞로다
망 정　체 상　전 요

어언語言이

그대로 대도大道여서

굳이 번뇌라 하여

없애 버릴 일 없고녀

번뇌는

본래 공적空寂하건만

망령스레

마음 작용으로 얽고 매인다

주注

• 압운押韻: 뇌惱는 상성 호운皓韻에 속하며, 요繞는 상성 소운篠韻에 속한다.

호皓·소篠는 통운이다.

*言(언): 단적인 말. 語(어): 설명하는 말. 假(가): 빌리다. 거짓. 임시적. 除(제): 없애다. 遞(체): 갈마들다. 번갈아 나타나다. 번갈아. 교대로. 纏(전): 얽다. 휘감다. 휘감기다. 뒤얽히다. 繞(요): 두르다. 에워싸다. 감기다.

*卽是(즉시): 그대로 … 이다. 바로 … 다. …가(이) 틀림없다.

*情(정): 마음 작용. 외물外物에 느끼어 일어나는 개별 마음.

*遞相(체상): 서로. 대대로. 대를 이어. 둘 이상의 주체가 서로 교류함을 나타낸다.

옥당평

주리면 밥 먹고
목마르면 물마시듯이
일이 생길 때 적당한 말을 한다.
말은 오도처悟道處이면서 번뇌처다.
번뇌라는 것도 생각의 말이 변화한 것
그래서 일마다 한시적으로 나툰다.
본래로 있은 적은 없다.
이 일을 알면 대도大道다.

제1수의 3

一切如影如響[*]한데
일 체 여 영 여 향

不知何惡[*]何好리오
부 지 하 오 하 호

有[*]心取相[*]爲實하면
유 심 취 상 위 실

定[*]知見性[*]不了[*]로다
정 지 견 성 불 료

일체의 법法은
그림자나 메아리 같은데

알 수 없구나
무엇을 싫어하고 무엇을 좋아하겠는가

마음에 굳은 관념〔相〕을 취하며
실상이라고 여긴다면

정녕코 알아야 할 것은
견성見性하지 못한다는 것이다

주注

• 압운押韻: 호好는 상성 호운皓韻에 속하며, 료了는 상성 소운篠韻에 속한다.

호皓와 소篠는 통운이다.

*影(영): 그림자. 광영光影. 거울이나 물에 비친 상. 響(향): 음향. 소리가 울리다. 메아리. 惡(오): 미워하다. 싫어하다. 了(료): 마치다. 깨닫다.

*如影如響(여영여향): 마치 그림자 같고 메아리 같다. 일체의 만법이 가유假有인 것임을 나타내기 위하여 쓰는 여덟 가지 비유가 있다. ① 환사幻事 ② 양염陽焰 ③ 몽경夢境 ④ 경상鏡像 ⑤ 광영光影 ⑥ 곡향谷響 ⑦ 수월水月 ⑧변화變化.

*何惡(하오): 무엇을 미워하겠는가? '하何'는 목적어(빈어)의 전치 구문이다. 한문에서는 대체로 술어 뒤에 목적어가 위치하는데, 목적어가 '의문대사'일 경우에는 술어 앞으로 전치되어 쓰인다.

*有(유): 어기조사. 명사나 형용사 동사 앞에 놓여 음절을 조정하고 어기를 고른다. 2음절어를 만들며 별 뜻은 없다.

*相(상): '굳은 관념'으로써 빨리어 산냐(saññā)의 역어. 『금강경』 한역에서 현장 스님은 '상想'으로, 구마라집 스님은 '상相'으로 번역했다.

*定(정): 부사. 강한 긍정이나 의지 또는 믿음을 나타낸다. 정녕(코). 확실히. 확실하게. 분명히. 틀림없이. 절대로. 반드시. 결코 등으로 해석한다.

*見性(견성): 달마 어록의 『혈맥론血脈論』에서 이 용어가 처음 쓰인 것으로 알려지고 있다.

既不辨皂白하면서　憑何免生死러오
기 불 변 조 백　　　　빙 하 면 생 사

若見性卽是佛也요　不見性卽是衆生이로다
약 견 성 즉 시 불 야　불 견 성 즉 시 중 생

애초에 '검은 것'과 '흰 것'도 구분하지 못하면서
무엇을 의거하여 '생·사生死'의 번뇌를 면하겠는가?

견성見性하면 그대로 부처요
견성하지 못하면 그대로 중생이다

이처럼 『혈맥론』에서 다양한 내용으로 '견성見性'의 어휘가 구사되면서
그 이래로 『육조단경』에서 잇고, 선禪 수행에서 깨달음을 정의定義하는
본질적 어휘로 '견성성불見性成佛'론이 회자되어 왔음을 본다.
문제는 '견성見性'에서 '성性'을 어떻게 해석하는가에 있다.
대체로 '본성本性'이나 '자성自性'으로 해석하고들 있는데, 자칫하면 '아뜨만
(ātman)'처럼 '무아無我'에 배치되는 개념에 떨어질 수 있다는 것이다.
'견성見性'의 깨달음은 무상無常한 경계를 살펴보고 상의상존相依相存하는
연기緣起의 논법으로 다양하게 통찰洞察하는 데서 증득證得하게 된다.
이 본디의 지취旨趣는 '견무자성見無自性'에서 자증自證이 성취된다.

*了(료): 어기조사. 동사의 뒤에 연용되어 동작의 완료나 실현을 나타낸다.

옥당평

물속의 달,
그 달을 건지려다가 헛 달인 줄 아는 순간
허상처虛相處에 즉卽한 그 자리에서
외려 관념의 실상을 보는 눈이 뜨인다네.
반야의 안목일세!

제1수의 4

若欲作業求佛하면
약 욕 작 업 구 불

業*是生死大兆로다
업 시 생 사 대 조

生死業常隨身커니
생 사 업 상 수 신

黑暗獄中未曉러라
흑 암 옥 중 미 효

업業을 지으면서

부처가 되려고 하면

업은 그대로

생사生死의 폭류에 드는 큰 조짐이다

생사의 업은

언제나 자기 자신을 따르거니

흑암黑暗의 지옥에 떨어지면

새벽은 오지 않으리라

주注

• 압운押韻: 조兆·효曉는 측성 소운篠韻에 속한다.

*欲(욕): …을 하려고 하다. 兆(조): 조짐. 비롯하다. 曉(효): 새벽. 밝다. 환하다.

*業(업): 범어 까르마karma의 역어로써 '관념에 의해 훈습된 행위'를 말한다. 대체로 신·어·의身語意. 삼업三業으로 활동된다.

옥당평

저 칠통漆桶을 보는가?
캄캄한 관념 속에 스스로 갇혀 버리면
도대체 어느 시절에 부수고 나올까?
줄탁동기啐啄同機의 시절이여!

제1수의 5

悟理本來無異하니
오 리 본 래 무 이

覺後誰晩誰早아
각 후 수 만 수 조

法界[*]**量同太虛**라
법 계 양 동 태 허

衆生智心自小커니
중 생 지 심 자 소

但能不起吾我[*]하면
단 능 불 기 오 아

涅槃[*]**法食常飽**리라
열 반 법 식 상 포

도리道理를 깨치고 나면
본디부터 다를 게 없어서

깨닫고 나서 보면
누가 더디고 누가 빨랐겠는가?

법계法界의 양量은
저 태허공太虛空과 한 가지라

중생의 지혜로 헤아리면
절로 작아지거니

그저

'나(我)'에 대한 집착심을 내지 않으면

번뇌 소멸(열반nirvāṇa)의 법식法食은

언제나 배부르리라

주注

• 압운押韻: 조무는 상성 호운晧韻에 속하고, 소尒는 상성 소운篠韻에 속하며,
 포飽는 상성 교운巧韻에 속한다. 호晧·소篠·교巧는 통운이며, 측성각仄聲脚
 이다.

*晩(만): 늦다. 더디다. 저녁. 무(조): 이르다. 빠르다. 새벽. 이른 아침.
 일찍. 吾(오): 나. 자신. 飽(포): 배부르다.

*法界(법계): 대상을 인식하는 의식意識의 범주를 말한다. 청정심淸淨心
 또는 일심법계一心法界라고도 한다.

*吾我(오아): ① 자기 자신이 존재로써 있다고 하는 생각.
　　　　　　② '나(我)'에 대한 집착심.

*涅槃(열반): nirvāṇa의 음역. 관념의 경계에서 누출된 번뇌가 연기적
 관점인 반야지의 작용에 의해 직하直下에 소멸消滅된 그대로의 심리 상태.

옥당평

일체의 법法은 관념으로 알려진다.

이 연기적 사실을 깨쳐 통찰함이 수행의 본령이다.

마음 작용의 지취를 그대로 증지證知하는 것이어서

저 태허공太虛空 같은 심해心海에서
생각마다 거래去來가 자유롭다.
거기서 '나'는 일일이 법法의 생성에 관여하지만
조건에 상즉相卽하고 상입相入하는
자재自在하게 변화變化하는 존재이기도 하다.

제2수의 1

妄身臨鏡照影한데
망 신 임 경 조 영

影與**妄身不殊**로다
영 여 망 신 불 수

身本與影不異하니
신 본 여 영 불 이

不知身本同虛로다
부 지 신 본 동 허

허상의 몸이
거울에 영상映像으로 비추는데

영상과 허상의 몸은
다르지 않다

단지 영상은 버리고
몸만 남기려고 한다면

몸은 본래로
허상임을 알지 못하는 것이다

주注

• 압운押韻: 수殊는 평성 우운虞韻에 속하며, 허虛는 평성 어운魚韻에 속한다.

우虞와 어魚는 통운이다.

*妄(망): 허망하다. 헛되다. 거짓. 臨(림): 임하다. 그 자리에 나아가다.
비추다. 照(조): 비추다. 影(영): 빛을 가려 나타난 그림자. 거울이나
물에 비춘 그림자. 영상映像. 殊(수): 다르다. 去(거): 떠나가다. 자리를
뜨다. 버리다. 내버려 두다.

*臨鏡照影(임경조영): 임조경영臨照鏡影, 합성동사 '臨照'의 술목 구조 구문
으로 전환하여 해석한다.

*與(여): 전치사. 비교 대상을 이끌어 낸다. '…와', '…과', '…보다' 등으로
해석한다.

옥당평

몸이란,
저 연기적인 결합체임을 역력하게 보여주는 수레처럼
한시적으로 형성되어 기능하고 있는 유기체有機體다.
이 유기체인 심신心身의 기능이 다하고 나면
없는 데서 왔듯이 없는 데로 귀적歸寂하고 만다.
그때 나는 어디에 있겠는가?

제2수의 2

身本與影不異하여
신 본 여 영 불 이

不得一有一無로다
부 득 일 유 일 무

若欲存一捨一하면
약 욕 존 일 사 일

永與眞理相疎[*]로다
영 여 진 리 상 소

몸이란 본래부터
영상과 다르지 않기에

한 쪽은 있게 하고
다른 한 쪽은 없게 할 수 없는 것이다

만일 한 쪽만 두고
다른 한 쪽을 버리려고 하면

연기의 상대적 사실〔眞理〕과는
길이 멀어질 것이다

주注

• 압운押韻: 무無·소疎는 평성 우운虞韻에 속한다.

*若(약): 만일. 存(존): 있다. 머무른 상태로 계속해 있다. 보전하다. 두어두
다. 捨(사): 버리다. 疏(소): 본자는 疏. 트이다. 멀다. 멀어지다. 거칠다.
친하지 아니하다.

*相疎(상소): 멀어지다. 상相은 어기조사로써 일정한 대상에 대하여 일방적
인 동작에 붙이는 말. '서로'라고 해석하지 않는다. •相訪: 방문하다.
•我不相信: 나는 믿지 않는다.

옥당평

연기緣起하는 세계, 어느 삶의 터전이든
어느 생활의 경우든지 상대성相對性을 띠고 있다.
이 명백함에서 어찌 이쪽만 취하고 저쪽은 버려지겠는가?
변견의 구애를 벗어나면, 이쪽의 저쪽이요 저쪽의 이쪽이다.
그래서 서로 분명해진다.

제2수의 3

更[*]若愛聖憎凡_{하면}
갱 약 애 성 증 범

生死海裏[*]沈浮_{로다}
생 사 해 리 침 부

실로 신성함〔聖〕을 좋아하고
범속함〔凡〕을 싫어하면

끝없는 생사生死의 고해苦海에서
떠돌 것이다

주注

• 압운押韻: 부浮는 평성 우운尤韻에 속한다. 우尤는 앞의 운각韻脚인 우운虞
  韻이나 뒤의 어운魚韻과 통용이 되지 않아 2구만으로 분절하였다.

*憎(증): 미워하다. 싫어하다. 裏(리): 속. 안. 沈(침): 잠기다. 스며들다.
  가라앉다. 浮(부): 뜨다. 떠돌다.

*更(갱): 부사. 긍정문에서의 강조를 나타낸다. 실로. 참으로. 반드시.
  더욱이나. 더더욱. 한층. 그 위에. 한결 더. 게다가. 더구나 등으로 해석한
  다.

*裏(리): 어기조사. 중中·내內의 뜻을 가진 어기로써 때로는 상上·하下나
  외外 등처럼 한정된 공간의 처소를 나타낸다. 굳이 '…속에서', '…안에서'
  라고 해석하지 않고, '…에서' 정도로 해석한다.

옥당평

관념의 대표적인 파생품,

이 성범聖凡이니 생사生死니 하는

변견邊見이 지어 내는 한량없는 번뇌의 고해苦海에서

과연 무엇이 피안행 반야선이 될까?

제2수의 4

煩惱因心有故로
번 뇌 인 심 유 고

無心*煩惱何居오
무 심 번 뇌 하 거

不勞分別取相*하면
불 로 분 별 취 상

自然得道須臾리라
자 연 득 도 수 유

번뇌는
마음 작용으로 하여 있기 때문이니

마음 작용이 없으면
번뇌는 어디에 자리잡겠는가?

애써 분별하여
굳은 관념의 상相을 취하지 않으면

자연스레 도道를 회득會得하는 것도
잠깐 사이리라

주注
• 압운押韻: 거居는 평성 어운魚韻에 속하며, 유臾는 평성 우운虞韻에 속한다.

어魚와 우虞는 통운이다.

*故(고): 연고. 까닭. 이유. 居(거): 있다. 일정한 경우에 처하다. 자리잡다.
勞(로): 일하다. 수고하다. 힘들여 애쓰다. 힘쓰다. 須(수): 모름지기.
잠깐. 잠시 동안. 臾(유): 잠깐. 잠시.

*無心(무심): 착각의 망념妄念이나 변견의 취착심取著心이 없는 마음 작용.

*取相(취상): 상相을 취하다.

'상相'은 대상을 받아들이는 감각 기관의 상대적인 인식 경험을 자료
삼아 개념화하고 이름을 붙여 기억하고 재인식하며 공상共相으로 제6의식
에서 작용하는 〈관념觀念〉인 산스크리트 산즈냐samjñā나 빨리어 산냐
saññā의 역譯이다.

오온五蘊에서 '표상表想'으로 해석되는 '상想'도 같은 개념이며, 『금강경』의
'아상我相·인상人相·중생상衆生相·수자상壽者相'의 '상相'이 이 〈관념〉에
해당된다.

『금강경』 한역본을 보면 구마라집본은 '굳은 관념'의 뜻이 강한 '상相'으로,
현장본은 '관념적인 표상表像'의 '상想'으로 번역하고 있음을 볼 수 있다.

그러면서도 좀 더 구체적으로 변별하여 들여다보면 안식眼識에서 인식되
는 '겉으로 드러나는 형상·형색·표식' 등의 '일반적인 상像'을 뜻하는
니밋따nimitta도 상相·상想으로 옮기고 있음이 보인다.

『금강경』 묘행무주분 제4에서 보이고 있다.

"거듭 이르셨다. 수보리여! 보살은 법法이라고 하면서 그 관념에 붙들림
없이 보시해야 한다〔應無所住行於布施〕. 소위 형색形色에 붙들려 보시해서
는 아니 되며〔不住色菩施〕, 소리나 냄새나 맛이나 감촉이나 인식의 대상에
붙들려서 보시를 해도 아니 된다〔不住聲香味觸法布施〕. 수보리여! 보살은
이처럼 겉으로 드러나는 형색形色에 붙들리지 않고 보시해야 한다〔應如是

布施不住於相〕."

어떤 개체만이 가지고 있는 '특별한 상〔特相〕'을 뜻하는 락샤나lakṣaṇa도 상相·상想으로 옮기고 있음을 볼 수 있다.

『금강경』 여리실견분 제5에서 보이고 있다.

"수보리여! 그대의 뜻은 어떠하뇨? (대인의 서른두 가지) 특별한 상〔特相〕을 갖추었다고 여래라고 볼 수 있겠는가〔可以身相 見如來不〕? … 무릇 특별한 상相을 갖추었다는 것은〔凡所有相〕 다 헛되고 거짓된 것이다〔皆是虛妄〕. 서른두 가지 상相을 보면서도 여래의 특별한 상相이 아님을 본다면〔見諸相 非相〕 그대로 여래를 볼 것이다〔卽見如來〕."

이 한 자 '상相'으로 표현되는 다양한 경우의 인식 대상들은 〈자상自相〉과 〈공상共相〉을 나투고 있는데, 사람들은 '공상'으로써 정보 삼아 소통한다. '자상'은 그 대상의 본체요 본질을 이르는데, 말로 표현되는 즉시에 '공상'이 되고 만다. 언어 표현의 너머에 있다.

'자상'을 군이 한 마디 말로 이르려고 한다면 '무아無我'요 '무자성無自性'이요 '공성空性'이라고 할 수 있다. 그렇더라도 그 구극의 경계는 '연기緣起의 법法'으로 통찰洞察해야 할 자증自證의 영역에 속한다.

눈앞에 드러나는 현상〔形色〕들은 일정한 현실의 변화 과정에서 조건에 따르는 저마다의 명백한 값이 있고 몫이 있다. 하여 말의 앞뒤 맥락을 살펴서 그에 걸맞게 변별하여 형색이나 사상事相의 뜻을 회득會得해야 하지 않겠는가?

관념의 언어 문자는
피안으로 건네는 뗏목과 같은 것이다.
그렇더라도 착각하여 잘못 가게 되면
번뇌의 귀신굴로 들어간다.

제2수의 5

夢時夢中造作한데
몽 시 몽 중 조 작

覺時覺境都無*로다
교 시 교 경 도 무

飜思覺時與夢한데
번 사 교 시 여 몽

顚倒二見*不殊로다
전 도 이 견　불 수

꿈꿀 적에는

꿈속에서 이 일 저 일 짓는데

깨어났을 때는

(꿈과) 깨인 경계가 전혀 없다

깨어서와 꿈속 일을

뒤집어 생각해 보니

전도된 이견二見이

다르지 않도다

주注
• 압운押韻: 무無·수殊는 평성 우운虞韻에 속한다.

*造(조): 짓다. 만들다. 作(작): 짓다. 覺(교): 깨다. 깨어나다. 都(도): 도읍. 모두. 飜(번): 뒤집다. 번역하다. 날다. 顚(전): 넘어지다. 거꾸로 하다. 倒(도): 넘어지다. 거꾸로. 거꾸로 하다. 殊(수): 다르다. 특출하다. 매우. 몹시.

*都無(도무): 전혀 없다. 도都는 부사로써 주어가 가리키는 일이 전부를 아우르거나 합하는 것을 나타낸다. '전부', '모두'라고 해석한다. 부정부사 무無·불不·비非와 호응하면 강한 부정을 나타내며, '조금도', '조금이라도', '전혀' 등으로 해석한다.

*二見(이견): 양변兩邊이나 이변二邊이나 양두兩頭 등으로도 표현된다. 앞에서 언급된 성·범聖凡이나 애·증愛憎 등의 치우친 견해를 말한다.

옥당평

생각함에
사사건건 굳은 관념만 분주하여
통찰의 반야지般若智가 결여되면
생각마다 꿈길을 걷게 된다.
꿈속의 꿈이여!

제2수의 6

改迷取覺求利하면
개 미 취 각 구 리

何異販賣商徒리오
하 이 판 매 상 도

動靜兩亡常寂하면
동 정 양 망 상 적

自然契合眞如*리라
자 연 계 합 진 여

미욱함을 고쳐서
깨달음을 취해 이익을 구한다고 하면

물건을 판매하는 장사꾼들과
무엇이 다르겠는가?

동정動靜 양쪽이 없어져
언제나 적조寂照하면

자연스레
청정한 연기緣起의 사실에 계합할 것이다.

주注
• 압운押韻: 도徒는 평성 우운虞韻에 속하며, 여如는 평성 어운魚韻에 속한다.

우虞와 어魚는 통운이다.

*迷(미): 미욱하다. 헷갈리다. 길을 잃고 헤매다. 혼미하다. 사람의 마음을 어지럽게 하다. 求(구): 구하다. 찾다. 販(판): 팔다. 장사하다. 장사꾼. 商(상): 장사하다. 헤아리다. 상량商量하다. 契(계): 맺다. 약속하다. 들어 맞다. 부합하다.

*眞如(진여): 범어 tathātā의 역어로써 '사물 있는 그대로의 모습'을 뜻한다. 사물이 변화하는 연기적인 사실로써 '여如', '여여如如'라고도 부른다.

옥당평

움직임 속의 고요함이요,
고요함 속의 움직임이거니.
서로 간에 번갈아 출두하는 일
연기적 사실로 현행할 뿐이다.
진여眞如란
존재로써 존재하지 않는다.
제 모습 없이
무상無常하다는 거기
무상한 모습 따라 있을 뿐.

제2수의 7

若言衆生異佛하면
약 언 중 생 이 불

迢迢與佛常疎로다
초 초 여 불 상 소

佛與衆生不二[*]에
불 여 중 생 불 이

自然究竟[*]無餘[*]리라
자 연 구 경 무 여

중생이라서

부처와 같지 않다고 말한다면

아득하니

부처와는 언제나 멀어지고 만다

부처와 중생이

둘이 아니게 될 적에

자연스레

무여열반無餘涅槃을 성취할 것이다

주注

• 압운押韻: 소疎는 평성 우운虞韻이나 어운魚韻에 속하며, 여餘는 평성 어운

魚韻에 속한다.

*迢(초): 멀다. 아득히 먼 모양. 까마득히 높은 모양. 與(여): 더불다.
…와. …과. 疎(소): 성기다. 멀다. 멀어지다. 究(구): 다하다. 궁구하다.
마침내. 필경. 결국. 竟(경): 마치다. 궁구하다. 마침내. 드디어. 결국.
*佛與衆生不異(불여중생불이): 부처와 중생이 다르지 않다. 부처를 인식하
고 중생을 인식하는 것은 관념적인 마음 활동의 당연함이다.

차별계에서는 조건에 따라 변화하는 사상事相에 상대적인 이름을 매기고
반복되는 경험으로 새겨 약속하며 공상共相으로 소통한다.

이 상대성의 역력함을 통찰하고 굳은 관념에 매이지 않는다면, 부처도
명백하고 중생도 명백하여 서로 같으면서도 다르고 다르면서도 같은
경계에서 자재하게 노닐 것이다. 굳은 관념에 매인다면『금강경』에서
누누이 이르고 있는 '중생상衆生相'에 떨어지는 것이다.

60권본『화엄경』권제10.「불승야마천궁자재품 제15」에 보이는
소위 '유심게唯心偈'를 본다.

마음은 화가畫家 같아서

갖가지 〈오온〉의 일을 그려 낸다

인식하는 모든 세계에서는

법法이라고 하여 정해서 짓지도 않는다

마음과 부처의 일이 같음도 역시 그러하니

부처니 중생이니 하는 일도 마찬가지다

마음과 부처와 중생이라

이 셋은 차별이 없다

心如工畫師하여　畫種種五陰토다
심 여 공 화 사　　　화 종 종 오 음

一切世界中에는　無法而不造로다
일 체 세 계 중　　　무 법 이 불 조

如心佛亦爾로니　如佛衆生然일세
여 심 불 역 이　　　여 불 중 생 연

心佛及衆生이라　是三無差別이로다
심 불 급 중 생　　　시 삼 무 차 별

*不二(불이): 무이無異와 통하는 말이다. 일심一心의 평등처에서 피·차彼此
의 관념적인 차별 경계가 드러나고 있지만 실제는 서로 다르지 않음을
이르는 말이다. 『유마경』 입불이법문품入不二法門品에서는 '5천 명이 〈불
이법문不二法門〉에 들어가 무생법인無生法忍을 증득하였다'고 나온다.
*究竟(구경): 범어 uttara의 역어로써 '모든 법의 실상實相'이라는 명사지만
'끝내 구경에 이르다', '끝내 구경을 성취하다' 정도의 동사로 해석한다.
 •究竟法身: 끝내 법신을 성취하다.
 •究竟涅槃: 기어이 열반에 이르다.
등의 합성어로 쓰이기도 한다. 이때도 동사로 기능한다.
*無餘(무여): 무여의無餘依의 약자로써 '무여의열반'이나 '무여열반'으로
쓰인다. '의依'는 '번뇌(苦)가 육신에 의거依據하여 일어나고 있음'을 뜻한
다. 하여 붓다께서 육신을 여의고 귀적멸歸寂滅하심을 일러 무여열반無餘涅
槃이라고 한다.

옥당평

관념계의 천차만별한 무진無盡 경계여!

일심一心의 작용이 조건을 따르는 일임을
그 일의 관계성을 사실대로 보아 알면
천차千差요 만별萬別, 그대로 평등하다는 사실이
바로 눈앞에서 '나 보란 듯' 유희함을 보지 않겠나?

제3수의 1

法性*本來常寂하여
법 성　본 래 상 적

蕩蕩無有邊畔건만
탕 탕 무 유 변 반

安心取捨*之間에
안 심 취 사　지 간

被他二境*迴換토다
피 타 이 경　회 환

법성法性은

본래부터 상적常寂하며

넓고 넓어

가없건만

마음을

취사取捨에 두는 새에

양변兩邊의 경계에

나들게 된다

주注

• 압운押韻: 반畔과 환換은 거성 한운翰韻에 속하며 측성각이다.

*蕩(탕): 넓다. 광대하다. 畔(반): 밭두둑. 논밭의 경계. 가. 安(안): 안치하다. 두다. 取(취): 취하다. 가지다. 붙잡다. 捨(사): 버리다. 迴(회): 回·廻와 동자. 돌다. 돌아오다. 돌리다. 換(환): 바꾸다. 교환하다. 교체하다.

*法性(법성): dharmatā의 역어로써 '법법의 체성體性'을 말한다. 그 체성은 〈무아無我〉다. '무아無我'는 무상無常한 존재의 상대적인 연기 성향緣起性向을 논증論證함으로써 알려지는 일체법一切法의 본질이다. 공성空性 śūnyatā이라고도 말할 수 있다.

이 해석은 "우주 만유에 두루 상주하는 '진여眞如' 등의 불변하는 본체로써의 법신法身을 상징하는 말"이 아니다.

*取捨(취사): 굳은 관념의 경계에서 눈앞 현전現前 경계의 연기상緣起相을 여실하게 보지 못하고 변견에 매인 마음 작용의 하나. 적절하게 취取하고 버리지 못해 대립과 갈등의 행으로 번뇌를 유출시키는 대표적인 양변兩邊의 하나다.

『신심명』 제3화에서도 이르고 있다.

(도道는) 원융하고 통연洞然함이 저 허공 같아서
모자람〔欠〕이나 남음〔餘〕이 없거늘
실로 취하고〔取〕 버리는〔捨〕 (간택揀擇의) 견해로 하여
(도道와) 같지 않게 되는 것이다

圓同太虛하여　無欠無餘어늘
원 동 태 허　　　무 흠 무 여

良由取捨하여　所以不如로다
양 유 취 사　　　소 이 불 여

*二境(이경): 이견二見의 경계. 생각이 양 극단에 치우친 경우. 이변二邊.

양변兩邊. 양두兩頭 등으로 표현되는 굳은 관념에서 오는 변견邊見.

옥당평

심해心海에 이는
법성法性의 물결은
갖은 조건을 따르면서
상충도 되고 상쇄도 되며
끊임없이 일렁인다.
관념의 추리와 착각에서 오는 변견의 세계이다.
이 연기적 사실을 사실대로 보아 알자는 것이
깨치는 수행이다.

제3수의 2

斂容[*]入定坐禪하고
염 용 입 정 좌 선

攝境安心覺觀[*]은
섭 경 안 심 각 관

機關木人[*]修道리니
기 관 목 인 수 도

何時得達彼岸하랴
하 시 득 달 피 안

용모를 단정히 하여

선정에 들어 좌선하고

경계를 섭수하며

마음은 각관覺觀에 둔다고 하지만

꼭두각시 인형이

도道 닦는 것 같으리니

어느 시절에

피안彼岸에 도달할 수 있겠는가?

• 압운押韻: 환환換과 관관觀은 거성 한운翰韻에 속한다.

*렴歛(렴): 거두다. 단속하다. 용容(용): 얼굴. 용모. 담다. 용기. 섭攝(섭): 거두어 들이다. 잡아당기다. 빨아들이다. 경境(경): 경계. 목전의 현상. 안安(안): 두다. 안치하다.

*렴용歛容(염용): 용모를 단정히 하여 경의를 표함.

*각관覺觀(각관): 개괄적으로 생각하는 거친 사유〔麤思추사〕를 '각覺'이라 하고, 정밀하게 분석하여 관찰하는 세밀한 사유〔細思세사〕를 '관觀'이라고 한다. 각覺은 사상事相을 추리하는 마음의 거친 작용이며, 관觀은 마음의 미세한 작용이다.

이 두 가지는 선정禪定에 장애가 되는 관념적 사유다.

각覺은 심尋과 통하고, 관觀은 사伺와 통한다.

*기관목인機關木人(기관목인): 나무로 만든 움직이는 인형. 로봇robot. 인간도 그처럼 지·수·화·풍地水火風의 사대四大로 이루어졌음을 비유로써 상징하는 말이기도 하다.

영가 대사 『증도가證道歌』〈제6화〉의 지취旨趣는 어떠한가?

　무엇을 '찰나의 관념에도 매昧함 없음〔無念〕'이라 하고
　무엇을 '생겨남이 없음〔無生〕'이라 하는가?

　실로 '생겨남이 없음〔無生〕'이면
　여래〔不生〕도 따로 없으리라

　기관목인機關木人을 불러내어

한번 물어보라

부처를 찾고 공덕을 베풀면
조만간 성취되겠는가를

誰無念誰無生이뇨　若實無生無不生이리라
수 무 념 수 무 생　　　약 실 무 생 무 불 생

喚取機關木人問하라　求佛施功早晚成하온가
환 취 기 관 목 인 문　　　구 불 시 공 조 만 성

옥당평

형식을 취하면서도
거칠고 세밀한 형식에 어둡지 않아서
형식에 매이지 않는다.
이 시절,
통찰지洞察智가 시원하다.

제3수의 3

諸法[*]本空無著이
제 법 본 공 무 착

境似浮雲會散토다
경 사 부 운 회 산

忽悟本性[*]元空에
홀 오 본 성 원 공

洽似熱病得汗토다
흡 사 열 병 득 한

無智人前莫說하라
무 지 인 전 막 설

打[*]爾色身星散하리니
타 이 색 신 성 산

인식認識하는 법法들은

본래 공空하여 집착할 일 없으니

경계境界는

뜬구름이 모이고 흩어지고 하는 것 같아서다

본성本性이라 한들

원래 공空하다는 걸 문뜩 깨달을 적에는

흡사 열병을 앓는 사람이

땀을 쭉 빼(고 쾌차하)는 것 같으리라

(때문에)

지혜 없는 사람 앞에서는 말하지 말라

그대의 몸을

하늘의 별들처럼 산산이 부서트려 버릴 것이니

주注

• 압운押韻: 산散은 상성 한운旱韻에 속하며, 한汗은 거성 한운翰韻에 속한다. 측성각仄聲脚이다.

*似(사): 같다. 닮다. 忽(홀): 문득. 문뜩. 갑자기. 洽(흡): 흡사. 마치. 꼭. 汗(한): 땀. 땀을 흘리다. 땀이 흐르다. 莫(막): 물勿과 통한다. 말다. 없다. 打(타): 치다. 접두사. 爾(이): 너. 그대. 散(산): 흩다. 뿌리다.

*諸法(제법): 일체법一切法과 같은 말이다. '제법은 본래 공空하다'와 '일체 법은 무아無我다'는 같은 말이다.

법法은 갖은 인연 조건으로 하여 형성되며, 추리되고 인식된 목전의 연기적인 변화 존재를 말한다.

*本性(본성): 자성自性이나 본유本有로도 쓰이는 말이다.

'누구나 본래 갖추고 있는 것으로써 진여眞如를 상징'하기도 하는 말로 설명되고 있기도 하다.

이러한 견해는 외려 바라문교에서 주장하는 상주불멸의 '아뜨만atman'의 절대성에 부합되는 말이 된다. 그렇다면 붓다의 근본 깨달음이요, 가르침 인 '무아無我'에 반하는 말이 된다.

여래장如來藏이나 청정법신淸淨法身이라는 말도 같은 유의 관념적 존재임 을 나타내는 어휘일 뿐이다. 주의를 기해야 한다.

이 말은 조건 따라 순풍처럼 지나간다고 치더라도, 여기서 언하言下에

심안心眼이 번쩍 뜨이는 법려法侶는 없겠는가?

*打(타): 접두사로서 구 끝의 동사 '산散'의 행위를 나타내는 동사의 뜻을
강조한다. 본디 '타산打散'의 동사구를 벌려 그 사이에 목적어나 부사어를
삽입하여 쓰는 한문의 특징적 활용의 하나다.

옥당평

제법諸法이 본래 공하다.

본성本性이 원래 공하다.

이 '공空하다'는 말은

연기법緣起法의 상대적相對的 논리로써 알려지는,

눈앞에서 역력하게 변화하는

'현실적 존재'의 체성體性인 것이다

무상無常한 경계境界에서

현실적 존재로서 분명한 '너'와 '나'는

거기 공처空處에서 자유롭다

제4수의 1

報爾衆生直道하자면
보 이 중 생 직 도

非有卽是非無로소이다
비 유 즉 시 비 무

非有非無不二한데
비 유 비 무 불 이

何須對有論虛[*]리오
하 수 대 유 론 허

대중들에게
'부처의 경지〔佛地〕에 바로 들어가는 길'을 알리자면

'있는 게 아님〔非有〕'이
그대로 '없는 게 아님〔非無〕'이라는 것이다

'있는 게 아닌 것'과 '없는 게 아닌 것'은
두 가지가 아니건만

왜 '있음〔有〕'에 대한
'없음〔虛·無〕'을 말해야만 하는가?

주注

• 압운押韻: 무無는 평성 우운虞韻에 속하며, 허虛는 평성 어운魚韻에 속한다.

우虞와 어魚는 통운이다.

*報(보): 알리다. 爾(이): 이인칭 대명사 너. 그대. 何(하): 어찌. 어떻게. 왜. 須(수): 모름지기. …해야 한다. …하지 않으면 안 된다. 論(론): 말하다. 왈가왈부하다. 토론하다. 虛(허): 비다. 없다. 존재하지 않다.

*虛(허): 제2구의 압운으로 '무無'를 썼기에 같은 뜻의 공무空無의 '허虛'를 썼다.

옥당평

연기緣起하는 '현실적 존재'에
자성自性이 '있다'고 하면 상견常見에 떨어지고,
자성自性이 '없다'고 하면 단견斷見에 떨어진다.
이때는 변견邊見에 떨어져 휘둘리기에
미로에서 괴로운 삶에 얽혀들 수밖에 없게 된다.
이 연기하는 '현실적 존재'는
조건에 따라 존재하기도 하고 존재하지 않기도 한다.
따라서 굳이 이른다면
있는 것도 아니요
없는 것도 아닌 존재라 하겠다.
하여 연기하는 '현실적 존재'는
조건에 의거하는 '일시적 속성'을 지니면서
무자성無自性의 자상自相을 나툰다.

제4수의 2

有無[*]妄心立號여서
유 무 망 심 입 호

一破一箇不居로다
일 파 일 개 불 거

兩名由爾情[*]作이라서
양 명 유 이 정 작

無情卽本眞如로다
무 정 즉 본 진 여

'있음〔有〕'과 '없음〔無〕'은
관념〔妄心〕으로 지은 명칭이어서

'유有'든 '무無'든 하나가 부서지면
다른 하나도 존재하지 못한다

두 개의 명칭은
그대의 정식情識이 짓는 것이어서

정식情識이 일지 않으면
그대로 본래 진여眞如의 상태다

주注
• 압운押韻: 거居와 여如는 평성 어운魚韻에 속한다.

*立(입): 서다. 세우다. 號(호): 이름. 부르다. 부르짖다. 箇(개): 낱. 물건을 세는 단위.

*有無(유무): 대표적인 변견邊見의 하나로써 『중론中論』 제15 「관유무품觀有無品」에 "모든 존재에 자성自性이 '있는가〔有〕?' '없는가〔無〕?'"에 대한 비판 담론이 제시되고 있다.

이 '유有'라는 상견常見과 '무無'라는 단견斷見을 부정하는 말이 '비유非有'와 '비무非無'의 견해다. 변견을 넘어서는 말이긴 해도 관념적인 어언語言의 한계를 느끼게 하는 미진함이 없지는 않다.

*情(정): ① 외물外物에 느껴 일어나는 마음 작용. ② 유정有情. 정식情識. 정념情念. 미망심迷妄心의 견해.

옥당평

오랜 시절에 걸쳐
〈진여眞如〉라고들 이름 붙이고
여래장如來藏이니 청정법신이니 이름 붙이고
'영원불변한 만유萬有의 본체'라고
절대성絕對性을 부여하고 칭탄하는 것을 본다.
이러한 견해는
통찰지洞察智로 증지證知하는
붓다의 근본 가르침인 '무아無我'에 배치되는 것이다.
신비적 경향의 정식情識으로 짓기 때문이다.

제4수의 3

若欲存情覓佛하면
약 욕 존 정 멱 불

將[*]網山上羅魚로다
장 망 산 상 라 어

徒費功夫[*]無益하니
도 비 공 부 무 익

幾許[*]枉用工夫이뇨
기 허 왕 용 공 부

정식情識을 쓰고 있으면서〔存〕

부처를 찾으려고 한다면

그물을 가지고〔將〕

산에 올라가 어망을 치는 격이다

헛되이〔徒〕 공功만 들이고

도움 될 일 없으니

얼마나〔幾許〕

공부工夫를 헛되이〔枉〕 하는 것인가?

주注

• 압운押韻: 어魚는 평성 어운魚韻에 속하며 부夫는 평성 우운虞韻에 속한다.

어魚와 우虞는 통운이다.

*存(존): 있다. 생각하다. 머무른 상태에 계속해 있다. 覓(멱): 찾다. 羅(라): 그물. 펼치다. 그물을 치다. 徒(도): 무리. 헛되이. 부질없이. 幾(기): 몇. 얼마나. 枉(왕): 굽다. 헛되이.

*將(장): 전치사. 이 갈래 '이以'의 용법과 같다. 동작이나 행위가 발생할 때 의거하는 수단이나 방법을 나타낸다. …로써, …을 가지고, …에 근거하여, …을 따라 등으로 해석한다.

*夫(부): 지시대사. 사람이나 사물 또는 어떠한 상황을 가리킨다. 이, 이것, 저, 저것, 그러한 등으로 해석한다. 차此·피彼와 같으며, 때로는 해석하지 않는다. •徒費功, 夫無益.

*幾許(기허): 부사. 기하幾何와 같다. 수량·거리·나이·길이·가치 등을 묻거나 정확하지 않은 수를 나타낸다. 얼마인가, 얼마나, 얼마쯤이냐, 몇인가 등으로 해석한다. •年幾何: 나이가 몇인가?
　　•人生幾許: 인생이 얼마나 되느냐?

옥당평

산에 올라가
물고기 잡는 그물을 치느뇨?
관념samjñā·sañña을 쓰면서도
어떻게 관념에 어둡지 않을까?
만법萬法의 인연사因緣事에서
통찰의 혜안慧眼을 떠야 하리.

제4수의 4

不解卽心卽佛[*]하면
불 해 즉 심 즉 불

眞似騎驢覓驢[*]로다
진 사 기 려 멱 려

一切不憎不愛[*]하면
일 체 부 증 불 애

遮箇[*]煩惱須[*]除리라
차 개 번 뇌 수 제

그대로 마음이 부처라는 걸

요해了解하지 못하면

실로 나귀에 타고서

나귀를 찾는 겪이다

일체법一切法에서

미워하고 싫어하(는 변견에 떨어지)지 않으면

이야말로

번뇌가 스러지지 않을 수 없으리라

주注

• 압운押韻: 려驢와 제除는 평성 어운魚韻에 속한다.

*解(해): 풀다. 이해하다. 알다. 似(사): 같다. 비슷하다. 닮다. 騎(기): 말을 타다. 타다. 驢(려): 당나귀. 切(체): 모두. 온통. 다. 憎(증): 미워하다. 愛(애): 좋아하다. 갈애渴愛. 遮(차): 이. 이것. 저這와 같다. 箇(개): 낱. 이. 저. 이것. 이것이야말로. 저것. 煩(번): 괴롭다. 惱(뇌): 괴롭다. 須(수): 모름지기. 除(제): 덜다. 없애다. 제거하다.

*卽心卽佛(즉심즉불): 그대로 마음이 바로 부처다.

『마조도일선사어록馬祖道一禪師語錄』 감변勘辨 제10화에 보인다.

법상法常(752~839) 선사가 마조馬祖를 처음 참례하고 묻는다.

"무엇을 부처라 합니까〔如何是佛〕?"

마조: "그대로 마음이 부처다〔卽心是佛〕!"

……

객승: "요즘은 마음도 아니고 부처도 아니다〔非心非佛〕'고 하십니다."

……

법상: "이 노한老漢이 한없이 사람을 헷갈리게 하는구나.

당신이야 마음대로 '비심비불非心非佛' 하라고 하시게.

나는 오로지 '그대로 마음이 바로 부처〔卽心卽佛〕'일 뿐이다!"

『무문관無門關』 제30칙 〈즉심즉불卽心卽佛〉에도 나온다.

마조馬祖는 대매大梅가

"무엇을 부처라고 합니까〔如何是佛〕?"

하고 묻길래

"그대로 마음이 부처다〔卽心是佛〕!"

고 말했다.

제2수의7 게송에서 새긴 60권본 『화엄경』 권제10. 「불승야마천궁자재품 제15」 〈유심게唯心偈〉를 되새김한다.

마음은 화가 같아서	心如工畵師
갖가지 〈오온〉의 일을 그려 낸다	畵種種五陰
인식하는 모든 세계에서는	一切世界中
법法이라고 하여 정해서 짓지도 않는다	無法而不造
마음과 부처의 일이 같음도 역시 그러하니	如心佛亦爾
부처니 중생이니 하는 일도 마찬가지다	如佛衆生然
마음과 부처와 중생이라	心佛及衆生
이 셋은 차별이 없다	是三無差別

*騎驢覓驢(기려멱려): 나귀에 타고 나귀를 찾다.

『경덕전등록景德傳燈錄』 권제9 〈복주대안선사〉조에 보인다.

대안大安(793~883)이 백장百丈을 예참하고 묻는다.

"학인이 부처를 알려고 한다면 어떤 것이 부처입니까?"

백장: "그야말로 소에 타고 소를 찾는 꼴이구나〔騎牛覓牛〕!"

대안: "안 뒤에는 어떻습니까?"

백장: "소를 타고 집에 돌아온 것 같은 게지〔騎牛至家〕!"

*不憎不愛(부증불애): 미워함에도 좋아함에도 떨어지지 않다.

『신심명信心銘』 제1화에 보인다.

도道에 이름에는 어려움 없거니	至道無難

다만 간택揀擇을 꺼릴 뿐이다   唯嫌揀擇

'미워함'과 '좋아함(의 변견)'을 없애면   但莫憎愛

통연洞然하여 명명백백하리라   洞然明白

이 세 가지 '선禪 사상의 논리'는 '대승찬大乘讚이 후대 선문禪門에 영향을 끼친 원류인지', '당대唐代의 선가禪家에서 지공誌公 화상에 가탁하여 선 사상의 근원을 올리는 역사적 당위성을 담보하려고 지은 것은 아닌지'에 대한 의문처가 되기도 한다. 깊은 고찰이 요구되는 지점이다.

*遮箇(차개) : 지시대명사. '이', '이것', '이런', '…라는' 등으로 해석한다. '개箇'는 어기조사로써 사물이나 처소(곳)를 가리킬 때 붙이는 말이기도 하며, 문맥에 따라 합성 부사로써 '이야말로' 정도로 해석하기도 한다. 자개者箇·저개這箇와 같다.
*須(수) : 부사. 필요성의 인정을 나타낸다. 모름지기. 반드시. 꼭. 때로 조동사일 경우에는 '반드시 … 해야 한다', '…하지 않으면 아니 된다' 등으로 해석한다.

옥당평

누구나 부처를 말할 수 있다.
누가 말하든지 간에
그 부처가 그 부처로되
말하는 이의 생각에 따라서
관념적인 부처는 거기서 달라진다.

한결같이 자각하올 부처의 일이여!
'연기緣起'의 사유로써
지각되고 인식되는 저 무상無常한 일체법一切法에 대하여
'무아無我'임을 깨달아 밝혀 연설演說하시도다.

우리의 청정한 '부처'시여!
'목전에 역력하게도 일화一花의 세계가 열리니
내 삶의 명료한 연기적 사실을 사실대로 알게 하셨다.
그래서 관념의 차별계가 그대로 무차별임을 자증하여
누구든 해탈할 수 있게 되었도다.'

청신한 중생심의 불사佛事여!
마음과 부처와 중생,
이 셋은 차별이 없다고.

제5수의 1

除之*則*須*除身이니
제 지 즉 수 제 신

除身無佛無因이로다
제 신 무 불 무 인

無佛無因可得이면
무 불 무 인 가 득

自然無法無人*이로다
자 연 무 법 무 인

번뇌를 없앤다는 것은

그대로 자신〔我相〕을 없애는 것이니

자신을 없애면

(관념적인) 부처도 인과법도 없어지는 것이다

부처라 하여 인과법因果法이라 하여

획득할 것이 없으면

자연스레

구할 법〔法相〕도 구할 사람〔人相〕도 없어진다

주注
• 압운押韻: 인因과 인人은 평성 진운眞韻에 속한다.

*之(지): 지시대사. 사람이나 비교적 가까운 사물이나 상황 등을 가리키며, '이' '그' '이것' '그러한' '그렇듯이' 등으로 해석하거나 문맥에 따라 적절하게 해석한다. 여기서는 〈제4수의 4〉에서 언급된 '번뇌'를 가리킨다.

*則(즉): 부사. '卽'으로 치환하여 '…이다', '바로 …다', '그대로 …이다' 등으로 해석한다.

*須(수): 조동사로써 결정을 나타낸다. '…을 해야 한다', '…을 하지 않으면 안 된다' 등으로 해석하며, 문맥에 따라 뒤에 오는 동사의 결정성을 강화시켜 준다.

*無法無人(무법무인): 정해진 '법상法相'도 없고, 정해진 '인상人相'도 없다. 오온五蘊의 화합에 의해 형성된 심리적 중생을 '인人'이라 하고, 물리적 기능적 요소로써의 오온을 '법法'이라 칭하기도 한다.

이러한 '오온'에서 '12입처'로 확장된 인식 범주는 '18계'에서 조건에 따라 심·의·식心意識이 활발하게 체험하며 인식하고 명명하여 익힌다. 이렇게 익혀진 것은 '75법'이니 '100법'이니 하여 갈무리되는데, 그 근본 법法에서 파생된 다양한 정보들을 '제법'이니 '일체법'이니 하여 통칭한다. 여기서 상호 연기하여 형성된 '일체법一切法'은 붓다의 통찰에 의해 가립假立된 것임이 무자체無自體임이 '무아無我'임이 밝혀졌다.

옥당평

눈앞에 활발하게 전개되는 사상事相에서
연기적 사실에 통철하게 눈 뜬 행자는
관념을 쓰면서도 관념에 어둡지 않아
이 일 저 일에서 자유롭고 자재하다.

부처〔佛〕에도 법法에도 인人에도 매이지 않는다.

이 매이지 않는 이

과연 무어라 부를까?

제5수의 2

大道*不由行得이라서
대 도 불 유 행 득

說行權*爲*凡愚로다
설 행 권 위 범 우

得理返觀於*行하면
득 리 반 관 어 행

始知枉用工夫로다
시 지 왕 용 공 부

대도大道는 수행으로 하여

회득會得하는 것이 아니어서

수행이 방편〔權〕이라고 말하는 것은

범부의 우매함 때문이다

도리道理를 회득하고 나서

되돌아보면

공부한다면서 헛힘 쓴 줄

그때서야 알 것이다

주注
• 압운押韻: 우愚와 부夫는 평성 우운虞韻에 속한다.

전구의 압운은 '평성 진운眞韻'이다. 환운換韻하였다. 장시에서 이따금 보이는 환운법이다.

*權(권): 저울추. 권도權道. 임기응변의 방편. 爲(위): 위하다. 때문에. 返(반): 되돌아오다. 되돌리다. 始(시): 처음. 비로소. 枉(왕): 굽다. 헛되이. 부질없이.

*大道(대도): 붓다의 위대한 가르침. 보리菩提의 번역어.

『조주록』335화에 보인다.

학인: "무엇을 도道라고 합니까〔如何是道〕?"

조주: "울타리 밖의 길〔道〕이다〔墙外底〕."

학인: "그걸 물어본 게 아닙니다〔不問者箇〕."

조주: "무슨 길〔道〕을 묻는 게냐〔問什麼道〕?"

학인: "대도大道입니다〔大道〕."

조주: "큰길〔大道〕은 서울〔長安〕로 통해 있다〔大道通長安〕."

*權(권): 방편方便으로써의 권교權教를 말한다. 대어對語는 실實·실교實教다. 우둔한 사람을 실교로 인도하기 위해 거짓 수단을 베풀지만 실교의 실지實地에 이르러서는 버리는 교教를 말한다.

*爲(위): 전치사. 동작이나 행위의 원인을 나타낸다. '… 때문에'로 해석한다.

*於(어): 전치사. 동작이나 행위와 관계있는 대상을 나타낸다. '…에 대하여', '…을'로 해석한다.

옥당 평

조건을 따라 창발創發하고 창출創出되는

연기緣起의 진화가 역력하고 명랑한 세계여!

이 사실처에서 방편은 무엇이고 진실은 무엇인가?

저 아이 울음 달래는 황엽黃葉은 무엇이며

법화칠유에서 보이는 화택火宅의 비유는 무엇인가?

여기서 야보冶父 선사의 노래 한 곡조 불러 본다.

千尺絲綸直下垂러니
천 척 사 륜 직 하 수

一波纔動萬波隨로라
일 파 자 동 만 파 수

夜靜水寒魚不食커니
야 정 수 한 어 불 식

滿船空載月明歸로다
만 선 공 재 월 명 귀

천 자나 되는 비단 같은 낚싯줄

곧장 드리노라니

한 물결 일자마자

만 물결 따라 이누나

밤은 고적한데 물도 차가워

고기들 미끼 물지 않으니

빈 배에 가득히

밝은 달빛만 싣고 돌아간다

제5수의 3

未悟圓通大理여도
미 오 원 통 대 리

要*須言行*相扶*니라
요 수 언 행 상 부

不得執他知解*하노니
부 득 집 타 지 해

廻光*返本全無로다
회 광 반 본 전 무

널리 두루 통하는

큰 도리를 미처 깨치지 못했어도

마땅히〔要〕

말〔言〕과 행行이 바루게 해야 한다〔須〕

관념적 앎으로써

'말과 행'에 집착하면 아니 되나니

혜광으로 되비추면

본원에 자체自體라 할 만한 것은 전혀 없다

주注

• 압운押韻: 부扶와 무無는 평성 우운虞韻에 속한다.

*未(미) : 아니다. 아직 …하지 못하다. 미처 …하지 아니하다. 要(요) : 바라다. 요하다. 須(수) : 모름지기. …해야 한다. 扶(부) : 붙들다. 돕다. 다스리다. 바로 잡다. 바루다. 執(집) : 잡다. 집착하다. 廻(회) : 돌다. 돌리다. 回와 같다. 返(반) : 돌아오다. 되돌아오다. 되비추다. 全(전) : 온전하다. 전혀.

*要(요) : 조동사. 주관적 의지나 당위를 나타낸다. 당當과 같으며, '…해야 한다', '당연히 …하다', '마땅히' 등으로 해석한다.

*言行(언행) : 굳은 관념에서 오는 변견邊見에 근거한 언어생활을 이른다.

*相扶(상부) : 다스리다. 바루다. 상相은 어기조사로써 일정한 대상에 대하여 일방적인 동작에 붙이는 말. '서로'라고 해석하지 않는다.

*知解(지해) : ①깨쳐서 알다. ②앎. ③붓다의 가르침에 대해 관념적으로 알다. 여기서는 ③의 뜻.

*廻光(회광) : 『임제록』에 '회광반조廻光返照'란 말이 보인다. 곧 어언語言이나 문자에 의거하지 않고 자기 자신의 마음 작용의 관념성을 통찰하고 파초芭蕉의 속성과 같은 무자성無自性의 평등성을 자증하는 것.

　조사께서 이르셨다.
"애달프구나. 장부여! 머리를 가지고서도 머리를 찾는고녀."
　그대들은 이 말이 끝나자마자 그대로 '회광반조回光返照'하여 더는 따로 찾지 않고 자신의 마음이 조사祖師와 붓다와 다르지 않음을 알아서 즉시에 일이 없게 되면[當下無事] 비로소 법法을 회득會得했다고 할 것이다.

옥당평

파초芭蕉라.

파초의 역력한 공성空性이여!

누구의 일인가?

제5수의 4

有誰解會[*]此說이뇨
유 수 해 회   차 설

教[*]君向[*]己推求리라
교 군 향 기 추 구

自見昔時罪過하여
자 견 석 시 죄 과

除却[*]五欲[*]瘡疣[*]하리로다
제 각 오 욕 창 우

어느 누가

이런 말을 알겠는가

자신에게서들

미루어 찾게 해야 하리라

스스로 지은

지난 시절의 허물을 보고

오욕五欲의 고통이나 재난을

없애 버릴 것이다

주注

• 압운押韻: 구求와 우疣는 평성 우운尤韻에 속한다. 전구의 평성 우운虞韻에

서 환운하였다.

*誰(수): 누구. 君(군): 그대. 당신. 이인칭 대명사. 推(추): 밀다. 천거하다. 미루어 헤아리다. 求(구): 구하다. 찾다. 昔(석): 예전. 옛날. 오래다. 접때. 앞서. 일전에. 罪(죄): 허물. 過(과): 허물. 瘡(창): 부스럼. 疣(우): 사마귀. 굳은살.

*解會(해회): 사량하고 분별하여 이해하는 것.

*敎(교): 조동사. 사역을 나타내며, 목적어를 생략할 수도 있다. '…를 하게 하다', '…에게 …를 하게 하다' 등으로 해석한다.

*向(향): 전치사. 동작이나 행위가 지향하는 대상이나 장소나 시간을 나타낸다. '…에게', '…에서', '…에' 등으로 해석한다.

*除却(제각): 없애 버리다. 각却은 어기조사로써 동사의 움직임이 완전히 끝났음을 나타낸다.

*五欲(오욕): 인식의 대상인 색色·성聲·향香·미味·촉觸의 오경五境에 대하여 일으키는 정식情識의 욕구.

*瘡疣(창우): ①부스럼과 군살. ②고통이나 재난의 비유.

옥당평

허물이란
추리推理하는 마음 작용의 과정에서
굳은 관념에 의거하여 '착각'과 '변견'에 떨어져
'대립의 갈등'과 '갈애渴愛'에 얽혀
번뇌를 야기하는 것이다.

제5수의 5

解脫*逍遙*自在하며
해 탈 소 요 자재

隨方*賤賣風流*로다
수 방 천 매 풍 류

誰是發心買者하뇨
수 시 발 심 매 자

亦*得似我無憂리라
역 득 사 아 무 우

해탈하여

자재하게 소요逍遙하면서

가는 데마다

풍류를 싸게 판다

누구라서

발심하여 사들이느뇨?

살 수만 있다면

나처럼 근심 없으리라

주注

• 압운押韻: 류流와 우憂는 평성 우운尤韻에 속한다.

*逍(소): 거닐다. 노닐다. 편안하고 한가롭다. 遙(요): 거리가 멀다. 시간이 길다. 정처 없이 거닐다. 隨(수): 따르다. 길이나 물을 끼고 가다. 方(방): 장소. 곳. 지방. 賤(천): 천하다. 값이 싸다. 가격이 낮다. 賣(매): 팔다. 買(매): 사다. 似(사): 닮다. 비슷하다. 같다. …인 듯이 보이다.

*解脫(해탈): 번뇌에서 벗어남. 관념의 그물을 타파함. 투망금린처透網金鱗處.

*逍遙(소요): 아무런 구속도 없이 한가로이 거닐며 즐김.『장자』내편 「소요유逍遙遊」에서 온 말.

*隨方(수방): 가는 곳마다. 이르는 곳마다.
임제 선사의 수처작주隨處作主와 통하는 말이다.

*風流(풍류): 투망금린인透網金鱗人의 시절인연법時節因緣法이라 할 수 있겠다.

*亦(역): 어기조사. 문장의 머리나 중간에 쓰이며, 별도의 뜻은 없다.

옥당평

풍류風流의 값,
저울에 달아 매기면 얼마나 나갈까?
너무 싸서 외려 의심의 눈초리를 받으리.

제6수의 1

內見外見總惡하고
<small>내 견 외 견 총 악</small>

佛道魔道俱錯이로다
<small>불 도 마 도 구 착</small>

被此二大波旬되면
<small>피 차 이 대 파 순</small>

便卽*厭苦求樂하리로다
<small>변 즉 염 고 구 락</small>

내전의 견해도 외전의 견해도

다 악하고

불도佛道라 해도 마도魔道라 해도

착각이다

이러한 이대二大 마왕(Pāpīyas)에게

피랍되면

그 즉시에

고苦를 싫어하고 낙樂을 좋아하게 될 것이다

주注

• 압운押韻: 착錯과 락樂은 입성 약운藥韻으로써 측성각仄聲脚이다.

*俱(구): 함께. 다 같이. 모두. 錯(착): 섞이다. 어긋나다. 잘못 알다.
 착각하다. 厭(염): 싫어하다.
*便卽(변즉): 복합부사. 두 일이 시간적으로 매우 가까움을 나타낸다.
'바로', '곧바로', '즉시에', '그대로', '그야말로' 등으로 해석한다.

옥당평

누가 변견의 오랏줄에 매이는가?
도대체 일도양단처─刀兩斷處는 어디인가?

제6수의 2

生死悟本體空한데
생 사 오 본 체 공

佛魔何處安著하리오
불 마 하 처 안 착

只由妄情*分別*하여
지 유 망 정 분 별

前身後身孤薄이로다
전 신 후 신 고 박

생·사生死의 본지本旨를 깨치면

자체는 공空한데

부처든 마군이든

어디에 들러붙겠는가?

단지 굳은 관념의 정식情識으로

분별함으로써

시시각각 조건에 따르는 몸은

부평초 같은 신세가 된다

주注
• 압운押韻: 착錯과 박薄은 입성 약운藥韻으로써 측성각이다.

*安(안): 안치하다. 설치하다. 향하다. 마음을 기울이다. 붙들다. 著(착):
붙이다. 부착하다. 由(유): 말미암다. 까닭. 때문. 이유. 孤(고): 고루하고
무지하다. 보편적인 것으로부터 떨어져 있다. 薄(박): 엷다. 초라하다.
명운이 불행하다.

*妄情(망정): ① 굳은 관념에서 나오는 정식情識으로써 착각·오해·선입견
등. ② 양변에 치우친 견해.

*分別(분별): 제6의식第六意識의 특징적 지각 작용. 요별了別이라고도 한다.
목전에 현행하는 사상事相에 대한 분명한 변별 작용이다. 나아가 현행에
대한 연기적 사실을 사실대로 통찰하는 반야지般若智로도 나아간다.
오늘날 수행 일반에서 아직까지도 '분별分別' 자체를 망녕된 인식이라고
하면서 사물에 대하여 생각을 일으키는 자체를 망념妄念으로 치부하는
이들이 많다. 이는 조건에 따른 마음 작용의 기멸起滅에 대한 본질을
명철하게 알지 못하는 데서 오는 큰 착각이며 오류이다.
'분별'이 문제인 경우는, 분별하여 착각한다거나 집착한다거나 변견에
떨어져 갈등하고 대립하여 갖은 번뇌를 유출할 때다.

옥당평

눈앞의 사상事相에 대한 언행言行은
관념으로 형언할 수밖에 없다.
그렇더라도 그 관념이 굳어지면
외려 부처도 마군으로 만들게 된다.
이 사실을 통철洞徹하면
마군도 부처가 된다.

제6수의 3

輪廻六道[*]不停하고
윤 회 육 도　부 정

結業[*]不能除却토다
결 업　불 능 제 각

所以[*]流浪生死는
소 이　유 랑 생 사

皆由橫生斟酌[*]이로다
개 유 횡 생 짐 작

육취六趣에 나고 듦〔輪廻〕을

그치지 못하고

업業이 다져지면

그냥 없애 버릴 수가 없다

생사生死의 변견에서

유랑하는 까닭은

다 멋대로 살며

일을 꾀하기 때문이다

주注

• 압운押韻: 각却과 작酌은 입성 약운藥韻이며, 측성각이다.

*停(정): 정지하다. 멈추다. 그치다. 結(결): 맺다. 얽매다. 굳어지다. 다지다. 業(업): karma의 역어. 주로 신身·어語·의意 삼업三業으로 나누어 본다. 橫(횡): 방자하다. 자유분방하게 멋대로 굴다. 가로지르다. 經略(경략): 꾀하다. 계획하다.

*輪廻六道(윤회육도): 육도는 육취六趣라고도 한다. 인도에서 전래하는 범부 중생이 죽어서 윤회 전생轉生하는 별처別處의 여섯 가지 범주다. 그렇지만 붓다의 근본 교설인 〈무아無我〉의 가르침에 배치되는 주장이다. 윤회의 길은 천도天道·인도人道·아수라도阿修羅道·축생도畜生道·아귀도餓鬼道·지옥도地獄道로 알려지고 있다. 이 육도를 죽은 다음에 가는 별처로 보지 않고, 눈앞에 전개되는 사상事相을 인식하는 각자의 심리 상태에 드나드는 경계로 보려는 것이 필자의 입장이다.

군이 〈육취六趣〉라는 어휘를 택하여, 각 범주로 치달려 가는 마음의 작용을 보면 이렇다. •천취天趣: 즐거운 마음 상태. •인취人趣: 상황에 따라 달라지는 마음 상태. •아수라취: 이기적으로 화가 나서 다투는 마음 상태. •축생취: 사실을 보지 못하는 어리석은 마음 상태. •아귀취: 지나치게 욕심부리는 상태. •지옥취: 앞의 경우들로 하여 괴로움을 겪는 마음 상태.

한 가지 예화를 본다.

언제인가 한 아파트에 거주하는 어느 거사가 위층에서 울려오는 층간 소음으로 하여 여러 달에 걸쳐 화가 나 수십여 차례 격분하였다. 반복되던 어느 날 위층으로 치고 올라가 시비를 가리다가 울분을 극기剋己하지 못하고 위층 남자를 가격하여 절명케 하였다. 그 결과 감옥살이를 하게 되었다.

이 예화에서 볼 때 '상대를 절명케 하여 감옥살이 하는 것'은 본인은 물론이거니와 양가에 다 〈지옥취〉를 만든 것이었다. 아울러 '소음에 화를 내기도 하고 참기도 하기를 수십 차례 한 것'은 수십 차례에 걸쳐 〈아수라취〉에 윤회한 것이다. 그리고 본인의 '울화가 순식간에 지옥고를 만들 수 있다는 것을 알아차리지 못한 것'은 어리석음의 상태인 〈축생취〉에 산 것이다.

이렇듯이 본다면, 지금(卽今)의 현행現行에서 얼마든지 〈육취〉를 경험할 수 있는 것이기에 우리의 수행도 당연히 〈육취〉로 드러나는 현행의 제문제를 해결하는 길로 부지런히 행해야 할 것이라고 본다. 〈육도六道〉를 전생이나 후생에 갈 어느 곳에 두는 것은 '눈앞의 역력한 사실'을 떠나는 종교의 신비주의 경향이라고 본다.

*業(업): karma의 역어. 신身·어語·의意를 근거로 하여 짓는 신심身心의 행위와 반복적인 생활에서 형성되는 생각〔想〕에 적치되어 드러나는 일정한 의지라 할 수 있다.

*所以(소이): 전치사. 동작이나 행위가 발생하는 원인이나 이유를 나타낸다. '…때문(에)', '…한 까닭(에)' 등으로 해석한다.

옥당 평

생生·사死의 삶에서
보통은 상대적 변견邊見에 치우쳐
연기緣起하는 사실을 사실대로 보지 못한다.
거기서는 치우친 주관이 외려 정견正見으로 치부되며,
그래서 주관은 사사건건 대립하여 부딪힌다.

제6수의 4

身本虛無不實이니
신 본 허 무 부 실

返本是誰斟酌[*]하뇨
반 본 시 수 짐 작

有無我自能爲어니
유 무 아 자 능 위

不勞妄心卜度이로다
불 로 망 심 복 탁

몸의 본질은

허무하여 실답지 않은 것이니

본원으로 되돌아가면

그야말로 누가 헤아린다는 말인가?

'있다'거니 '없다'거니 함은

나〔我〕의 작위作爲이니

마구 변견〔妄心〕으로

헤아려서는〔卜度〕 아니 된다

주注
• 압운押韻: 작酌과 탁度은 입성 약운藥韻이며, 측성각이다.

*返(반): 돌이키다. 되돌아가다. 斟(짐): 술 따르다. 헤아리다. 酌(작):
술 따르다. 헤아리다. 짐작하다. 爲(위): 하다. 되다. 卜(복): 점치다.
헤아리다. 度(탁): 헤아리다. 미루어 짐작하다. 따지어 가늠하다.
*斟酌(짐작): 짐작하다. 감잡다. 헤아리다. •술잔에 술을 따를 적에 넘치지
않게 적절하게 따르는 것은 따르는 이의 어림짐작에 의한다.

옥당평

있다면,
몸은 한때의 '연기적 속성'이 있을 뿐이다.
하여 '존재로서의 자성自性'은 있을 수 없는 것이다.

제6수의 5

衆生身同太虛하니
중 생 신 동 태 허

煩惱何處安著하리오
번 뇌 하 처 안 착

但無一切希求하면
단 무 일 체 희 구

煩惱自然消落하리라
번 뇌 자 연 소 락

중생도 자기 자신은

저 큰 허공 같으니

번뇌인들

어디에 들러붙겠는가

그저 모든 것에

희구希求함이 없으면

생겨난 번뇌도

절로 소멸될 것이다

주注
• 압운押韻: 착著과 락落은 입성 약운藥韻이며, 측성각이다.

698 주석

*安(안) : 두다. 안치하다. 著(착) : 붙이다. 부착하다. 但(단) : 다만. 오직.
 그저. 希(희) : 바라다. 求(구) : 구하다. 찾다. 消(소) : 사라지다. 없어지다.
 녹아 없어지다. 落(락) : 떨어져 나가다. 줄다. 귀착하다. 해지다.

옥당평

탐심이 독毒인지 모르면 중생
끊임없이 구求하는 마음은 중생심
과연 탐구심貪求心을 쉴 때는 언제일까
옴 마니 파드메 훔

제6수의 6

可笑衆生蠢蠢이여
가 소 중 생 준 준

各執一般*異見코나
각 집 일 반   이 견

但欲傍鰲求餠하며
단 욕 방 오 구 병

不解返本觀麵이로다
불 해 반 본 관 면

麵是正邪之本인데
면 시 정 사 지 본

由人造作百變이로다
유 인 조 작 백 변

우습구나

중생들의 무분별이여!

온통 다른 견해로

저마다 붙들고 늘어지는구나

그저 지짐냄비 곁에서

전병만 먹고자 할 뿐

밀가루를 보는

본질로 되돌아갈 줄 모른다

밀가루

바름과 그름의 본체

사람들의 조작으로 하여

숱하게 변화한다

주注

• 압운押韻: 앞 〈제6수의 5〉구 압운인 입성 약운藥韻에서 환운換韻하였다.
압운인 견見·면麵·변變은 거성 산운霰韻으로 측성각이다.

*笑(소): 웃다. 빙긋이 웃다. 蠢(준): 꿈틀거리다. 일어나 움직이다. 어리석
다. 무지하여 사리를 분별하지 못하다. 고분고분하지 않다. 執(집): 잡다.
붙들다. 집착하다. 般(반): 돌다. 돌리다. 가지. 종류. 但(단): 다만. 단지.
오직. 그저. 欲(욕): 하고자 하다. 하려고 하다. 바라다. 傍(방): 곁.
옆. 가까이. 鏊(오): 번철. 세 발 달린 평평한 지짐판. 餅(병): 떡. 전병.
返(반): 돌이키다. 되돌리다. 되돌아오다. 麵(면): 밀가루. 由(유): 말미암
다. 인연하다. 이유. 까닭. 造(조): 짓다. 만들다.

*一般(일반): 온통. 모두. 다른 점이 없는 마찬가지의 상태.

옥당평

飢腸空腹漢에게
기 장 공 복 한

餅臭鼻衝時적에
병 취 비 충 시

覩麵還源著하라면
도 면 환 원 착

是誰透網爲하리오
시 수 투 망 위

허기져서

배고픈 사람에게

전병 부치는 냄새가

코 찌르는 시절에

본원으로 돌아가서

밀가루를 보라 하면

과연 뉘라서

관념의 그물을 뚫겠는가?

제6수의 7

所須任意縱橫커니
소 수 임 의 종 횡

不可偏耽愛戀*토다
불 가 편 탐 애 련

無著卽是解脫이러니
무 착 즉 시 해 탈

有求又遭羅羂하는도다
유 구 우 조 라 견

구하는 것이

마음 가는 대로 자유분방함은

치우친 갈애渴愛의 집착에

머물지 않아서다

갈애의 집착이 없으면

그대로 해탈이라서

따로 구하는 것이 있을 적에는

그물〔羅羂〕에 걸리고 만다

주注

• 압운押韻: 련戀과 견羂은 거성 산운霰韻에 속한다. 측성각이다.

*所(소): 우리말의 의존명사인 '···한 바', '···할 바'. '것', '곳'의 의미로 쓰이고 있다. 須(수): 모름지기. 바라다. 구하다. 원하다. 이 갈래의 '구求'와 같다.

縱(종): 세로. 남북의 방향. 횡橫의 대對. 느슨하다. 석방하다. 제멋대로 굴다. 橫(횡): 가로. 동서의 방향. 가로지르다. 멋대로 굴다. 자유자재로. 종縱의 대.

假(가): 빌리다. 가짜. 거짓. 偏(편): 치우치다. 耽(탐): 즐기다. 좋아하다. 빠지다. 愛(애): 갈애. 애착하다. 戀(련): 그리워하다. 쉽게 단념하지 못하다. 求(구): 구하다. 찾다. 遭(조): 만나다. 羅(라): 그물. 펼치다. 羂(견): 올무. 잡아매다. 그물.

*愛戀(애련): 갈애渴愛의 집착을 이른다. '련戀'은 '그리워하다', '쉽게 단념하지 못하다'의 뜻으로써 '착著' 정도의 어기가 놓일 자리나 '거성 산운霰韻'으로 압운할 곳이다. 하여 '쉽게 단념하지 못하다'는 '연戀'을 '착著'의 어기로 해석한다.

옥당 평

관념에서 즉흥卽興하는 변견邊見의 실재,
그 사실을 통찰하는 행자는 그에 매이지 않는다.
하여 천차만별로 펼쳐지는 견해의 그물이라 해도
바람처럼 물처럼 그에 걸리지 않는다.

제6수의 8

慈心[*]一切平等하면
자 심　일 체 평 등

眞卽菩提自現하리라
진 즉 보 리 자 현

若懷彼我二心하면
약 회 피 아 이 심

對面不見佛面[*]하리라
대 면 불 견 불 면

자비慈悲한 마음으로

일체에 평등하면

참되어서

그대로 '보리'가 절로 나투리라

만일 '너'라든지 '나'라든지

두 마음을 갖게 되면

얼굴을 마주하면서도

붓다를 보지 못하리라

주注

• 압운押韻: 현現과 면面은 거성去聲 산운霰韻이며, 측성각仄聲脚이다.

*若(약) : 같다. 만일. 懷(회) : 품다. 생각하다. 그리워하다. 생각이나 원망을 품다. 물건을 품다. 회포. 생각. 面(면) : 낯. 얼굴.

*慈心(자심) : 자비慈悲한 마음. '자慈'는 중생에게 사랑의 즐거움을 주는 것. '비悲'는 중생의 고품를 함께 아파하며 없애 주는 것.

*不見佛面(불견불면) : 변견에 머물러 있으면 관념적 붓다의 얼굴만 볼 뿐이다. 진정한 붓다는 보지 못한다.

옥당평

'너'라거나 '나'라거나 하는
변견邊見에 머물고 있으면,
보리菩提의 정견正見은 멀어져서
설령 붓다께서 목전에 와 나 좀 보라고 한들
바라보면서도 붓다를 보지 못하게 된다.

제7수의 1

世間幾許*癡人가
세 간 기 허 치 인

將*道復欲求道로다
장 도 부 욕 구 도

廣尋諸義紛紜하지만
광 심 제 의 분 운

自*救己身不了*로다
자 구 기 신 불 료

세간에는

어리석은 사람이 얼마나 많은가

도道를 가지고서

다시 도를 찾으려 하는구나

다양한 교리를 두루 찾아

분주하면서도

손수 자기 자신을 구하려 하면

구하지 못한다

주注

• 압운押韻: 도道는 상성上聲 호운皓韻에, 료了는 상성 소운篠韻에 속한다.

호皓와 소篠는 통운이며, 측성각이다.

*幾(기): 몇. 얼마나. 許(허): 허락하다. 어기조사. 癡(치): 어리석다. 사실을 아는 능력이 탈났다. 痴는 속자. 尋(심): 찾다. 방문하다. 紛(분): 어지럽다. 紜(운): 어지럽다. 바쁘게 서두르느라 어수선하다. 救(구): 구제하다. 구하다. 了(료): 마치다. 끝내다. 감당하다.

*幾許(기허): 부사. 기하幾何와 같다. 수량·거리·나이·길이·가치 등을 묻거나 정확하지 않은 수를 나타낸다. '얼마(인가)', '얼마나', '얼마쯤(이냐)', '몇(인가)' 등으로 해석한다.

年幾何?(『戰國策』 趙策4)

나이가 몇인가?

客曰: "人生幾何?"(『史記』 孔子世家)

손님이 "나이가 얼마나 되느냐?"고 말했다.

名譽旣彰과 與匿德藏光者*는 相去*幾何오

명예가 창명彰明함과 덕광德光을 감춘 것과는 차이가 얼마나 나는가요?

(『서장』28. 답왕내한언장1-3)

*相去: 차이가 나다.

'去'는 행위나 상황의 지속 또는 추세를 나타내는 어기조사.

*匿德藏光은 匿藏德光의 술목구조.

*者는 특수대사로써 형용사나 동사 또는 술목구조의 뒤에 연용되어 앞말의 수식을 받아 전체를 명사구로 만든다. '…한 사람', '…한 것' 등으로 해석한다.

*將(장): 전치사. 이 갈래의 '이以'와 같다. 동작이나 행위가 발생할 때 의거하는 수단이나 방법을 나타낸다. '…로써', '…를 가지고' 등으로 해석

한다.

*自(자): 부사. 동작이나 행위의 진행 방식을 나타낸다. '(자기) 스스로' '본인이' '손수' '직접' 등으로 해석한다.

*了(료): 어기조사. 동사의 뒤나 구의 끝에 연용되어 동작의 완료나 실현을 나타낸다.

옥당 평

〈제4수의 4〉에서 언급한
'나귀에 타고 나귀를 찾는 경계'다.
'마음과 부처와 중생 이 셋은 차별이 없다'
는 '화엄 소식'을 모르고서, 그저
밖으로 밖으로 치달려 찾으면
자칫 고향집으로 돌아가는 길마저 잃고
타향에서 고달픈 나그네 신세가 된다.

제7수의 2

專尋他文亂說하며
전 심 타 문 난 설

自稱至理*妙好로다
자 칭 지 리 묘 호

徒*勞一生虛過하며
도 로 일 생 허 과

永劫沈淪生老*로다
영 겁 침 륜 생 로

전적으로 남의 글월이나 탐구하고는
어지러이 말하면서

자신의 말인 것처럼
'지극한 도리'가 신묘하게 좋다고 떠든다

보람 없이
일생一生을 애만 쓰면서 허송세월하며

기나긴 시절
굳은 관념의 삶〔生老〕에 빠져 지내는구나

주注
• 압운押韻: 호好와 로老는 상성 호운皓韻에 속하며, 측성각이다.

*傳(전): 오로지. 외곬으로. 혼자서. 단독으로. 尋(심): 찾다. 방문하다.
 文(문): 글월. 문장. 논문. 경문. 稱(칭): 일컫다. 말하다. 진술하다. 徒
 (도): 무리. 부질없다. 헛되이. 보람 없이. 勞(로): 힘쓰다. 애쓰다. 沈(침):
 물에 잠기다. 떨어지다. 빠지다. 주색에 빠지다. 淪(륜): 빠지다. 잠기다.
 스며들다.

*至理(지리): 지극한 도리. 이 갈래의 '지도至道'와 통하는 말이다.

*徒(도): 부사. 예정치에 미치지 못하였거나 마땅히 얻을 효과를 얻지
 못했음을 나타낸다. '한갓', '헛되이', '보람 없이' 등으로 해석한다.

*生老(생로): 굳은 관념에서 파생되는 변견邊見으로 하여 대립과 투쟁적인
 삶이 형성되는 일생(生·老·病·死의 근본 번뇌)의 현장을 말한다.

옥당평

붓다께서 뭐라 카더라.

조사께서 뭐라 카더라.

이는 남의 말이다.

경험을 통하여 자증自證된 공부라면

자증된 붓다의 가르침을 들어

내 말로 해야 한다.

제7수의 3

濁愛纏心不捨하면

탁 애 전 심 불 사

淸淨智心自惱로다

청 정 지 심 자 뇌

眞如*法界叢林이어도

진 여 법 계 총 림

返生荊棘荒草로다

반 생 형 극 황 초

탁한 갈애渴愛에 얽힌 마음을

버리지 못하면

청정하여 지혜로웠던 마음 작용에도

절로 뇌란惱亂이 일어

진여眞如 법계法界의

총림叢林이라 할지라도

도리어〔返〕

가시밭이나 거친 덤불을 만들고 만다

주注

• 압운押韻: 뇌惱와 초草는 상성 호운皓韻에 속한다. 측성각이다.

*濁(탁): 흐리다. 탁하게 하다. 더럽히다. 어둡게 하다. 愛(애): 갈애.
애착. 纏(전): 얽다. 얽매이다. 휘감다. 뒤얽히다. 捨(사): 버리다. 취取의
대어. 惱(뇌): 괴롭다. 번뇌. 叢(총): 떨기. 풀숲이나 나무숲. 떼 지어
모이다. 返(반): 되돌아오다. 되비추다. 도리어. 외려. 荊(형): 가시나무.
가시. 棘(극): 가시. 荒(황): 거칠다.

*眞如(진여): 굳은 관념이나 거기서 파생된 갈애渴愛 변견邊見 등의 마음
작용으로 하여 생生·로老·병病·사死에 걸치는 근본 번뇌의 삶은 고생苦生
이다. 붓다의 가르침을 깨쳐 굳은 관념의 타파에서 오는 '고생苦生'이
멸도滅度된 삶의 도량이 그대로 진여眞如의 상태일 뿐, 별처로써의 '진여'는
따로 있지 않다.

옥당평

관념의 형식에 머물면서
그 관념 형성의 연기적 사실을
사실대로 깨달아 알지 못하면
붓다도 원수로 만든다.

제7수의 4

但*執黃葉*爲金하니
단 집 황 엽 위 금

不悟葉金求寶로다
불 오 엽 금 구 보

所以*失念狂走하니
고 이 실 넘 광 주

强力裝持相好*로다
강 력 장 지 상 호

헛되게도〔但〕
누런 이파리를 들고 금金으로 여기니

이파리금임을 깨닫지 못하고
보배를 찾았다 하네

그런 까닭에
정념正念을 잃고 미쳐 치달리듯 하니

억지로〔强〕
겉치레하여 사는 데 힘쓴다

주注
• 압운押韻: 보寶와 호好는 상성 호운皓韻에 속한다. 측성각이다.

*執(집): 잡다. 손에 쥐다. 고집하다. 求(구): 구하다. 찾다. 狂(광): 미치다. 세차다. 기세가 맹렬하다. 强(강): 굳세다. 단호하다. 힘쓰다. 억지로. 무리하게. 강요하다. 裝(장): 치장하다. 꾸미다.

*但(단): 부사. 효과가 없음을 나타낸다. '헛되이', '쓸데없이', '부질없이' 등으로 해석한다.

*黃葉(황엽): 붓다께서 하신 비유의 말씀이다. 울고 있는 어린아이의 부모가 '버드나무의 누런 이파리를 가지고 금돈이라고 하여 어린아이의 울음을 그치게 하는 것'처럼, 방편으로 '천상에서 받는 오욕락五欲樂을 말해 중생의 악행惡行을 그치게 한다'는 『대반열반경』 제18권 21 「영아행품」의 비유.

*所以(소이): 전치사. 소所와 이以가 결합한 형태로써, 이以가 원인을 나타내는 경우에 소이所以는 어떤 행위가 발생하는 원인이나 이유를 나타낸다. '…하는 원인', '…하는 까닭', '…하는 이유', '… 때문에' 등으로 해석한다.

*相好(상호): 겉으로 드러나는 좋은 모습.

옥당평

관념의 꿈을 깨지 못하면
겉치레꾼에게 속는다.
속으면서 속는지도 모른다.

제7수의 5

口內誦經誦論하며
구 내 송 경 송 론

心裏尋常*枯槁여도
심 내 심 상 　 고 고

一朝覺本心空하면
일 조 각 본 심 공

具足眞如不少로다
구 족 진 여 불 소

말로는

경론經論을 송독하면서

마음은 언제나〔尋常〕

메말라 있다가도

하루아침에 본래 마음 작용이

공空하다는 것을 깨달으면

진실에 부합하는 거라

조금도 부족함이 없게 된다

주注

• 압운押韻: 고槁는 상성 호운晧韻에 속하며, 소少는 상성 소운篠韻에 속한다.

호皓와 소篠는 통운이며, 측성각이다.

*誦(송): 외다. 裏(리): 속. 尋(심): 찾다. 캐묻다. 탐구하다. 항상. 늘. 常(상): 떳떳하다. 항상. 늘. 枯(고): 마르다. 槁(고): 마른나무. 마르다. 비우다. 具(구): 갖추다. 足(족): 발. 갖추어지다. 채우다. 만족스럽게 여기다.

*尋常(심상): ① 예사롭다. 평범하다. ② 늘. 언제나.

본심本心이니
진여眞如니
공空이니 하여
별도로 이상적 세계로 생각한다면
그런 생각은 크나큰 착각이다.
그런 곳은 털끝만큼도 존재할 턱이 없다.
그야말로 그 사실을 깨닫는 것이
공부로 나아가는 길이다.

12월 2일의 〈특강: 야보송〉에서 추로 거사의 질문이 있었는데 미처 답을 하지 못했다. 불교 공부에 공유해야 할 어휘기에 여기서 올리니 참고라도 되었으면 한다.

1. 야보冶父의 보父

   ①부父: 아버지나 친족 부로父老를 일컬음. ②보父: -1. 남자의 미칭.
   -2. 신분이 낮은 늙은이를 부르는 말. 전보田父. 여기서는 ②-1의
   뜻.

2. 一波纔動萬波水: '겨우 재纔'의 이 음은 관용적으로 '자'음으로 읽는다.
   일파자동만파수 → 줄임말: 一波萬波.

3. 산스크리트의 '중국어 음역'에 대한 우리말 발음.

   ①Buddha: 한자음 佛陀의 우리말 음 '불타' → 줄여서 불佛.
   *산스크리트의 현대 우리말 표기는 '붓다'로 함.

   ②pāramitā: 波羅蜜·波羅蜜多의 우리말 음 '바라밀·바라밀다'

   ③mahā: 摩訶의 우리말 음 '마하'

4. 우리말 중세음의 음운 변화

   ①道場 도댱 → 도량

   ②菩提 보디 → 보리

   ③牡丹 모단 → 모란 *牧丹 목단 '목牧'은 '모牡'의 오기

   ④次第 차뎨 → 차례

   설음舌音이 유성음 사이에서 불청불탁不淸不濁의 반설음半舌音으로
   변한 우리말의 음운 변화에 기인한다.

제8수의 1

聲聞心心斷惑한데
성 문 심 심 단 혹

能斷之心是賊일세
능 단 지 심 시 적

賊賊[*]**遞相**[*]**除遣**치만
적 적 체 상 제 견

何時了本語默하리오
하 시 료 본 어 묵

성문聲聞은 마음에 일 적마다

번뇌를 끊어 대는데

잘 끊어지는 마음

그놈이 도적일세

육적六賊이 갈마듦에

서로 간에 떨쳐내고는 하지만

어느 시절에

어묵동정에서 본지本旨를 요달하겠는가?

주注

• 압운押韻: 적賊과 묵默은 입성入聲 직운職韻에 속한다. 측성각이다.

*惑(혹): 미혹. 미혹하다. 길을 잃다. 번뇌. 賊(적): 도적. 육경六境의 다른
표현. 遞(체): 번갈다. 갈리다. 차례로. 순서에 따라. 除(제): 덜다. 없애다.
제거하다. 遣(견): 보내다. 내쫓다. 떨쳐버리다.

*賊賊(적적): 색色·성聲·향香·미味·촉觸·법法의 육경六境을 달리 이르는
육적六賊을 이른다.

*遞相(체상): 부사. 둘 이상의 주체가 서로 교류함을 나타낸다. '서로',
'서로 간에', '번갈아' 등으로 해석한다.

옥당평

마음 작용의 조건 그 성향을
냉난자지冷暖自知하듯 역력히 알면,
도적도 도적이 되지 못하고
외려 보리의 벗이 된다.

제8수의 2

口內誦經千卷하여도
구 내 송 경 천 권

體上[*]問經不識하니
체 상 문 경 불 식

不解佛法圓通[*]하고
불 해 불 법 원 통

徒勞尋行數墨[*]하도다
도 로 심 행 수 묵

입으로는

경전 천 권을 읽을지라도

근본 체성體性의 경經을 물으면

알지 못하니

불법의 원통圓通함을

회득會得하지 못하고

헛되게도

어문語文의 지게미만 찾아다닌다

주注

• 압운押韻: 식識과 묵墨은 측성 직운職韻에 속한다.

*誦(송): 외다. 암송하다. 卷(권): 책. 두루마리. 권: 책을 세는 단위.
  徒(도): 무리. 부질없다. 헛되이. 보람 없이. 勞(로): 힘쓰다. 애쓰다.
  尋(심): 찾다. 墨(묵): 먹. 글자.
*體上~(체상~): 『완릉록宛陵錄』에서 지공誌公 화상의 말로 인용되고 있다.
  "본체에서 자기 마음이 짓는 것이거늘[本體是自心作], 어찌 문자에서 찾는
  가[那得*文字中求]?" *那得(나득): '어찌 …하겠는가?', '쟁득爭得'과 같다.
*圓通(원통): 지혜의 작용으로 두루 통철洞徹하여 방해받지 않음.
  가람의 전각 배치에서 관세음보살의 주처를 '원통전圓通殿'이라 하기도
  한다.
*數墨(수묵): 4제四諦 8정도八正道 등처럼 법수法數로 형성된 경전의 구절들
  을 가리킨다.

옥당 평

관념을 넘어서지 못하면
붓다의 길을 따른 들
선재의 남행을 따른 들
그림자만 볼 뿐이다.

본처本處를 맨날 나들면서도
전혀 알아채지 못하고
그저 밖으로 찾아다니느라
헛되이 애만 쓰게 된다.

제8수의 3

頭陀*阿練*苦行하며
두 타 아 련 고 행

希望後身功德하누나
희 망 후 신 공 덕

希望卽是*隔聖하노니
희 망 즉 시 격 성

大道何由可得하리오
대 도 하 유 가 득

버릴 걸 버리고

산중에서 고행하며

훗날의

공덕을 바란다면

바라는 그 즉시에

붓다와 떨어지나니

대도大道는

무엇으로 하여 깨닫겠는가

주注

• 압운押韻: 덕德과 득得은 측성 직운職韻에 속한다. 측측각이다.

*陀(타): 비탈지다. 練(련): 익히다. 望(망): 바라다. 바라보다. 보름. 隔 (격): 사이가 뜨다.

*頭陀(두타): 범어 dhūta의 역어. 의식주에 관련한 제반 물품에 대한 탐착을 버리고 수행하는 것을 말한다. 이 두타행에 12조항의 규범이 있는데 제1조에 '인가에서 떨어진 한적한 곳에 머문다'는 '재아란야처행在阿蘭若處 行'이 있다.

*阿練(아련): 아련야阿練若로써 범어 araṇya의 역어이다. 주로 '아란야阿蘭 若'로 쓰이며, 산림山林이나 황야荒野 정도로 번역된다. 사문이 거주하며 수행하는데 적절한 인가에서 멀지도 가깝지도 않게 떨어진 비산비야非山 非野의 공한처空閑處를 말한다. 부연하면, 개 짖는 소리나 닭이 우는 소리가 들릴 듯 말 듯한 거리의 숲속이라 할 수 있다.

*卽是(즉시): '변시便是'와 같다. '즉시', '곧바로', '그대로' 등으로 해석한다. '시是'는 부사접미사이다.

옥당평

도대체 고행苦行은 무엇을 말하고,
대도大道란 무엇을 말하는 것일까?
개구즉착開口卽著이라 하여 말을 아니 쓸 것인가?
강을 건너고 나서 '뗏목'을 버리면 될 것을
건너기도 전에 허망하다 하여 버린다면,
저는 그렇다고 쳐도
다른 사람들은 어떡하겠는가.
법려法侶여!

제8수의 4

譬如*夢裏度河*라서
비 여 몽 리 도 하

船師度過河北하여도
선 사 도 과 하 북

忽覺床上安眠하니
홀 교 상 상 안 면

失却*度船軌則이로다
실 각 도 선 궤 칙

船師及彼度人이여
선 사 급 피 도 인

兩箇本不相識일세
양 개 본 불 상 식

비유하자면

꿈속에서 강을 건넌 것 같아서

뱃사공이

강 북쪽으로 건네주었어도

침상에서

단잠을 문뜩 깨고 나면

배 타고 건넌

이런저런 일을 잃어버린다네

뱃사공과

저 강 북쪽으로 건넌 이여

두 사람은

본래부터 아는 사이가 아닐세

주注

• 압운押韻: 북北과 칙則과 식識은 입성 직운職韻에 속한다. 측성각이다.

*譬(비): 비유하다. 裏(리): 속. 안. 裡로도 쓴다. 度(도): 건너다. 건네다. 渡의 고자. 河(하): 강. 크게는 중국의 황하黃河. 忽(홀): 갑자기. 문득. 覺(교): 깨다. 잠에서 깨다. 床(상):평상. 침상. 眠(면): 잠자다. 失(실): 잃어버리다. 軌(궤): 궤도. 수레바퀴의 자국. 법도. 則(칙): 법칙. 及(급): 미치다. …와(과). 箇(개): 낱. 個와 통용. 개. 낱으로 된 물건을 세는 단위.

*譬如(비여): 부사. 관용사조로써 비유를 나타내며, 比如와 같다. '비유하자면 …와 같다', '예를 들면 …와 같다' 등으로 해석한다.

*度河(도하): 강을 건너다. 황하를 건너다. 중국 수경水經의 기본 개념은 서출西出하여 동쪽으로 흘러 바다로 들어가는 황하黃河와 장강長江이다. 이 황하黃河와 장강長江에 연한 지류로써 북北에서 南으로, 남에서 북으로 양 하河·강江에 흘러 들어가는 수경은 '수水'라 한다. 한수漢水·상수湘水 등처럼.

*失却(실각): 잃어버리다. 각却은 어기조사로써 동사의 움직임이 완전히 끝났음을 나타낸다.

꿈속의 일이여!

두 사람이면서도 둘이 아닌 것은

한 사람의 꿈속 일이라서

허망한 일이라고들 말한다.

예부터 꿈속의 일들이라서

허상의 대표적인 비유 중 하나이지만

알고 보면

그 허망한 일 자체도 연기緣起하는 사실로써

변화하는 현실적 존재의 분명한 모습일세!

제8수의 5

衆生迷*倒羈絆하니
중 생 미　도 기 반

往來三界*疲極하놋다
왕 래 삼 계　피 극

覺悟生死如夢*하여야
각 오 생 사 여 몽

一切求心自息하리로다
일 체 구 심 자 식

중생은

미혹되고 전도되고 얽매이니

삼계三界에 오감에

피곤함이 그지없구나

살고 죽는 일이

한낱 꿈같다는 걸 깨달아야

일체의 구하는 마음이

절로 쉬게 되리라

주注
• 압운押韻: 극極과 식息은 입성 직운職韻에 속한다. 측성각이다.

728 주석

*迷(미): 미혹하다. 미욱하다. 길을 잃고 헤매다. 倒(도): 넘어지다. 넘어뜨리다. 거꾸로. 거꾸로 하다. 羈(기): 굴레. 억류하다. 얽매이다. 예법 관습에 구속되다. 絆(반): 묶다. 매다. 매이다. 疲(피): 피곤하다. 求(구) 구하다. 찾다.

*迷(미): 悟의 대. 현실적 존재의 연기적 사실을 명료하게 알지 못하고 관념의 변견에서 오는 갈애의 집착심으로 하여 마음이 어두운 상태를 미迷라고 한다. 다른 말로 미정迷情이라고도 한다.

반면에 유정有情의 미혹함에서 벗어나 심리나 물리 현상의 연기적 사실을 사실대로 깨쳐 아는 것을 오도悟道라고 한다.

*三界(삼계): 중생 곧 유정有情이 전전하는 미혹의 경계를 말한다. 대체로 색계色界와 무색계無色界는 산동散動하지 않는 선정삼매의 정심定心의 경계임에 비해, 욕계欲界는 식욕食欲·성욕性欲·수면욕睡眠欲 등이 나드는 산심散心의 경계를 말한다. 그렇더라도 인간 삶의 기본 의지라면 이 무슨 경계일까? 굳은 관념에서 오는 변견을 주의하여야 한다.

*生死如夢(생사여몽): 살고 죽는 일이 꿈과 같다. 『증도가證道歌』에서도 노래하고 있다.

"몽상夢想 속에서는 육도六途의 세계가 분명하게 있었지만
 꿈 깨고 나니 텅 비어서 삼천대천세계도 없다."

살고 죽는 일을 둘로 보는 순간 그 생각은 꿈과 같게 된다. 꿈 깨고 나면 얼마나 허망한 일인가. 일장춘몽이요, '조신의 꿈' 이야기도 있지 않은가!? 설령 그렇더라도, 꿈 그 허망한 일이 연기의 사실적 존재임을 아는 이 있는가?

생生을 조건으로 하여 노사老死가 생겨난다.

생과 노사가 만나는 곳은 한 겹이거나 한 점이다.

여기서 서로 통해 있어 둘이 아닌 본질을 볼 수 있다.

범부의 관념에는 매순간 생각이 바뀌어 한 면만 낸다.

그리하여 별개의 둘로 보지 않기가 쉽지 않다.

저 담판한擔板漢처럼 한 측면만 보는 데 머물러 있으면,

그야말로 어느 때나 '허망한 꿈의 실상'을 보겠는가.

제9수의 1

悟解卽是菩提*라
오 해 즉 시 보 리

了本無有階梯커늘
요 본 무 유 계 제

堪歎凡夫偃僂여
감 탄 범 부 구 루

八十不能跋蹄로다
팔 십 불 능 발 제

깨달아 요해了解함이

그대로 보리菩提여서

본지本旨를 요달了達하고 나면

순서[階梯]가 없거늘

깊이 한숨 쉬나니

범부여! 곱사등 같아서

여든 살이 되어서는

쉬 걸을 수도 없구나

주注

• 압운押韻: 제梯와 제蹄는 평성 제운齊韻에 속한다.

*解(해): 알다. 해득하다. 요해了解하다. 了(료): 마치다. 깨닫다. 요달하다. 요해하다. 階(계): 섬돌. 계단. 뜨락. 梯(제): 사다리. 堪(감): 견디다. 감당하다. 깊숙하다. 歎(탄): 탄식하다. 한숨. 한숨 쉬다. 傴(구): 꼽추. 곱사등. 등이 굽다. 구부리다. 僂(루): 구부리다. 곱사등. 跋(발): 발문跋文. 밟다. 蹄(제): 굽. 달리다.

*菩提(보리): 범어 bodhi의 음역. 각覺·지智·지知·도道 등으로 번역한다. 깨달음의 결과에 이르는 지혜智慧를 이른다.

옥당평

통찰지洞察智에서
일즉다一卽多의 일심문一心門을 여는데
다즉일多卽一도 역연하다.
육처六處 오온五蘊의 물物·심心 관계에서
그 작용의 연기적 본분사가 분명함을 자증할 때,
굳은 관념이 타파되는 시절,
보리도菩提道의 일이려니.

제9수의 2

徒勞一生虛過에도
도 로 일 생 허 과

不覺日月遷移하나니
불 각 일 월 천 이

向上看他師口함이
향 상 간 타 사 구

恰似失孃孩兒로다
흡 사 실 내 해 아

일생을 보람 없이

애만 쓰며 허송세월하면서도

날이 가고 달이 가는 것을

느끼지 못하나니

향상한다면서

이런저런 사승들의 입만 쳐다보는 건

그야말로

어미 잃은 어린아이 같구나

주注

• 압운押韻: 이移와 아兒는 평성 지운支韻에 속한다.

*徒(도) : 무리. 부질없다. 헛되이. 보람 없이. 勞(로) : 힘쓰다. 애쓰다.
覺(각) : 깨닫다. 깨우치다. 느끼다. 遷(천) : 옮기다. 옮겨 가다. 移(이) :
옮기다. 他(타) : 자기 이외의 사람. 이. 그. 저. '彼'의 뜻. 恰(흡) : 흡사하
다. 似(사) : 같다. 비슷하다. …인 듯이 보이다. 嬭(내) : 젖. 어미. 孩(해) :
어린아이. 兒(아) : 아이.

옥당평

『열반경』에서 붓다는 말씀하신다.
"아난다여!
이제 나는 늙고 쇠잔하여
여든 살이나 되었다.
마치 오래되어 삐걱대는 부실한 수레가
여기저기 가죽끈에 묶여서 겨우 굴러가는 것처럼,
내 몸도 저 오래된 수레처럼
근근이 유지되는 정도다.

아난다여!
태어나 존재하고 조건에 의해 형성된 것은
모두 부서지기 마련인 법이거늘,
부서지지 않는 것이 있을 수 있겠는가?
부지런히 정진하고 성취하라!"

제10수의 1

道俗崢嶸*集聚코는
도 속 쟁 영 집 취

終日聽他死語로다
종 일 청 타 사 어

不觀己身無常하고
불 관 기 신 무 상

心行貪如狼虎로다
심 행 탐 여 랑 호

승속僧俗이

특출나게들 모여 앉아

진종일

저 죽은 말만 듣는구나

자기 자신의 몸이

무상함을 관찰하지 않고

탐욕심을 행하니

이리나 범처럼 된다

주注

• 압운押韻: 어語는 상성 어운語韻에 속하며, 호虎는 상성 우운麌韻에 속한다.

어語와 우虞는 통운이며 측성각이다.

*峥(쟁): 험준하다. 가파르다. 嵘(영): 험하다. 높고 험한 모양. 集(집): 모이다. 모으다. 원자는 雧으로 참새가 나무에 우르르 모여 있는 모양. 聚(취): 모이다. 모으다. 聽(청): 듣다. 귀를 기울여 자세히 듣다. 반면에 '문聞'은 들려오는 소리를 듣다. 他(타): 그. 저. 狼(랑): 이리. 虎(호): 범.

*峥嵘(쟁영): 높고 낮은 산봉우리들이 모여 이룬 장대한 산악의 모양.

옥당평

굳은 관념,
그 파생품인 각종 변견에 머물러서
붓다의 가르침을 증득하려고 하는가?
거기서는 천차만별의 모양새에 휩싸여
주요한 데서 허방치고 말 것이다.

제10수의 2

堪嗟二乘狹劣이여
감 차 이 승 협 렬

要須*摧伏六府*로니
요 수 최 복 육 부

不食酒肉五辛하며
불 식 주 육 오 신

邪眼看他飮咀로다
사 안 간 타 음 저

슬프도다

이승二乘의 속 좁은 도량이여!

심식〔心識: 六府〕의 작용을

억제하려고만 하다니

술이며 육식이며

오신채五辛菜를 먹지 않는다면서

어이없게도

남들이 마시고 먹는 걸 쳐다보는구나

주注

• 압운押韻: 부府는 상성 우운麌韻에 속하며, 저咀는 상성 어운語韻에 속한다.

우㕙와 어語는 통운이다. 측성각이다.

*堪(감): 견디다. 어찌 견디랴? 깊숙하다. 嗟(차): 탄식하다. 아! 슬프고 마음 아픔을 나타내는 말. 狹(협): 좁다. 마음이 좁다. 광廣의 대어. 劣(렬): 못하다. 뒤떨어지다. 摧(최): 꺾다. 伏(복): 엎드리다. 굴복시키다.

*府(부): 관아. 곳집. 모이는 곳. 죽은 아비. 咀(저): 씹다(상성 語韻). 저주하다(평성 魚韻).

*要須(요수): 조동사구로써 의지나 바람이나 주관적 요구를 나타낸다. '…하고 싶은', '…하려고 하다' 등으로 해석한다. 달리 당연히 해야 함을 나타내기도 하며 '반드시 …해야 한다', '…하지 않으면 안 된다' 등으로 해석한다.

*六府(육부): 인식 범주인 육처六處를 달리 이른 말.

옥당평

납자의 계율戒律은
수행을 성취케 하기 위한 방편의 길이다.
방편의 길이 관념적으로 고착되면
무상한 시절인연의 길에서
붓다의 고성古城으로 향하는 이정표를 보고도
바로 읽지 못하는 눈 뜬 소경이 되고 만다.

제10수의 3

更*有邪行猖狂*터니
갱 유 사 행 창 광

修氣不食鹽醋로다
수 기 불 식 염 초

若*悟上乘至眞하면
약 오 상 승 지 진

不假分別男女리라
불 가 분 별 남 녀

거기다가 그릇되게도
변견으로 함부로 행하고는

기氣를 닦는다면서
소금도 식초도 먹지 않는다

만일 피안행을 성취하는
수승한 경계를 깨닫는다면

남자라느니 여자라느니 하는
변견을 넘어서리라

주注

• 압운押韻: 초醋는 거성 우운遇韻에 속하며, 여女는 상성 어운語韻에 속한다.

측성각이다.

*猖(창): 날치다. 멋대로 날뛰다. 미쳐 날뛰다. 狂(광): 미치다. 세차다. 기세가 맹렬하다. 鹽(염): 소금. 醋(초): 식초. 乘(승): 탈것. 탈것을 타다. 오르다. 假(가): 빌리다. 빌려주다. 거짓. 빙자하다. 파생의 뜻으로 '취하다'.

*更(갱): 본디 갖추어진 범주 외의 일을 나타낸다. '더', '따로', '그밖에', '별도로', '새삼스레', '거기에다가' 등으로 해석한다.

*猖狂(창광): ① 분별없이 함부로 날뛰다. ②사상·감정·문장의 기세가 격렬하게 움직임에 대한 비유. ③미친 듯이 제멋대로 날뛰다.

*若(약): 접속사. 단문을 연결시키거나 가설을 나타낸다. '만일', '…한다면' 등으로 해석한다.

옥당 평

생각에서 생각을 넘어선다는 것은
관념에서 관념을 넘어선다는 말이다.

사물을 인식함에 거기는 이름 값이 있다.
조건을 따라 형성되기에 한정적이다.

조건이 변하면 한정된 값도 변하기 마련인데
경험이 반복될수록 생각은 굳어져 매인다.

하여 대립과 갈등 갈애에서 번뇌를 생성한다.

소멸과 생성이 반복되는 삶이 된다.

이 사실을 통찰하고 요지了知하는 이는
산냐[saññā, 想·相]에 나들면서도 얽히지 않아
일에 닥쳐, 하고 아니 하고에 자유롭다.
행하거나 아니 행하거나
가거나 아니 가거나
나나 남이나
남자든 여자든
존재나 일의 변화에서
생각에서 생각을 넘어선다.
관념에서 관념을 넘어선다.

바로 변견을 쓰면서도 변견에서 자재하다.
'지진至眞'을 성취한 자유인이다.
저 연꽃처럼!

지은이 옥당 일휴玉堂一休

동국대 불교학과에 입학한('72) 이래 동래 범어사에서 한산 화엄寒山華嚴 스님을 은사로 가산 지관伽山智冠 스님을 계사로 득도하였다. 군문軍門에서 사월초파일 밤 삼경에 일획유성一劃流星의 무상처無常處에서 인연과의因緣果義의 본지를 꿰고 9월에 이르러 전신치탈全身褫脫의 타설관문打設關門을 지났다. 불교학과를 졸업한('79) 뒤 갑자해('84)에 한산사寒山師로부터 옥당선지玉堂禪枝를 부촉받았다. 이후 시정에서 타니대수拖泥帶水하고 이류중행異類中行하며 동국대 불교대학원 연구과정을 수료하였다('91). 교계 처음으로 〈불교만화〉를 편집 출판하며 교화의 새로운 장을 열기도 하였다. 이어 〈경산강원〉을 개원하여 교敎와 선禪을 일치시켜 전법傳法의 향상일로向上一路에 주의를 기울였다. 시대 흐름에 따라 모바일 〈불교한문학당〉을 열고('09. 8.) 경문이나 어록을 주석하여 해탈로두의 길목에서 안내하고 있다. 월간 『불교』에도 선어록을 주석하며('22. 1.~) 선禪 수행의 이정표를 놓고 있다. 『초발심자경문』(2005), 『치문경훈』(2007), 『신심명-증도가』(2011), 『대혜보각선사 서장』(2016), 『제법집요경』(2022) 등의 역주해본이 있다. 지금 한국불교 태고종에서 종사宗師 법계를 수하고 있다.

벽암碧巖 **조영태**(표지 및 본문 그림)

서울 서예협회 초대작가. 안중근서예협회 초대작가. 동초대작가상 수상. 대한민국서예공모전 및 여타 공모전 우수상 특선 다수 입상. 대한민국서예협회 대의원.

담형澹馨 **조용일**(제호)

또 다른 아호에 눈메와 청은淸隱이 있다. 부산서예연구회와 청도미술협회 회원.

〈소휘당집〉 반야의 달 띄워 보세

초판 1쇄 인쇄 2024년 6월 4일 | 초판 1쇄 발행 2024년 6월 13일
지은이 옥당 일휴 | 펴낸이 김시열
펴낸곳 도서출판 운주사

　　　(02832) 서울시 성북구 동소문로 67-1 성심빌딩 3층

　　　전화 (02) 926-8361 | 팩스 0505-115-8361

ISBN 978-89-5746-781-7　03220　값 40,000원

http://cafe.daum.net/unjubooks 〈다음카페: 도서출판 운주사〉